AF233327

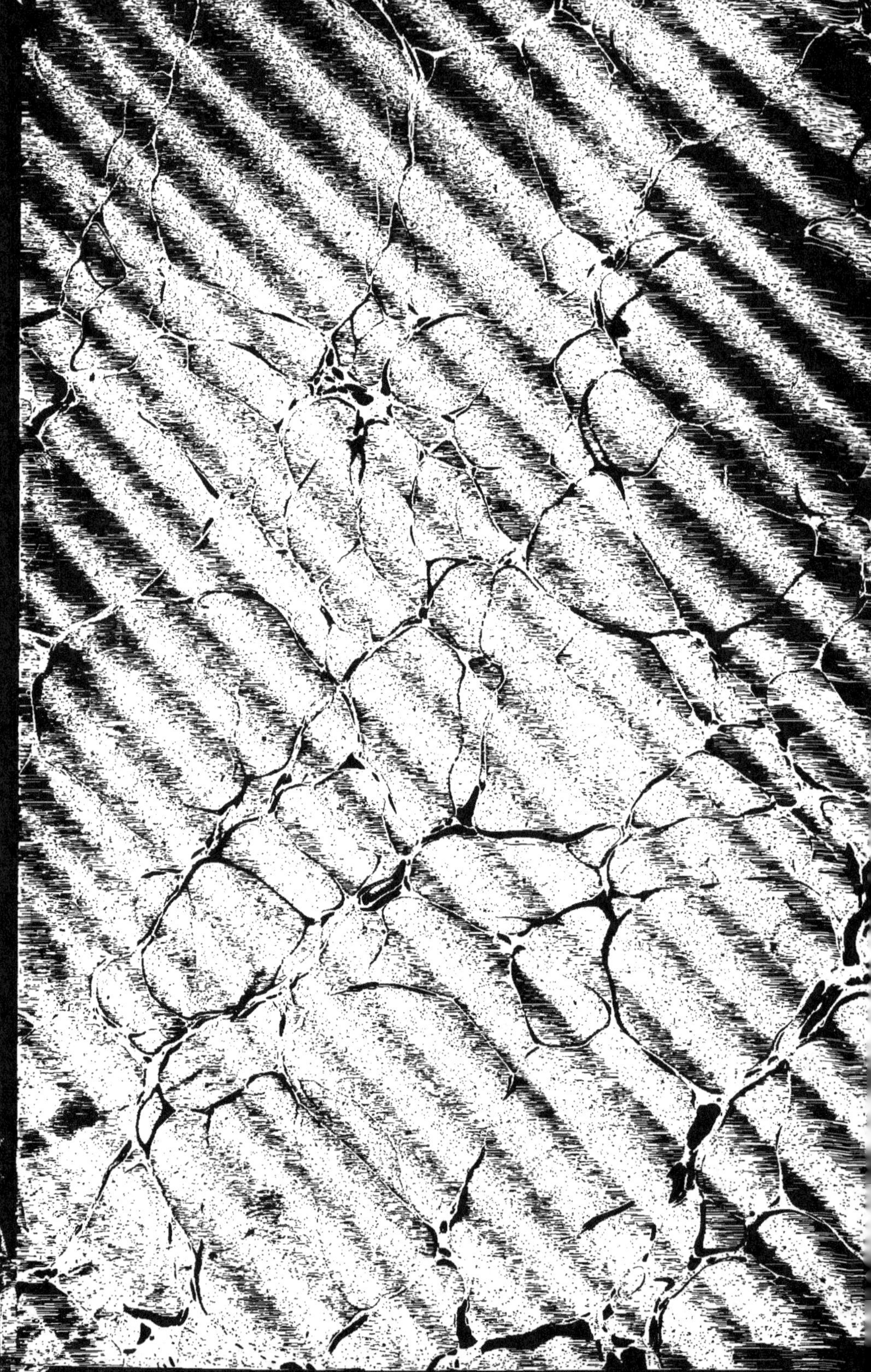

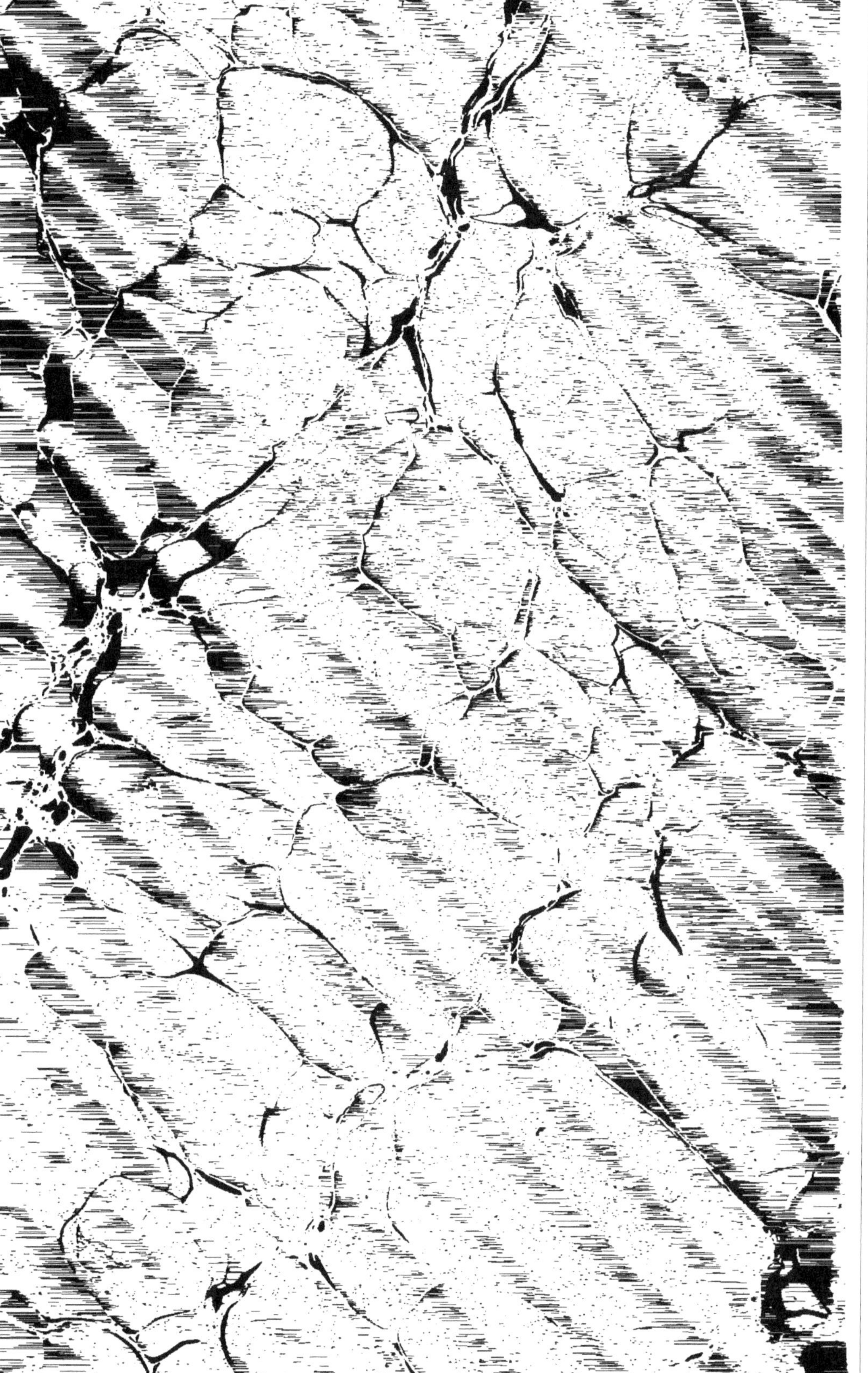

PARIS
IMMOBILIER

NOTIONS SUR LES
PLACEMENTS EN IMMEUBLES

TYPOGRAPHIE MORRIS ET COMPAGNIE

RUE AMELOT, 64

PARIS IMMOBILIER,

NOTIONS

SUR LES PLACEMENTS EN IMMEUBLES

DANS

LES ZONES PARISIENNES;

CONTENANT

Le Guide de la vente et de l'achat des Immeubles, le Tarif des Terrains à Paris,
le Tableau de l'étendue proportionnelle des Châteaux en Province,
Le Manuel des Capitalistes, des Propriétaires et des Expropriés pour cause
d'utilité publique.

Ouvrage utile aux Notaires, Avoués et Architectes Experts.

PAR

ANDRÉ HAUSSMANN.

PARIS

AMYOT, 8, RUE DE LA PAIX.

MDCCCLXIII

NOTIONS

SUR

LES PLACEMENTS IMMOBILIERS

PREMIÈRE PARTIE

AVANT-PROPOS.

Nos limites restreintes ne permettent pas de donner de longs développements au sujet dont nous venons d'énoncer le titre; mais comme il mérite, par son importance, un examen approfondi, nous espérons pouvoir nous livrer plus tard à ce travail. Nous prions donc nos lecteurs de ne considérer les quelques mots qui vont suivre que comme la table d'un ouvrage plus étendu.

CHAPITRE 1ᵉʳ

CHOIX D'UN PLACEMENT.

Le capitaliste qui, pour la première fois, se propose de placer ses fonds d'une manière permanente, éprouve ordinairement un assez grand embarras, celui du choix. Chaque personne qu'il consulte lui prouve facilement le danger d'avoir confiance dans les conseils des autres : un seul mode de placement réunit, au contraire, tous les avantages ; c'est celui proposé par la personne consultée ; hors celui-là, pas de salut. Nous nous garderons bien d'imiter ici le langage que nous critiquons ; nous dirons, au contraire, que tous les modes de placement peuvent être excellents, pourvu qu'on ait le soin de les examiner attentivement, de les étudier sans engouement comme sans prévention, de s'entourer de tous les renseignements de prendre toutes les précautions et toutes les sûretés inhérentes à chaque genre d'affaires. Puis, le placement une fois opéré, il s'agit de le surveiller constamment, de s'informer sans cesse de tout ce qui s'y rapporte, et de ne négliger aucun moyen de salut dans le cas où des circonstances imprévues viendraient ébranler la confiance et la solvabilité primitives ; car, s'il n'est pas facile d'acquérir une fortune, il est encore plus difficile de la conserver.

Nous commencerons donc par admettre que notre capitaliste ne s'occupe que de placements également solides et rejette tout d'abord les affaires véreuses qu'on lui aura présentées sous un vernis trompeur ; son choix peut encore l'embarrasser beaucoup, s'il ne s'appuie pas sur quelque principe fixement arrêté. Ici se présente, avant tout, une grande division : les placements *mobiliers* et ceux *immobiliers*. Nous dirons quelques mots des uns et des autres.

CHAPITRE II

VALEURS MOBILIÈRES.

Le nombre des valeurs mobilières est presque infini. Tandis que l'amateur des arts achète des tableaux, des statues, des médailles ; tandis que le bibliophile réunit à grands frais des éditions rares ; que l'antiquaire encombre ses appartements de vieux bahuts et de meubles vermoulus ; que l'homme du monde se ruine afin d'avoir des chevaux pur sang et de riches équipages pour lui et des diamants pour sa femme; pendant que le cultivateur réunit de riches troupeaux ; que le manufacturier fait construire de nombreux métiers, et que le banquier souscrit aux emprunts publics et aux entreprises par actions; le père de famille, qui ne veut ni garder ses capitaux oisifs ni les risquer dans des spéculations chanceuses, désire trouver un mode de placement qui, en lui procurant un revenu le plus élevé possible, lui offre la facilité de réaliser ses fonds quand il en aura besoin (par exemple, pour établir un de ses enfants), et il lui arrive souvent de placer son argent dans le commerce, contre les billets souscrits par quelque négociant qui a su lui inspirer une entière confiance.

CHAPITRE III

BILLETS DE COMMERCE.

Les billets de commerce et les lettres de change sont d'admirables inventions ; ils rendent facile une foule d'opérations qui concourent à la prospérité publique; mais il faut être commerçant pour en tirer un parti avantageux et savoir apprécier la solvabilité des souscripteurs.

On a dit que toutes les salles de spectacle finissaient par un incendie: on a cité aussi cet Anglais qui assistait régulièrement à toutes les représentations données par Martin, le dompteur de bêtes féroces, ne voulant pas manquer celle où la lionne devait le dévorer; ne pourrait-t-on pas dire encore que la plupart des maisons de commerce finissent par une faillite? Tout réside-rait alors dans une question de temps.

CHAPITRE IV

EFFETS PUBLICS.

Les inscriptions de rentes sur l'État, ainsi que les autres valeurs garanties par le gouvernement, offrent bien certainement toute espèce de sécurité : car, si le gouvernement était forcé de manquer à ses engagements, il faudrait supposer des catastrophes telles, que toute autre valeur deviendrait également mauvaise. Comment un simple particulier vaudrait-il, à lui seul, mieux que le gouvernement, qui représente tous les particuliers réunis ?

Et pourtant, les fonds publics ne conviennent pas à tout le monde; il faut en connaître le mécanisme, il faut en surveiller les vicissitudes.

Si vous les achetez quand ils sont trop élevés, vous risquez d'être victime d'une réduction dans le taux de la rente; si vous vendez quand ils sont en baisse, vous risquez de perdre sur votre capital.

Ils ne constituent donc pas un placement à l'abri de toute variation, et tel qu'un père de famille le recherche de préférence.

CHAPITRE V

VALEURS DE BOURSE.

Ce serait une chose curieuse que de faire l'énumération de toutes les actions qui ont été émises à la Bourse ou hors de la Bourse. On trouverait des milliards, dont la vogue éphémère a éprouvé le triste sort des assignats, de déplorable mémoire;

tandis que d'autres milliards, plus favorisés, ont eu un tel succès que les actions émises au pair ont plusieurs fois doublé leur capital.

Au milieu d'un pareil chaos, est-il sage de s'abandonner au hasard? Ne faut-il pas avoir longtemps navigué sur cette mer, si fertile en tempêtes, avant de s'y embarquer sans un pilote expérimenté?

A supposer que vous ne recherchiez que les meilleures valeurs, ne sont-elles pas, comme les rentes, et bien plus que les rentes, soumises aux vicissitudes de hausse et de baisse, qui peuvent réduire de beaucoup votre capital, si vous achetez en hausse et si vous vendez en baisse?

Les valeurs de Bourse ne présentent donc pas la stabilité qui convient à un père de famille.

CHAPITRE VI

PRÊTS HYPOTHÉCAIRES.

Dans ces derniers temps, on a beaucoup parlé de ce mode de placement, mais l'exagération a presque toujours régné sur les opinions émises. Qu'on veuille bien envisager avec impartialité le prêt hypothécaire, et l'on ne pourra s'empêcher de reconnaître qu'il offre toute sécurité, pourvu : 1° que l'immeuble hypothéqué soit d'une valeur suffisante; 2° que l'hypothèque soit valable; 3° qu'elle ne soit pas primée par d'autres hypothèques absorbant la valeur nette et libre du gage; 4° que le prêteur soit à l'abri des péremptions et des prescriptions; et, pour assurer ces quatre conditions, il faut qu'un architecte habile et vigilant donne une juste estimation de l'immeuble, et qu'un notaire instruit et laborieux examine avec le plus grand soin les titres de propriété et la situation hypothécaire de l'emprunteur; il faut, de plus, que l'architecte continue à veiller sur la propriété pour empêcher qu'elle ne se détériore, et que le notaire surveille à la fois le débiteur, ses biens et sa situation hypothécaire, afin de parer à une foule de circonstances qui pourraient compromettre la sécurité de la créance ; par exemple, en cas de vente, d'échange, de donation, d'expropriation forcée, de décès, etc.

Et, en admettant que l'immeuble offre un excellent gage et que l'hypothèque soit valable et en ordre utile, ce n'est pas encore de l'argent assuré à l'échéance des intérêts et du capital. Pour les intérêts, souvent le débiteur, éprouvant lui-même des retards ou parfois des pertes sur ses revenus, est obligé de faire attendre le créancier et d'accumuler un ou plusieurs termes arriérés ; et, quant au capital, on comprend que le débiteur ne l'aurait pas emprunté pour le conserver inactif ; il l'a donc employé ou dépensé, et presque toujours le capital est absorbé, sans se reproduire, de façon que, pour rembourser le premier emprunt, le débiteur est obligé d'en contracter un second, si les circonstances le permettent ; mais, si les emprunts sont difficiles à réaliser, alors le créancier est obligé d'attendre ou de poursuivre la vente judiciaire de l'immeuble et de supporter les lenteurs inévitables d'un ordre.

Enfin, si le créancier veut disposer de sa créance avant l'échéance du terme fixé pour son remboursement, il faut qu'il trouve un cessionnaire et qu'il supporte les frais assez élevés d'un acte de transport.

Aussi, a-t-on vu diminuer beaucoup le nombre des prêts sur hypothèque, parce qu'ils exigent de grands soins et une étude sérieuse.

CHAPITRE VII

PLACEMENTS IMMOBILIERS.

Après l'énumération bien incomplète, que nous venons de

faire des inconvénients attachés aux placements mobiliers, la
conclusion naturelle est qu'il ne faut faire que des placements
immobiliers, et qu'alors on ne rencontrera que des avantages
exempts d'inconvénients. Ne nous hâtons pas trop, cependant,
de porter un jugement aussi favorable. Et, d'abord, constatons
que ce genre de placement exige, plus que beaucoup d'autres,
un judicieux examen et un discernement tout spécial. Votre
choix se portera-t-il sur des biens ruraux ou urbains? Si vous
préférez les immeubles ruraux, choisirez-vous des forêts, des
étangs, des carrières, des mines, des moulins, des fermes?
Aimez-vous mieux les vignes, les prés ou les terres labourables? Irez-vous au nord pour récolter du blé, des colzas ou des
betteraves? ou bien au midi pour y trouver des oliviers, des
maïs, des mûriers, des orangers? ou bien à l'est, à l'ouest et
au centre pour cultiver les haricots et les pommes de terre, les
fèves et les céréales, les marrons et les châtaignes, les poires,
les pommes et le houblon, et convertir les vins en eaux-de-vie?
Votre prédilection se portera-t-elle sur les plaines de la Beauce,
sur les pâturages de la Normandie, sur les montagnes de l'Au-
vergne, ou sur les forêts des Ardennes? Ferez-vous des élèves
de chevaux, de bœufs ou de moutons?

Au milieu de cette variété infinie de climats et de cultures,
quel guide viendra diriger vos pas? Voulez-vous exploiter par
vous-même et vous faire cultivateur? Aurez-vous un métayer
ou colon partiaire? Louerez-vous vos domaines à un fermier par
bail et à prix d'argent? Ou bien encore achèterez-vous une
forge, un fourneau, ou quelque autre usine ou manufacture,
exploitée par une société en nom collectif, en commandite, par
actions ou anonyme?

Le plus souvent un acquéreur considère, avant tout, le revenu du bien qu'il veut acheter, et, à ce point de vue, les immeubles ruraux sont en défaveur; on sait que les bois ne rapportent qu'un pour cent par an lorsqu'ils sont régulièrement
aménagés; les terres et les prés donnent de deux à deux et demi

pour cent seulement; le revenu des vignes, très-irrégulier, ne s'élève guère au-dessus, année moyenne; et quant aux carrières, mines, usines, manufactures, il y a là une question industrielle, qui en fait des placements mixtes, dont l'appréciation échappe à une évaluation régulière.

Voilà pour la question du taux du revenu ; mais, quant à la régularité du payement des loyers et fermages, malheur au propriétaire s'il y a eu de la grêle ou des inondations, si les vignes ont coulé, si les pommes ont gelé, si les pommes de terre ont été malades et s'il a régné des épizooties sur les bestiaux. Il risquera fort de passer une ou deux années sans revenus.

Mais le produit n'est pas la seule chose à considérer : la conservation du fonds et de sa valeur a bien plus d'importance, et, dans les provinces, rien n'est plus difficile que de trouver des titres de propriété réguliers, quand il s'agit de biens acquis même depuis peu d'années ; à plus forte raison, si l'on veut acheter des immeubles qui se trouvent depuis longtemps dans la même famille, ou qui proviennent de partages ; car alors, le plus souvent, la propriété ne repose que sur une tradition, sur une notoriété, et l'on ne rencontre aucun titre. Le régime dotal, encore en vigueur dans certains pays, est une mine inépuisable de procès.

Aurez-vous recours au cadastre? Mais les nombreuses mutations, survenues dans les parcelles, vous empêcheront d'y rien reconnaître. Vérifierez-vous les bornes? D'abord, la plupart du temps vous n'en trouverez pas, et, si vous en rencontrez, qui vous garantira qu'elles n'ont pas été déplacées frauduleusement? Les fossés se comblent et nuisent à la culture, les haies détruisent une partie des récoltes, les murs sont ruineux à construire et à entretenir.

Et si, dégoûtés de votre propriété rurale par une multitude d'inconvénients dont nous ne venons de rapporter ici qu'une bien faible portion, vous vous décidez à la vendre; alors, outre les droits d'enregistrement considérables, que l'acquéreur devra

payer, et qu'il réduira sur le prix de vente par lui offert, vous
serez encore exposés à une forte dépréciation sur la valeur de
l'immeuble, soit parce que vous voudrez vendre à une époque
défavorable, soit parce que sa valeur réelle aura diminué, par
suite de ce que vos fermiers auront négligé les engrais, dé-
gradé les bâtiments, dérangé les assolements des terres et les
aménagements des bois, surexploité les carrières et les mines,
laissé dépérir les usines, mal cultivé les vignes et négligé d'entretenir au complet les troupeaux et les autres animaux du
cheptel. Vainement vous exercerez un recours contre eux ; vous
rencontrerez des malheureux ruinés ou des fripons enrichis,
protégés par une légion de parents, d'amis et de voisins, toujours disposés à se liguer en faveur du paysan contre le propriétaire, et dont l'influence vous enlacera comme dans un réseau. Si vous voulez exercer des poursuites, on paralysera tous
vos efforts, et même la bonne volonté des juges ; car ils ont partout des parents ou des complices, et la plus mauvaise cause
trouve toujours un défenseur.

CHAPITRE VIII.

PLACEMENTS EN MAISONS.

Après de mûres réflexions, votre choix s'est fixé sur un placement en maisons ; et comme nous supposons que vous ha-
bitez la Capitale, nous supposerons également que vous désirez
acquérir une maison située à Paris.

Alors, la première question à vous faire est celle de savoir
quelle somme vous avez à placer ; car les maisons de la Capitale
ont maintenant une grande valeur, et il serait imprudent de
rester devoir une somme considérable sur votre prix d'achat.
On trouve encore à Paris des maisons de 30 à 40,000 francs,
mais elles deviennent rares, elles sont petites et situées dans

des quartiers éloignés du centre ; et, comme leur prix modéré les rend accessibles à un plus grand nombre d'amateurs, il en résulte une concurrence qui en élève davantage le prix et en diminue le revenu. Celles de 50 à 100,000 francs ne sont pas non plus très-nombreuses ; on les recherche beaucoup. Ce n'est guère qu'au-dessus de 100,000 francs que l'on commence à rencontrer des maisons d'une certaine importance, et dont le produit soit en rapport avec le taux de l'intérêt de l'argent. Si donc vous n'avez qu'un capital de 20 à 30,000 francs à placer, décidez-vous tout de suite pour une maison située dans la banlieue nouvellement annexée à Paris, ou dans les communes voisines, ou dans une ville de province; car, si vous préférez l'ancien Paris, vous risquerez fort de garder longtemps vos fonds inactifs, avant d'avoir trouvé à acquérir avec cette somme une maison à votre convenance.

Deux systèmes se présentent d'abord pour avoir une maison: *la faire bâtir*, ou *l'acheter toute construite*. Examinons-les l'un après l'autre.

CHAPITRE IX.

CONSTRUCTION DES MAISONS A PARIS.

Pour construire une maison à Paris, il faut un *terrain* et un *plan*, un *architecte* et des *entrepreneurs*, des *ouvriers* et des *matériaux*, des *mémoires* et des *vérificateurs*, ou bien un *marché* à forfait et une *réception* de travaux, la *permission* et la *surveillance* de la grande et de la petite *voiries*, et, par dessus toute chose, beaucoup d'*argent comptant*.

Nous parcourerons, aussi rapidement que possible, ces divers sujets.

CHAPITRE X.

CHOIX DU TERRAIN.

Peut-être possédez-vous déjà un terrain vacant, ou bien une maison avec une grande cour ou avec un grand jardin, propres à bâtir ; ou bien encore une maison mal construite et bonne à démolir, ou solide et susceptible de surélévation et de restauration ?

Nous commencerons par vous en féliciter ; car, dispensé de l'embarras du choix, vous le serez aussi du payement des *frais d'acquisition*, toujours très-considérables. Dans l'hypothèse contraire, le choix du quartier sera pour vous d'une très-grande importance.

Commencez par vous faire ce raisonnement que, le prix de la construction étant tout aussi cher près des fortifications que sur la place de la Bourse, et la différence étant immense entre le taux des loyers dans ces divers quartiers, il est beaucoup plus avantageux de construire au centre de Paris qu'à ses extrémités. Mais, comme vous aurez bien vite reconnu qu'il vous serait plus facile de trouver du terrain au prix de 30 francs le mètre carré, près des fortifications, qu'à 1,000 francs près de la Bourse ; que, dans les meilleurs quartiers, il n'y a presque plus de terrain propre à bâtir, tout y étant déjà construit depuis longtemps ; si vous voulez absolument vous y fixer, il faudra, le plus souvent, acheter une ancienne maison, mal construite, la démolir, et en bâtir une nouvelle à la place ; et si vous pensez qu'une semblable opération dépasse les limites d'un simple placement en construction, il ne vous restera plus qu'à chercher des terrains propres à bâtir, soit dans les faubourgs, soit dans les rues nouvellement ouvertes. Alors vous aurez à vous préoccuper du mérite relatif des divers terrains, de leurs défauts, et de leur valeur commerciale. Nous allons étudier ces diverses questions, dans les deux chapitres qui vont suivre, en recherchant d'abord les causes *permanentes*, et ensuite celles *passagères* de préférence ou de rejet.

CHAPITRE XI.

MÉRITES ET DÉFAUTS RÉSULTANT DE CAUSES PERMANENTES.

Quelque important que soit le choix du quartier, ce n'est pas la seule considération à laquelle on doive s'arrêter; beaucoup d'autres conditions permanentes influent sur la valeur des terrains, et l'on en peut distinguer de deux espèces, les unes *extrinsèques*, les autres *intrinsèques*. Parmi les premières, on en remarque trois principales, outre la *distance du centre* : 1° les *abords ;* 2° *le voisinage ;* 3° *l'exposition ;* et parmi les secondes, quatre principales : 1° *la conformation ;* 2° *l'alignement ;* 3° *le nivellement ;* et 4° *la nature du sol.*

Reprenant successivement chacun de ces points, essayons de traduire en chiffres le résumé de nos observations et de formuler, par des tarifs, sinon le véritable prix, au moins le *mérite relatif* des terrains de Paris, en ne considérant d'abord que les causes permanentes que nous venons d'énumérer.

Il n'est pas nécessaire de démontrer que le prix des terrains diminue graduellement, en même temps qu'on s'éloigne du centre de la Capitale, bien que cette loi invariable n'apparaisse jamais dans sa simplicité métrique, et qu'elle se trouve toujours modifiée par des causes de plus ou de moins-value, provenant d'une multitude d'autres circonstances accessoires, les unes avantageuses et les autres nuisibles, mais qui ne sont pas, comme la distance, soumises à une simple progression arithmétique. Il faut donc, pour déterminer le mérite relatif des terrains, deux tarifs distincts, basés, l'un sur la distance, et l'au-

tre sur les causes permanentes de plus ou de moins-value. Le
premier suivra une *progression décroissante*, en raison de l'é-
loignement du centre; le second exprimera, pour chaque cas
particulier, un rapport de *tant pour cent à ajouter* aux termes
du premier tarif, ou *à retrancher* de ces mêmes termes, considérés comme *base* et point de départ. De la combinaison de ces
deux tarifs, il en résultera un troisième, exprimant un *prix*
que nous considérons comme le *mérite relatif* des terrains,
d'après les *causes permanentes ;* mais, pour le ramener au *prix*
réel et commercial du jour où l'on voudra acheter, il faudra le
modifier encore, suivant les causes *variables et passagères*,
trop nombreuses et trop compliquées pour se prêter à des formules et à des tarifs, et dont nous nous occuperons dans un chapitre spécial.

§ 1ᵉʳ. *Premier tarif (ou base) motivé sur la distance du centre.*

Comment mesurer la *distance*, et quel point prendre pour
centre ?

Chacun peut, à son gré, choisir, sur le plan de Paris, un
point qu'il appellera le *centre*, y placer une pointe de compas,
et avec l'autre pointe, tracer des cercles concentriques, également
ment éloignés l'un de l'autre, et déterminer ainsi, par un certain nombre de zones, l'éloignement progressif du centre qu'il
aura choisi.

Mais qu'est-ce que le *centre de Paris ?*

La solution de cette question dépend du point de vue auquel
on se place.

Et d'abord, qu'est-ce qu'un *centre ?*

Le géomètre vous répondra que, dans un cercle, c'est le
point qui se trouve à égale distance de tous les points de la circonférence ; que, par extension, dans les autres figures planes
régulières, c'est le point où concourent tous les diamètres , et
que, dans les figures irrégulières, on ne peut pas dire qu'il n'y
a qu'un seul centre.

Le dictionnaire vous répondra aussi qu'au figuré on appelle centres, les lieux où se trouvent et où se font habituellement certaines choses. On pourra donc dire, par exemple, que la Bourse et la Banque sont le centre des affaires commerciales et financières.

On pourra considérer comme centre gouvernemental, administratif, religieux, artistique, scientifique ou judiciaire, le groupe d'établissements où se traitent ces hautes questions ; on trouvera aussi le centre ancien et historique, ou bien le centre nouveau, industriel, progressif.

Et, comme il est incontestable que ces différents centres concourent tous à attirer vers eux la population parisienne, et contribuent ainsi à donner une plus grande valeur aux terrains qui les environnent, on risquerait de commettre de graves erreurs si l'on omettait de les faire entrer tous dans l'appréciation relative du mérite des terrains de Paris.

Occupons-nous donc d'abord de ces différents centres.

1. — *Centre géométrique.*

Les nouvelles limites de la Ville de Paris ne sont autres que les fortifications, construites en 1841 ; elles décrivent une figure très-irrégulière, ayant quelque analogie soit avec une ellipse, soit avec un triangle, et dont il est aussi impossible de dire le nom que de déterminer exactement le point central. Si pourtant, afin de satisfaire à une exigence de langage et de calcul, on veut connaître la position de ce qu'on appelle le centre de Paris, nous pensons qu'il faut tracer un grand diamètre reliant les points opposés de l'enceinte continue, en prendre le milieu, et, si ce point se trouve à égales distances de beaucoup de points extrêmes et opposés de cette enceinte, on ne risquera pas de commettre une grave erreur, en le considérant comme centre géométrique de la Capitale agrandie.

L'extrémité *nord-est* de Paris est placée au point où le canal

Saint-Denis traverse le talus de la place, dans l'ancienne commune de la Villette ; l'extrémité opposée, au *sud-ouest*, se rencontre à l'angle du talus au pied du bastion du Point-du-Jour, qui se dirige vers Billancourt; si vous réunissez ces deux points extrêmes par une ligne droite, ou *grand diamètre*, son milieu coupera *la rue de Rivoli, au droit de la rue de Luxembourg*.

Si, de ce point d'intersection, vous tracez une ligne droite, ou *grand rayon*, vers l'angle extérieur du talus, au pied du premier bastion saillant, *au nord* de la porte de Bagnolet, située *à l'est* de Paris, vous trouvez que la distance est égale à la moitié de la ligne précédente, que nous prenons comme grand diamètre.

Du même point d'intersection, menez une autre ligne droite, ou grand rayon au point où le chemin de fer d'Orléans sort de Paris, au *sud-est*, par le talus extérieur, et vous trouverez encore la même distance, égale à la moitié de la première ligne droite, grand diamètre précédemment tracé.

De notre même point d'intersection, rue de Rivoli, au droit de la rue de Luxembourg, tracez deux autres lignes droites, ou *petits rayons*, l'un aboutissant *au nord*, à la sortie de Paris, par la rue de la Chapelle, ou Nationale, et l'autre se terminant *au midi*, au point où le chemin de fer de Versailles, rive gauche, sort de la ville, et vous trouverez que ces deux lignes, ou petits rayons, sont aussi d'une égale longueur entre elles.

Faites encore une pareille opération, en joignant notre même point d'intersection par deux autres lignes droites, l'une aboutissant au point où l'avenue des Champs-Élysées prolongée s'appelle avenue de Neuilly, et sort de Paris, *à l'ouest*, et l'autre au point où la grande route de Saint-Ouen sort des fortifications *au nord*, et vous trouverez pareillement que ces deux lignes droites ou *petits rayons*, sont d'égale longueur entre elles.

Voilà donc un point, situé dans le plus beau quartier de Paris, dans l'axe de la plus belle rue de la Capitale, entouré par le jardin des Tuileries et le ministère des Finances, également rapproché de la place de la Concorde et de la place Vendôme, qui se trouve situé à des distances égales de points extrêmes de l'enceinte continue, pris aux quatre points cardinaux et aux quatre points collatéraux, à huit principaux débouchés de chemins de fer et de voies de grande communication.

Nous nous croyons autorisé par le résultat de ces opérations graphiques, à considérer comme *centre géométrique* du nouveau Paris, depuis son agrandissement, le *point d'intersection de l'axe de la rue de Rivoli et de l'axe de la rue de Luxembourg.*

Il ne serait peut-être pas impossible d'arriver à des résultats quelque peu différents, en répétant ailleurs la même opération graphique, mais cela prouverait seulement que le calcul peut indiquer plusieurs points centraux, parmi lesquels il faudrait faire un choix, et l'irrégularité du polygone formé par l'enceinte continue, expliquerait facilement cette plurarité de centres géométriques. S'il fallait motiver notre choix, il nous suffirait de rappeler que le cours de la Seine, en se dirigeant vers Boulogne, Sèvres et Saint-Cloud, attirera toujours à lui les habitations et le commerce ; que les résidences princières et souveraines du Louvre, des Tuileries, de l'Élysée, de Meudon, de Saint-Cloud, de Versailles, de Trianon, et les promenades des Tuileries, des Champs-Élysées et du bois de Boulogne offriront un attrait incessant au mouvement de la population vers l'ouest de Paris.

Si donc la science indiquait plusieurs centres graphiques de la Capitale, il faudrait, pour nos calculs, choisir celui qui se rapprocherait le plus de l'ouest, et le nôtre, remplissant cette condition, mériterait la préférence.

II. — *Centre gouvernemental.*

Le point que nous venons de choisir comme centre géométrique, peut aussi être considéré comme *centre gouvernemen-*

tal. En effet, il touche au palais des Tuileries, et se trouve à égales distances du Louvre et de l'Élysée ; il est à quelques pas du Corps législatif et au milieu des ministères : la Justice, les Finances, la Marine, l'Algérie et les Colonies sur la rive droite; les Affaires Étrangères, la Guerre, l'Intérieur, l'Instruction publique et les Cultes, le Commerce et les Travaux publics sur la rive gauche, sont groupés autour de ce point géométrique. Il est encore entouré de l'état-major de la place, de l'état-major de la garde nationale, de l'intendance militaire et de la légion d'honneur.

Le centre géométrique et le centre gouvernemental se confondent ainsi en un même point, qu'on peut considérer comme le *centre nouveau* ou *progressif* de la Capitale.

III. — *Centre historique.*

Le centre *antique* ou *historique* de Paris, était autrefois placé à Notre-Dame, où le *centre religieux* se confondait avec le *centre judiciaire,* à cause du Palais de Justice, élevé tout près de la Cathédrale et de l'Archevêché. La proximité de l'Hôtel de Ville y rattachait le *centre départemental;* quant au *centre municipal,* les mairies, les bureaux de bienfaisance, les commissariats de police, les justices de paix, les bureaux des percepteurs des contributions, etc., forment, dans chaque arrondissement, des succursales qui répondent aux besoins municipaux des divers quartiers.

C'était de Notre-Dame qu'on mesurait autrefois les distances sur les routes impériales dans toute la France. Non loin de là se trouvaient les Halles, l'Imprimerie Impériale , et enfin la place Royale, qui, après avoir eu pendant longtemps le privilège de servir de promenade et de rendez-vous à toute la haute société parisienne, n'est plus aujourd'hui qu'un simple square, envahi par les bonnes d'enfants du quartier.

Il en est de même du Marais tout entier, qui, malgré ses

souvenirs si intéressants pour l'histoire, forme comme une ville de province dans la grande cité parisienne. C'est un centre stationnaire résistant aux efforts du progrès.

IV. — *Centre des affaires.*

Entre le centre géométrique, gouvernemental et progressif, qui se dirige vers l'*ouest* et le centre historique, immobile vers l'*est*, se trouve une position intermédiaire qui attire toute l'activité de la Capitale : c'est le *centre des affaires.*

Jadis *la Bourse* se tenait en plein air, rue Quincampoix ; aujourd'hui elle a un palais rue Vivienne, en attendant qu'elle aille se fixer dans sa succursale future, le *Palais de l'Industrie,* au milieu des Champs-Élysées ; car, avant un quart de siècle, en suivant la même progression, cette promenade deviendra un point plus central que ne l'est aujourd'hui le jardin du Palais-Royal, condamné d'avance à subir un jour le même abandon que la place Royale.

Sans méconnaître cette destinée future, mais en rentrant dans la réalité des faits accomplis, nous placerons, quant à présent, le *centre des affaires,* au milieu de ce groupe de monuments, d'établissements, de maisons et de voies publiques dont la Bourse et la Banque de France, la Bibliothèque Impériale et le Palais-Royal forment les points principaux, et qui est entouré ou traversé par les boulevards Montmartre et des Italiens, la rue Montmartre, les Halles Centrales, la rue Saint-Honoré, la place Vendôme et la rue de la Paix.

Nous prendrons pour base de notre opération une ligne droite ou *axe,* tracée dans la rue Neuve-des-Petits-Champs, depuis *le centre de la place des Victoires,* jusqu'au *point d'intersection de l'axe de cette rue avec celui de la rue de Castiglione* prolongée, sous le nom de *rue de la Paix,* sur la limite qui sépare le 1er et le 2e arrondissements nouveaux. La longueur de cette ligne est d'environ 860 mètres.

V. — *Manière de calculer l'éloignement du centre.*

Ayant choisi un centre de convention, position intermédiaire
entre le centre historique et le centre géométrique, gouvernemental ou progressif, il s'agit maintenant d'établir un système
de mesure qui permette de classer les terrains proportionnellement à leur éloignement de ce centre conventionnel.

La figure de Paris se rapprochant d'une ellipse, nous aurions
adopté cette figure pour décrire les zones concentriques, si
elle n'exigeait des instruments spéciaux et des notions de géométrie moins élémentaires. Il faut qu'un travail comme le nôtre soit à la portée de quiconque sait tracer une ligne droite
avec une règle, et un cercle avec un compas.—Nous avons donc
cru devoir substituer à l'ellipse une figure presque ovoïde, com·
posée d'un rectangle allongé au milieu de deux demi-cercles.
Elle sera régulière, puisqu'elle se décomposera en deux autres
figures régulières, un rectangle et un cercle coupé en deux par
le milieu.

Cette figure, tracée sur *l'axe* que nous avons adopté plus
haut, comprendra la première catégorie de terrain, du prix
moyen le plus élevé.

Sur le même axe, nous construirons une série de figures parallèles et concentriques à la première, avec des rayons qui
augmenteront successivement de longueur, de telle façon que
l'intervalle entre deux figures successives forme une zone. Ces
différentes zones concentriques indiqueront les diverses classse
de terrains dont le prix moyen décroitra, au fur et à mesure
que chaque zone s'éloignera du centre.

Quand nous disons que nous tracerons cette figure et ces
zones concentriques, c'est pour mieux faire comprendre notre
pensée, et rien n'empêche en effet de tracer ces figures sur un
plan de Paris, et même de teinter différemment chaque zone;
mais ce travail est superflu, et une échelle mobile, égale en lon-

gueur à la moitié du plan de Paris, sur lequel on veut opérer, suffira pour faire connaître la classification du terrain dont on désire savoir le prix moyen. On s'épargnera ainsi du temps et du travail, et l'on évitera de maculer un plan de prix.

Les figures que nous allons décrire seront donc, au choix de nos lecteurs, ou bien tracées graphiquement sur un plan de Paris, ou bien purement intellectuelles, et tracées seulement dans la pensée autour de deux points invariables que nous avons adoptés plus haut comme base d'opération, place des *Victoires* et rue de la *Paix*.

VI. — Tracé des zones concentriques.

Axe d'opération.

Nous appellerons le centre de la place des Victoires : V, initiale du mot *Victoire*, et le point d'intersection de l'axe de la rue de la Paix : P, initiale du mot *Paix*. Il faudra se rappeler ces deux mots, chers à tous les cœurs généreux, et dont nous avons besoin pour notre description, la *Victoire* et la *Paix*.

Notre *axe d'opération* s'appellera V P, ligne droite joignant le centre de la place des Victoires avec le point d'intersection de l'axe de la rue Neuve-des-Petits-Champs et de l'axe de la rue de la Paix.

Perpendiculaires ou ordonnées.

Par les points V et P, nous élèverons et abaisserons deux lignes perpendiculaires à l'axe VP, et nous les prolongerons au-dessus et au-dessous de cet axe, jusqu'à leur rencontre avec les fortifications ; c'est-à-dire qu'au moyen d'une équerre, dont un côté sera appliqué sur la ligne VP, à chacun des points V et P l'un après l'autre, nous tracerons deux lignes d'équerre ou à angle droit avec l'axe VP, et, au moyen d'une règle, nous prolongerons ces lignes jusqu'au tracé de l'enceinte continue, sur le plan de Paris que nous aurons adopté. L'une de ces lignes

passant par le centre de la place des Victoires, sera *la perpendiculaire* V ; l'autre, passant par le point d'intersection de l'axe
de la rue de la Paix avec l'axe de la rue Neuve-des-Petits-
Champs, sera *la perpendiculaire* P.

Ces deux lignes, comme étant perpendiculaires à une même
ligne droite, seront parallèles entre elles, c'est-à-dire qu'elles
seront toujours à une même distance l'une de l'autre, et ne
pourront jamais se rencontrer, à quelque longueur qu'on veuille
les prolonger. Nous avons dit que la ligne VP a environ 860^m
de longueur; il s'ensuit que les deux lignes perpendiculaires
seront constamment écartées l'une de l'autre d'une même longueur d'environ 860 mètres.

En géométrie, les lignes tirées d'un point de la circonférence
d'une courbe, perpendiculairement à son axe, s'appellent des
ordonnées. Nos lignes perpendiculaires V et P peuvent donc
aussi être considérées comme des *ordonnées,* puisqu'elles sont
perpendiculaires à l'axe VP, et qu'elles aboutissent à des points
de l'enceinte continue, qui, abstraction faite des angles sail-
lants et rentrants des ouvrages militaires, constituent une vaste
ligne courbe irrégulière.

Points de repère.

Sur l'une de ces ordonnées, P, par exemple, nous marquerons des *points de repère*, par lesquels nous ferons passer deux
espèces de lignes, savoir : des lignes droites, égales et parallèles à VP, et des demi-circonférences de cercle, dont les centres seront aux points V et P, et qui auront pour rayons les
portions des ordonnées comprises entre les centres V et P et les
points de repère dont nous venons de parler. On conçoit que,
d'une part, les deux lignes égales et parallèles à VP, l'une au-
dessus et l'autre au-dessous de cet axe, étant réunies par les
deux demi-circonférences, l'une à l'est ayant pour centre V, et
l'autre à l'ouest ayant pour centre P, compléteront le périmètre
de chacune des figures oblongues que nous avons à tracer.

Écartement ou largeur des zones concentriques.

Maintenant il s'agit de préciser à quelles distances de l'axe VP devront être marqués les points de repère, sur l'ordonnée P que nous avons choisie. Quoique cette fixation soit entièrement arbitraire de notre part, il s'en faut de beaucoup qu'elle puisse être abandonnée au hasard, puisqu'elle deviendra la base de nos calculs pour apprécier l'éloignement du centre. Nous supposerons que l'échelle du plan de Paris que nous avons choisi pour opérer, est reproduite sur l'ordonnée P, à partir du point P. Il n'y a plus alors d'arbitraire dans le placement des repères, puisqu'ils indiquent tous la distance géométrique du centre. Mais si nous tracions nos figures sur toutes les divisions de cette échelle, ce serait un travail long et inutile, nuisible même, puisque la multitude des lignes empêcherait de reconnaître les grandes zones, sur lesquelles nous proposons de baser nos calculs. C'est donc intellectuellement que nous supposerons ces repères tracés d'avance, et l'échelle mobile du plan, que nous appliquerons sur l'ordonnée P, quand cela nous sera nécessaire, nous fournira toujours les points de repère dont nous aurons besoin.

Nos zones concentriques, destinées à être tracées sur toute espèce de plans de Paris, n'auront pour largeur qu'une portion de rayon de 500 mètres ou un demi-kilomètre. Mais lorsqu'on opérera avec un plan tracé sur une plus grande échelle, il sera facile de subdiviser chaque zone au moins en cinq ou dix subdivisions de cent ou de cinquante mètres de rayon chacune.

Nous donnerons à la figure centrale et aux zones concentriques des numéros d'ordre, en raison de leur éloignement du centre, et, afin de n'avoir qu'une seule série de ces numéros d'ordre, la figure centrale aura le numéro 1, la première zone concentrique le numéro 2, la seconde zone le numéro 3, et ainsi de suite, confondant ainsi, pour l'ordre des numéros, la figure centrale et les zones.

*Position et superficie de la figure centrale et des diverses
zones concentriques.*

Nous allons maintenant indiquer les limites de chacune des
zones concentriques, et en calculer la surface en mètres carrés.
Par abréviation, au lieu d'écrire *mètre carré,* nous emploierons
le signe M^2, c'est-à-dire le mètre élevé à la seconde puissance,
au *carré.*

Après avoir donné le moyen de construire chaque figure,
nous indiquerons succinctement les principaux monuments et
voies publiques renfermés, complétement ou partiellement,
dans chacune de ces figures, et, autant que possible, la date de
leur établissement.

ZONE DU PALAIS-ROYAL

FIGURE CENTRALE NUMÉRO **1**.

Sa construction et sa superficie.

Pour donner 500 mètres de largeur ou de *section*, à la *figure
centrale,* nous marquerons sur l'ordonnée P un point de repère
à 250 mètres *au-dessus* de PV, et un autre *au-dessous* à pareille distance. De chacun de ces deux points de repère, me-
nant deux lignes parallèles à notre axe PV, jusqu'à la rencontre
de l'autre ordonnée V, nous aurons d'abord un rectangle
dont l'aire sera égale à environ 860 mètres $\times$ 500 mètres, $=$
environ. . . . . 430,000 m²

De chacun des points P et V comme centres, et avec un rayon
de 250 mètres, nous décrirons deux demi-circonférences, la
première en saillie vers l'ouest, et la seconde vers l'est.

Un cercle d'un rayon de 250 mètres ou d'un diamètre de 500
mètres, a pour aire. . . . . 196,349 m² 5,
ce qui donne 98,174 m² 75 pour chaque demi-cercle.

Notre quadrilatère de 430,000 m² environ, augmenté de nos deux demi-cercles, l'un à l'ouest et l'autre à l'est, formera la première figure régulière centrale, oblongue et quasi ovoïde, dont la longueur sera d'environ 1,360 mètres, et dont la surface sera d'environ........................... 626,349 m² 5.

VOIES PUBLIQUES ET PRINCIPAUX ÉDIFICES.

Quand ils s'étendront sur plusieurs de nos zones concentriques, nous ne les mentionnerons qu'une seule fois, au numéro le moins élevé.

Nous ne donnerons que de très-courtes indications : nos lecteurs pourront trouver tous les renseignements et tous les documents authentiques les plus complets dans l'excellent *Dictionnaire administratif et historique des Rues et Monuments de Paris*, de MM. Félix et Louis Lazare.

Le territoire central, dont la forme et les dimensions viennent d'être décrites, est situé sur les 1er et 2e arrondissements, à égales distances de la limite qui les sépare. Voici les monuments les plus importants qu'il renferme :

Le PALAIS-ROYAL, construit en vertu de lettres patentes de 1784, par le duc de Chartres, sur un emplacement que le cardinal de Richelieu acheta, en 1629, au prix de 666,618 livres d'abord, augmenté ensuite, d'un autre qui coûta 150,000 livres.

Le MINISTÈRE DE LA JUSTICE, sur la place Vendôme, qui fut construite en vertu d'arrêt du conseil du 2 mai 1686 et de lettres patentes du 7 avril 1699. *La colonne* fut élevée de 1806 à 1810, avec 1,200 canons conquis, pesant 1,975,417 livres.

La MAIRIE DU 2e ARRONDISSEMENT, récemment construite dans la rue de la Banque, qui fut ouverte en deux fois, d'abord en vertu de lettres patentes de 1777, et ensuite en exécution d'une ordonnance de 1844.

L'ÉGLISE DE NOTRE-DAME DES VICTOIRES, dite des *Petits-Pères*, construite en 1629.

Le THÉATRE DU PALAIS-ROYAL, autrefois de la *Montansier*, qui vit tour à tour *Brunet* et *Grassot* charmer le public, à 70 ans d'intervalle.

L'OPÉRA ITALIEN, succédant au théâtre de la *Renaissance*, dans la salle construite en 1826, pour l'*Opéra-Comique*, sur l'ancien terrain du ministère des finances et de la loterie, aliénés en 1825. Ce terrain, qui ne valait alors que 1,250 francs la toise, s'éleva tout de suite à 2,000 francs.

LES BOUFFES PARISIENS, qui ont succédé au *théâtre Comte*, dans le passage Choiseul.

LE SQUARE LOUVOIS, sur l'emplacement de l'ancien Opéra, qui fut démoli après l'assassinat du duc de Berri en 1820.

LA PLACE VENDÔME ET LA PLACE DES PETITS-PÈRES, dont nous venons de parler; la place des *Victoires*, construite par le duc de la Feuillade, en vertu d'un arrêt du Conseil de 1685.

RUES : DE RICHELIEU, ouverte en 1629, sur l'emplacement du mur d'enceinte construit sous Charles V.

NEUVE-DES-PETITS-CHAMPS, ouverte en 1634, sur des marais et jardins potagers. La maison de Lulli, au coin de la rue Sainte-Anne, s'y fait remarquer par des attributs.

DE LA PAIX, ouverte en vertu d'un décret de 1806, sur l'ancien terrain des *Capucines*, où s'était établi le *Cirque de Franconi*. A cette époque, le paysan classique, en se débarrassant de ses cinquante gilets pour se transformer en héros mythologique, y charmait déjà son jeune public qui, pour retrouver les souvenirs d'enfance, est allé jouir du même spectacle après un demi-siècle, à l'Hippodrome, avenue Dauphine, ancienne plaine de Passy, à trois kilomètres et demi de distance.

PASSAGES : CHOISEUL, construit à la même époque et sur les mêmes terrains que l'Opéra Italien, salle Ventadour.

VIVIENNE, construit en 1823 par M. Marchoux.

COLBERT, bâti en 1828, par MM. Adam et Cⁱᵉ.

MARCHÉ SAINT-HONORÉ, construit sur l'ancien couvent des Jacobins, et inauguré en 1810.

BIBLIOTHÈQUE IMPÉRIALE, transportée en 1719, dans les bâtiments du Palais Mazarin.

BANQUE DE FRANCE, dans l'hôtel construit par La Vrillère en 1620.

BOURSE, construite sur l'emplacement de l'ancien couvent des Filles-Saint-Thomas, en vertu d'un décret de 1808.

LE CRÉDIT FONCIER, rue Neuve-des-Capucines, et le *Crédit mobilier*, place Vendôme, établissements fondés depuis 1853.

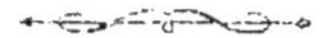

ZONE DES TUILERIES

FIGURE CONCENTRIQUE NUMÉRO **2**.

Sa construction et sa superficie.

La première zone concentrique, portant le numéro 2 dans l'ordre d'éloignement du centre, sera formée d'abord par deux lignes parallèles, distantes de 750 mètres de l'axe PV, l'une vers le nord et l'autre vers le sud, limitées par la rencontre des deux ordonnées P et V, et ensuite par deux demi-circonférences décrites des points P et V, comme centres et avec un rayon de 750 mètres.

Nous obtiendrons ainsi une figure qui se décomposera de la manière suivante :

D'abord deux rectangles, chacun de 500 mètres $\times$ environ 860 mètres linéaires $=$ ensemble environ......   860,000 m²

Ensuite deux demi-cercles qui, réunis, représenteront un cercle entier de 1,500 mètres de diamètre, dont l'aire est de.....................   1,767,150 m²

Il en faut retrancher l'aire du cercle de 500 mètres de diamètre.............................   196,349 5

Il restera, pour les parties circulaires de la zone numéro 2, une surface de..............   1,570,800 5

Il faut y ajouter, pour la surface des parties rectangulaires, environ.....................   860,000 »

Ce qui, pour l'aire de la zone numéro 2 tout entière, donnera une surface d'environ........   2,430,800 5

VOIES PUBLIQUES ET PRINCIPAUX ÉDIFICES.

La zone numéro 2, située sur les 1ᵉʳ, 2ᵉ, 8ᵉ et 9ᵉ arrondissements, renferme ce qui suit de remarquable :

Palais des Tuileries, qui remonte à 1566, à Catherine de Médicis, et à son architecte Philibert Delorme, et le *Jardin des Tuileries,* chef-d'œuvre de Lenôtre, deux merveilles tant de fois modifiées.

LOUVRE, dont l'origine remonte au quatorzième siècle, qui s'accroît sous François Ier, Henri II, Henri IV, et qui ne peut se terminer que sous Napoléon III.

MINISTÈRES : MARINE, dans l'ancien garde-meuble, construit en vertu de lettres patentes de 1757.

FINANCES, dans l'édifice destiné d'abord à l'hôtel des Postes, en vertu d'un décret de 1811.

MAIRIES : 1er ARRONDISSEMENT, hôtel tout récemment construit place du Louvre.

9me ARRONDISSEMENT, hôtel construit rue Grange-Batelière, en 1750, par Alexandre-Marc-René-Estienne, *Sieur d'Augny,* fermier général, fils de Philbert Étienne, *écuyer, Sieur d'Augny,* aussi fermier général, décédé en mai 1737, et de Geneviève *de Parron.* Ayant fait retour à la famille maternelle, il fut vendu, au commencement du dix-neuvième siècle, par le général *de Parron,* à la famille Robillard : L'article du *Moniteur* du 14 mai 1860 est inexact : on y a confondu le *fermier général d'Augny* avec le comte *d'Ogny.*

ÉGLISES : SAINT-GERMAIN-L'AUXERROIS, dont on fait remonter la construction au règne de Chilpéric.

SAINT-EUSTACHE, qui remonte à 1223.

SAINT-ROCH, érigée en 1578.

NOTRE-DAME-DE-BONNE-NOUVELLE, construite en 1624.

SAINT-LOUIS-D'ANTIN, ancienne chapelle des capucins, construite en 1783.

LA MADELEINE, dont la première pierre fut posée en 1764, modifiée plusieurs fois et consacrée le 4 mai 1842, après avoir coûté plus de 14 millions.

LE TEMPLE DE L'ORATOIRE, construit en 1621 pour les Oratoriens, et affecté, en 1811, au culte réformé.

THÉÂTRES : OPÉRA-COMIQUE, ou salle Favart, construite en 1780, par le ministre duc de Choiseul, donnée par lui à la Comédie Italienne, incendiée en 1838 et reconstruite en 1840, sur le même emplacement.

VARIÉTÉS, construites en 1807.

OPÉRA. Salle *provisoire,* construite après la démolition de la salle Louvois, à la suite de l'assassinat du duc de Berri en 1820. Puisse la salle *définitive,* qu'on va élever sur le boulevard des Capucines, durer aussi longtemps que la salle *provisoire,* en présence du mouvement qui porte le monde élégant vers le bois de Boulogne et le corps de ballet au *Pré Catelan!*

VAUDEVILLE. Dans la salle construite, en 1827, pour le *théâtre des Nouveautés.*

BOULEVARTS : POISSONNIÈRE, MONTMARTRE, des CAPUCINES, de la MADELEINE, ouverts en vertu de lettres patentes du mois de juillet 1676.

PLACES : du LOUVRE, existant au commencement du quatorzième siècle, ainsi dénommée en 1814.

De la CONCORDE, autorisée par lettres patentes du 21 juin 1757, et tristement célèbre par la fête du 30 mai 1770, où plus de 130 personnes périrent étouffées dans la foule ; malheureux prélude aux exécutions révolutionnaires qui commencèrent en 1792.

De la MADELEINE, ouverte en vertu d'un décret du 10 septembre 1808.

De la BOURSE, ordonnée par décret du 16 mars 1808.

SQUARE : des INNOCENTS, ouvert en 1860 sur l'ancien marché du même nom.

RUES : *Saint-Denis,* d'abord simple chemin, devenu une rue dès le commencement du douzième siècle, sous diverses dénominations qui se confondent en un seul nom au quinzième siècle.

Saint-Honoré, Montmartre, agrandies successivement depuis l'enceinte de Philippe-Auguste, avec différents noms qui se succèdent jusqu'aux quinzième et seizième siècles.

Richelieu, bâtie en partie en 1629, et prolongée par arrêt du Conseil de 1704.

Chaussée-d'Antin, simple chemin à la fin du dix-septième siècle ; un arrêt du conseil, de 1720, l'a redressée, et en 1816 elle a repris le nom qu'elle porte aujourd'hui.

Rivoli, commencée en vertu d'un arrêté des consuls du 17 vendémiaire an X, et terminée par suite d'un décret du 29 septembre 1854. Elle a occasionné la démolition de 414 maisons, et coûté 50 millions.

PASSAGES : Des *Panoramas, Delorme, Vérot-Dodat,* du *Saumon, Jouffroy,* construits en 1800, 1808, 1826, 1827, 1845.

Lycée Bonaparte, créé par arrêté des consuls du 23 fructidor, an XI.

Hôtel des Ventes des Commissaires-priseurs, construit en 1851.

Halles centrales, dont l'origine est antérieure à Philippe-Auguste ; ont reçu sans cesse de nouveaux accroissements, jusqu'au décret du 21 juin 1854, suivi de la loi de 1859.

Marchés : *Saint-Joseph*, propriété particulière, établi en 1806, sur l'emplacement d'une ancienne chapelle, où furent enterrés Molière et La Fontaine, dont les monuments sont maintenant au cimetière du Père-Lachaise.

De la Madeleine, propriété particulière, construit en 1835.

ZONE DE LA PORTE SAINT-DENIS

FIGURE CONCENTRIQUE NUMÉRO **3**.

Sa construction et sa superficie.

La zone numéro 3 est formée de deux parties semi-circulaires, réunies par deux rectangles ; l'extrême limite de cette figure sera éloignée de 1,250 mètres de l'axe PV. Sa surface se calculera comme il suit :

D'un cercle ayant pour diamètre 2,500 mètres ou deux rayons de 1250 mètres chacun, et dont l'aire est de... 4,908,740 m²

Retranchant l'aire du cercle, dont le diamètre est 1,500 mètres et le rayon 750 mètres........ 1,767,150

Il restera, pour les deux parties semi-circulaires de la zone numéro 3......................... 3,141,590

Les deux rectangles auront ensemble pour aires environ............................. 860,000

Surface totale de la troisième zone environ... 4,001,590

VOIES PUBLIQUES ET PRINCIPAUX ÉDIFICES.

La zone numéro 3, placée sur les 1er, 2e, 3e, 4e, 6e, 7e, 8e, 9e et 10e arrondissements, comprend de remarquable ce qui suit :

Fleuve. — Partie centrale du lit de la *Seine*, sur 2,800 mètres environ de parcours.

Rive gauche. — Barrage et écluse de la Monnaie.

Ports. — De la Monnaie, des Saints-Pères, d'Orsay.

Rive droite. — Ports de l'École, Saint-Nicolas, des Champs-Élysées.

PONTS. — *Notre-Dame,* au quatorzième siècle, il était en bois; au seizième siècle, il fut bâti en pierre et couvert de maisons, jusqu'en 1786.

Au Change. — En bois, depuis le douzième siècle, il ne fut reconstruit en pierres, qu'en 1647, et bordé de maisons, qui ont été démolies en 1769.

Neuf. — Dont la première pierre fut posée par Henri III, le 31 mai 1578.

Des Arts. — Terminé en 1803.

Du Carrousel. — Inauguré le 30 octobre 1834.

Royal. — Construit en bois en 1632, il ne fut établi en pierres qu'en 1684.

De la Concorde. — Commencé en 1787.

QUAIS. — Des *Grands-Augustins,* achevé en 1389.

Conti. — Ordonné en 1655.

Malaquais. — Commencé en 1540, et pavé en 1669.

Voltaire. — En 1642 on l'appela quai des *Théatins.* Voltaire y mourut le 30 mai 1778, et son nom fut donné au quai en 1791.

D'Orsay. — C'était au seizième siècle, le quai de la *Grenouillère,* et il reçut, en 1707, le nom du prévôt des marchands, qu'il porte encore.

Des Orfévres. — Achevé en 1643.

De l'Horloge. — Terminé en 1611.

Le Peletier. — Il date de 1673.

De Gesvres. — Autorisé par lettres patentes de 1642.

De la Mégisserie. — Construit en 1369, sous Charles V.

De l'École. — Date du treizième siècle. Restauré en vertu de lettres patentes de 1719.

Du Louvre. — Construit en 1527, élargi en 1622.

Des Tuileries. — Agrandi en 1731.

De la Conférence. — Autorisé par lettres patentes de 1769.

PALAIS DE L'ÉLYSÉE. — Construit en 1718. Occupé successivement par le comte d'Évreux, Mme de Pompadour, l'abbé Terray, M. de Beaujon, la duchesse de Bourbon, Murat, Napoléon Ier, le duc de Berry, Napoléon III.

MINISTÈRES : — *Guerre.* Dans l'ancien couvent des Filles-Saint-Joseph, établi en 1640.

Agriculture, Commerce et *Travaux publics.* — Dans l'ancien hôtel Molé.

Intérieur. — Dans l'ancien hôtel Beauveau.

Mairie du 8ᵉ arrondissement, rue d'Anjou-Saint-Honoré.

Églises. — *Saint-Nicolas-des-Champs.* Chapelle au douzième siècle, paroisse en 1176, rebâtie en 1490, agrandie en 1575.

Saint-Leu et Saint-Gilles. — Chapelle en 1320, paroisse en 1617, restaurée en 1727 et en 1780, supprimée en 1790, rachetée en 1813 par la ville, moyennant 209 mille francs , elle vient de recevoir des créations importantes.

Notre-Dame-de-Lorette.— Terminée et consacrée en 1836.

Saint-Augustin, Saint-Eugène, La Trinité, trois églises toutes nouvelles, consacrées depuis quatre ou cinq ans.

Temple de la *Rédemption,* consacré en 1843, au culte de la confession d'Augsbourg.

Théâtres. — *Gymnase Dramatique.* Construit en 1820.

Ancien Cirque et Théâtre-Lyrique. — Deux salles en construction.

Monuments divers. — *Palais de Justice,* antérieur à l'invasion des Francs dans les Gaules, résidence royale depuis Hugues Capet, jusqu'à saint Louis, qui y fit de nouvelles et importantes augmentations; il devait être presque entièrement reconstruit de nos jours.

Préfecture de Police.— Anciens bâtiments de la cour des comptes et hôtel Lamoignon, construit en 1611, actuellement en reconstruction complète.

Hôtel des Monnaies. — Construit en 1771.

Institut. — Dans le collége Mazarin, autorisé par lettres patentes de 1669.

Caisse d'Amortissement.— Dans son nouvel hôtel, tout récemment restauré.

Cour des Comptes et Conseil d'État. — Dans le palais commencé en 1810, pour le Ministère des Affaires étrangères, et terminé en 1842.

Légion d'Honneur. — Palais construit en 1786.

Corps Législatif. — Palais commencé en 1722, pour la duchesse de Bourbon. Agrandi par le prince de Condé en 1765. Consacré au Conseil des Cinq-Cents en l'an III, et à la Chambre des Députés depuis 1814.

Beaux-Arts. — Palais sur l'emplacement du couvent des Petits-Augustins, fondé en 1606 par Marguerite de Valois.

Hôpital de la Charité, qui date de 1602.

Hôtel-Dieu, dont la fondation remonte à 660, sous Clovis II.

Tour Saint-Jacques-la Boucherie. — Construite en 1508, sur l'emplacement d'un ancien monument, dont l'origine remonte à 964. Pascal y fit des expériences sur la pesanteur de l'air.

Porte Saint-Martin. — Construite en 1674.

Porte Saint-Denis. — Élevée en 1671.

Conservatoire des Arts et Métiers. — Dans l'ancien prieuré de Saint-Martin-des-Champs, construit en 1702, et dont on fait remonter l'origine à Dagobert.

Conservatoire de Musique. — Dans l'ancien hôtel des Menus-Plaisirs, où il fut placé par Napoléon Ier.

Embarcadère de l'Ouest. — Construit en 1832.

Palais de l'Industrie. — Construit en vertu d'un décret du 27 mars 1852.

PLACES : — *Dauphine*, construite en vertu de lettres patentes de 1607, sur deux anciennes îles, *au Bureau* et à la *Gourdaine*, par le président de Harlay, concessionnaire, à la charge de payer au domaine, un sol de rente foncière, annuelle et perpétuelle, par toise carrée.

Beauveau. — Mentionnée à l'article du Ministère de l'Algérie et des colonies, remplacé par le Ministère de l'Intérieur.

Saint-Georges. — Exécutée en vertu d'une ordonnance du 21 avril 1824.

De Laborde. — Une ordonnance du 30 décembre 1846 a fixé l'alignement de cette place, occupée autrefois par la voirie des Grésillons et destinée à un square.

PROMENADES PUBLIQUES : — *Square* de la *Tour Saint-Jacques-la-Boucherie*, ouvert depuis 1856.

Square des Arts et Métiers, — construit en 1860.

Champs-Élysées. — Plantés de 1670 à 1770, en longues avenues droites ; ils viennent d'être transformés en jardins anglais, en 1859 et 1860.

BOULEVARTS : *Saint-Martin.* — Ordonné par arrêt du Conseil, du 7 juin 1670.

Saint-Denis. — Établi en vertu de lettres patentes de juillet 1676.

De *Strasbourg.* — Ordonné par décret du 10 mars 1852.

De *Sébastopol (rive droite).* — Ouvert en 1856.

De *Malesherbes.* — Ordonné par décrets des 10 septembre 1808, et 14 mars 1854.

RUES : Du *Temple, Saint-Martin.* Leur origine remonte au règne de Philippe-Auguste, mais elles ont sans cesse changé de formes et de noms jusqu'à la décision ministérielle du 18 février 1851, qui a réuni plusieurs anciennes rues en une seule.

Rambuteau. — Créée par ordonnance du 5 mars 1838.

Faubourg Saint-Denis. — Alignée par ordonnance du 22 août 1837, mais ouverte très-anciennement.

Des Petites Écuries, Richer, de Provence, toutes trois sur le terrain de l'ancien grand égout, ont été alignées ou autorisées, l'une par décision ministérielle du 18 thermidor an IX ; une autre par ordonnance du 9 mars 1782, et la troisième par lettres patentes du 15 décembre 1770.

Saint-Lazare. — En 1700 on la nommait rue des *Porcherons.*

De la Pépinière. — Tracée vers 1782, sur les terrains faisant partie de la pépinière du roi.

Du Faubourg Saint-Honoré. — En 1653, c'était la chaussée du *Roule,* village mentionné dans des actes du treizième siècle. Elle fut autorisée par des déclarations du 31 juillet 1740 et 10 février 1765, et par une décision ministérielle du 10 décembre 1847.

De l'Université. — En 1529 simple *chemin des Treilles,* en 1639, rue de *l'Université,* en 1793 elle fut prolongée jusqu'au Champ de Mars.

Du Bac. — Un *Bac* fut établi, en 1550, en face de cette rue. Alignée par ordonnance du 17 juin 1829.

MARCHÉS. — *Saint-Martin.* Ordonné par décret du 30 janvier 1811.

Aux fleurs. — Ordonné par décret du 24 janvier 1808, sur les *quais Desaix et Napoléon.*

A la volaille et au gibier. — Construit en vertu d'un décret du 25 septembre 1807.

ZONE DU ROND-POINT DES CHAMPS-ÉLYSÉES.

FIGURE CONCENTRIQUE NUMÉRO **4.**

Sa construction et sa surface.

La zone numéro 4, dont les limites extrêmes seront à 1750 mètres de l'axe PV, aura pour surface l'aire d'un cercle de 1750 mètres de rayon, ou 3500 mètre de diamètre...   9,621,130 m²

Moins l'aire du cercle de 1250 mètres de rayon, ou 2500 mètres de diamètre...........   4,908,740

Il restera.............................   4,712,390

Plus l'aire des deux rectangles, environ.....   860,000

Total........................   5,572,390

VOIES PUBLIQUES ET PRINCIPAUX ÉDIFICES.

La zone numéro 4 fait partie des 3e, 4e, 5e, 6e, 7e, 8e, 9e et 10e arrondissements.

Elle comprend de remarquable ce qui suit :

FLEUVE. — Trois sections du lit de la *Seine*, l'une d'environ 600 mètres, et les deux autres d'environ 500 mètres chacune. En amont, bras gauche et bras droit. *Port au Blé.*

En aval, un seul bras. — *Ports* des *Invalides*, des *Champs-Élysées.*

PONTS : — *De l'Archevêché.* Construit en pierres, en vertu d'une ordonnance du 6 décembre 1827.

Au Double. — Reconstruit en 1847, en remplacement de celui édifié en 1634, dont le passage à pied coûtait un *double* tournois.

Petit-Pont. — Rebâti en 1852, en remplacement de celui qui, depuis la domination des Romains, avait été détruit et relevé au moins huit fois.

Saint-Michel. — Réédifié en 1858, presque à la même place que celui datant de 1378.

De la Cité. — Passerelle construite en 1842, à la place de l'ancien *Pont-Rouge.*

Louis-Philippe. — Établi en vertu d'une ordonnance du 13 août 1833.

D'Arcole. — Autorisé par ordonnance du 6 décembre 1827.

Des Invalides. — Construit en maçonnerie, en exécution d'un décret du 31 août 1854, en remplacement du pont suspendu, qui avait été élevé en vertu d'une ordonnance du 6 décembre 1827.

QUAIS : — *De Montebello.* Établi en vertu d'un décret du 25 mars 1841.

Saint-Michel. — Ordonné d'abord en 1561, et ensuite en 1767, il ne fut exécuté qu'après 1812.

Du Marché-Neuf. — Connu sous ce nom au seizième siècle ; des lettres patentes de 1769 et un décret de 1807 ordonnèrent des améliorations qui ne furent accomplies qu'en 1852.

Napoléon. — Ouvert en exécution d'un arrêté des consuls du 29 vendémiaire an XII.

Bourbon. — Commencé en 1614, et terminé en 1646.

De la Grève. — Simple chemin au treizième siècle, il n'a pris son nom qu'au quinzième. Une ordonnance du 4 mars 1836 en a déterminé l'alignement et l'a séparé du port au blé.

Ministères : — *Instruction publique et des Cultes*, occupe l'ancien hôtel *Rochechouart*.

Intérieur. — 2 hôtels reconstruits vers 1840. (V. Place Beauveau.)

Affaires étrangères. — Ce palais n'a été terminé qu'en 1853.

Mairies. — Des 3e, 4e, 7e et 10e arrondissements.

Hôtel-de-Ville. — Achevé en 1846, après avoir été, à diverses reprises, reconstruit et toujours agrandi depuis le treizième siècle.

Eglises : — *Sainte-Clotilde*, commencée en 1846, et consacrée dix ans plus tard.

Saint-Thomas-d'Aquin, entreprise en 1682, et terminée en 1740.

Saint-Germain-des-Prés. — Construite en 1685, sur l'emplacement de l'ancienne abbaye, dont on fait remonter la fondation à 543.

Saint-Séverin. — Elle remplacerait une chapelle fondée sous Childebert. Reconstruite en 1347, elle fut agrandie en 1489, et complétée en 1841.

Notre-Dame. — Sous le nom de *Saint-Étienne*, son origine remonterait à 431. Reconstruite en 1163, complétée en 1257, 1312, 1447, sa flèche, toute nouvelle, est à peine terminée.

Saint-Gervais. — A la place d'une ancienne église qui datait du sixième siècle; elle fut commencée en 1212, terminée en 1420, et son portail construit en 1616.

Saint-Louis et Saint-Paul. — Ancienne église du couvent des jésuites, construite en 1641.

Saint-Laurent, rebâtie en 1429 sur l'emplacement d'une ancienne église qui datait du sixième siècle, augmentée en 1548, et rebâtie presque entièrement en 1595.

Saint-Vincent-de-Paul, commencée en 1824, et consacrée le 21 octobre 1844.

Saint-Philippe-du-Roule. Une petite chapelle y fut construite, ainsi qu'un hôpital, en 1217. L'église actuelle, terminée en 1784, augmentée en 1845 et en 1854, est toujours insuffisante en raison de l'accroissement continuel de la population.

Temple des Billettes, rebâti en 1754, à la place d'une ancienne chapelle érigée au treizième siècle; il est affecté, depuis 1812, au culte de la confession d'Augsbourg.

Temple Pentemont, affecté au culte réformé en 1844. Sa reconstruction date de 1755.

Temple des Batignolles, affecté au culte réformé depuis 1830.

Synagogue, ou Temple israélite, ouvert depuis le premier Empire.

Théatre : *Ambigu-Comique*, salle reconstruite en 1827, après l'incendie de l'ancien théâtre d'Audinot, qui datait de 1759.

Porte-Saint-Martin, théâtre bâti, en 1781, pour l'Opéra, dont la salle venait d'être incendiée.

Cirque de l'Impératrice, construit en 1841 au Carré Marigny.

Panorama, terminé en 1860.

Monuments divers : *École d'État-Major*, rue de Grenelle, S. G.

Musée d'Artillerie, fondé, en 1796, dans l'ancien couvent des Jacobins.

Musée des Thermes et de l'hôtel de Cluny.

La fondation du palais des Thermes est attribuée à Constance Chlore, qui gouverna les Gaules de 292 à 306.

L'hôtel de Cluny fut construit en 1505. Le musée d'antiquités nationales y fut fondé par ordonnance du 27 avril 1844.

École de Médecine. L'édifice fut commencé en 1769 sur l'emplacement du collége de Bourgogne.

Imprimerie Impériale. Construit en 1712 par le cardinal de Rohan, le Palais-Cardinal fut affecté à l'Imprimerie Impériale par décret du 6 mars 1808.

Mont-de-Piété, créé par lettres patentes du 9 décembre 1777, et par un décret du 8 thermidor an XII.

Prison Saint-Lazare. De maison hospitalière, remontant au douzième siècle, elle fut convertie en prison en 1793.

Prison pour dettes, construite en 1826.

Places : *Odéon*, construite, sur l'emplacement de l'hôtel Condé, en vertu de lettres-patentes du 10 août 1779.

Hôtel-de-Ville. Au douzième siècle, c'était un marché public. Elle fut élargie vers 1770, et considérablement agrandie en 1853.

Lafayette, tracée en 1824.

Vintimille, créée en 1844.

Europe, formée en 1826.

Rond-point des Champs-Élysées. En 1710 un petit pont de pierre couvrait un égout là où l'on voit la fontaine construite depuis 1830.

Promenades publiques : *Esplanade des Invalides.* Le rempart fut exécuté en 1704, et la promenade publique en 1720.

Square Sainte-Clotilde, terminé en 1856.

Square du Temple, terminé en 1859.

Boulevards : *des Invalides*, fondé en vertu de lettres-patentes du 9 août 1760.

Sébastopol (rive gauche), en construction.

Magenta, ouvert, en 1858, sous le nom de boulevard du *Nord*, dans l'axe de la rue portant ce nom, qui fut percée, en 1827, sur les terrains appartenant à MM. André et Cottier.

Pigalle, Clichy, Batignolles, anciens boulevards extérieurs, réunis à Paris depuis le 1er janvier 1860.

Beaujon, commencé en 1858; il prend son nom du quartier Beaujon, qu'il traversera.

Avenue Montaigne. Ce nom a été donné, par décret du 13 juillet 1860, à l'*Allée des Veuves*, plantée en 1770.

RUES : *Saint-Dominique*. Au seizième siècle c'était le *Chemin des Vaches*. Son nouveau nom lui vint, en 1631, des Jacobins de l'ordre de Saint-Dominique.

De Grenelle S. G. La belle fontaine qui la décore fut achevée en 1739. Elle résout le difficile problème d'appliquer un monument contre une maison. La largeur de la rue est de 10 mètres, et la fontaine a 11 mètres 60 centimètres de hauteur. D'après la même proportion, quelle hauteur devrait avoir la nouvelle fontaine Saint-Michel?

De Seine, anciennement c'était le chemin du *Pré-aux-Clercs*. Elle prit son nom au seizième siècle.

Dauphine. Pour ouvrir cette rue, en 1606, environ 600 mètres carrés furent achetés aux Augustins 30,000 livres, soit 50 livres le mètre de terrain. En 255 ans, de combien la valeur de l'argent a-t-elle diminué?

Saint-Jacques. Au douzième siècle elle existait déjà sous le nom de Grande-Rue-du-Petit-Pont. Une chapelle lui donna son nouveau nom.

De Constantine, ouverte en vertu d'une ordonnance du 15 juin 1838, peu de temps après la prise de Constantine.

Vieille-du-Temple. Elle date du treizième siècle.

Lafayette, construite en vertu d'une ordonnance du 27 novembre 1822; une loi de 1858 ordonne sa continuation jusqu'à la rue de la Chaussée-d'Antin.

Faubourg Poissonnière, érigé en faubourg en 1648.

Des Martyrs, autrefois des Porcherons.

Clichy. Elle a emprunté le nom du village, aujourd'hui réuni à Paris, et elle a payé sa dette en le donnant à son tour à la prison qui a remplacé Sainte-Pélagie.

MARCHÉS : *Saint-Germain*, construit depuis 1813 sur l'emplacement de l'ancienne foire Saint-Germain-des-Prés, qui existait dès le douzième siècle.

Du Temple, ou Halle au vieux linge.

Abattoir du Roule, construit en vertu d'un décret du 24 février 1811.

ZONE DE LA PLACE ROUBAIX.

FIGURE CONCENTRIQUE NUMÉRO 5.

Sa construction et sa surface.

La zone numéro 5 aura ses limites extérieures à 2,250 mètres de l'axe PV ; sa surface se composera de l'aire d'un cercle ayant 2,250 mètres de rayon, ou 4,500 mètres de diamètre...................................... 15,904,340 m²

Moins l'aire du cercle de 1,750 mèt. de rayon, et 3,500 mètres de diamètre................. 9,621,130

Il restera............................... 6,283,210
Plus l'aire des deux rectangles, environ..... 860,000

Total de la zone numéro 5, environ......... 7,143,210

VOIES PUBLIQUES ET PRINCIPAUX ÉDIFICES.

La zone numéro 5 est située sur les 3ᵉ, 4ᵉ, 5ᵉ, 6ᵉ, 7ᵉ, 8ᵉ, 9ᵉ, 10ᵉ, 11ᵉ, 17ᵉ et 18ᵉ arrondissements.

Voici ce qu'elle contient de plus remarquable :

Fleuve. Trois sections : En *amont*, une d'environ 500 mètres de longueur, et l'autre d'environ 600 mètres, sur le bras droit et sur le bras gauche, baignant l'île Saint-Louis.

En *aval*, une section d'environ 500 mètres.

Ports : En *amont*, de la *Tournelle*, le bras du *Mail* et la grande *Estacade*, ports au *Poisson*, *Saint-Paul*, aux *Veaux*.

En *aval* : de l'*Ile des Cygnes* ou du *Gros-Caillou*.

Canal Saint-Martin : une section d'environ 1,800 mètres de longueur.

Ponts : de la *Tournelle*. Celui qui existait en bois déjà au quatorzième siècle fut reconstruit en 1637, 1656, et élargi en 1847.

Marie. Il existait en bois en 1371, reconstruit en pierres en 1635 et bordé de maisons qui furent démolies en 1789. Il fut réparé en 1849.

Damiette, passerelle suspendue en fer, construite en 1838.

De l'Alma, construit en 1856.

Quais : de la *Tournelle*. Il existait, sous le nom de Saint-Bernard, dès 1380. Il prit son nom d'une tour qui défendait le passage du fleuve par une chaîne.

De Béthune, commencé en 1614, achevé en 1646.

D'Orléans, construit de 1614 à 1646.

D'Anjou, commencé en 1614, achevé en 1647.

Des Célestins. Il existait en 1352 ; il fut pavé en 1705.

Saint-Paul. Il prit ce nom vers 1430, au lieu de celui des Barrés.

Des Ormes. Il prit ce nom sous le règne de Charles V.

De Valmy. Ce nom a remplacé, en 1830, celui de *Louis XIII*, que ce quai porta en 1824.

De Jemmapes, nom qui fut substitué, en 1830, à celui de Charles X. Il fut construit en 1822.

Palais du Luxembourg, construit par Jacques de Brosse, pour Marie de Médicis, en 1612; affecté, en l'an VIII, au Sénat conservateur, en 1814 à la chambre des Pairs, en 1848 aux prédications socialistes de Louis Blanc; il est enfin rendu au Sénat.

Mairies des 5ᵉ, 6ᵉ, 17ᵉ, 18ᵉ arrondissements.

Églises : *Saint-Pierre-du-Gros-Caillou*. La première pierre fut posée le 19 mars 1738. De chapelle elle devint cure, et fut agrandie en 1777.

Missions étrangères, fondée en 1663, reconstruite en 1683 : elle fut reconnue comme succursale de Saint-Thomas-d'Aquin après 1802.

Saint-Sulpice, chapelle très-ancienne, paroisse au commencement du treizième siècle, augmentée en 1614; on commença sa reconstruction en 1655, elle était presque terminée en 1745; une de ses tours fut reconstruite en 1777.

Sainte-Geneviève, commencée en 1758, sous cette invocation; un décret du 4 avril 1791 affecta ce monument à la sépulture des *Grands Hommes*. Le *Panthéon* fut rendu au culte catholique par décret du 20 février 1806, confirmé par un autre décret du 5 décembre 1851.

Saint-Nicolas-du-Chardonnet, chapelle en 1230, paroisse en 1243, reconstruite en partie en 1661, continuée en 1707; elle n'est point encore achevée.

Saint-Louis-en-l'Ile, petite chapelle en 1616, agrandie en 1622, paroisse en 1623, rebâtie en 1664, et terminée en 1726.

Saint-Denis-du-Saint-Sacrement, sur l'emplacement d'un couvent de *bénédictines*, fondé en 1684; cette église a été construite et livrée au culte à Pâques 1835.

Montmartre, Batignolles, églises paroissiales de construction récente, annexées à Paris depuis le 1er janvier 1860, avec les communes de ce nom.

Saint-Pierre-de-Chaillot. L'église de Chaillot existait en 1097. Elle fut reconstruite en partie lors de l'annexion du village à Paris, sous Louis XIV. On rebâtit, en 1740, la nef et le portail.

Chapelle américaine, fondée en 1857, rue de Berri.

Cimetière Montmartre, réuni à Paris avec la commune, depuis le 1er janvier 1860.

Hopitaux et Hospices : *Militaire du Gros-Caillou.*

Invalides. Hôtel fondé par un édit du mois d'avril 1674.

Incurables (femmes), fondé en 1637.

Ménages, créé, par un règlement du 10 octobre 1801, dans l'hôpital des Petites-Maisons, établi vers le milieu du quinzième siècle.

Saint-Louis, fondé par un édit de Henri IV, de mai 1607.

Incurables (hommes), ancien couvent des Récollets, fondé en 1603, où les incurables (hommes) furent transférés en 1802.

Maison de Santé, édifice construit en 1858, en remplacement de l'ancienne maison Dubois, créée en 1802, et supprimée pour l'ouverture du boulevard de Magenta.

Lariboisière, édifice commencé en 1846 et terminé en 1854. Il tire son nom de la comtesse de *Lariboisière*, née *Roy*, qui légua 2,900,000 fr. pour la fondation d'un hospice.

Beaujon, créé par Beaujon, en vertu de lettres patentes de mai 1785.

Théatres : *Odéon*, construit en vertu de lettres patentes du 30 juillet 1773. Incendié en 1799 et en 1818; il fut chaque fois reconstruit sur le même plan.

Lyrique, construit en 1846 pour le Théâtre-Historique, qui ferma en 1851.

Cirque (Théâtre-Impérial), construit en 1827 sous le nom de Cirque Olympique. Ces deux salles vont être supprimées pour l'ouverture du boulevard du Prince-Eugène.(V.Quais de Gèvres et de la Mégisserie.)

Gaîté, contruit en 1759 pour Nicolet, directeur d'acrobates. Détruit par un incendie en 1835, et réédifié la même année.

Folies-Dramatiques, construit en 1811 sur l'emplacement de l'ancienne salle de l'Ambigu-Comique.

Funambules. En 1830 des vaudevilles et arlequinades ont succédé aux danseurs de corde.

Délassements-Comiques, autrefois le théâtre de madame Saqui.

Montmartre, Batignolles, théâtres annexés à Paris, avec les communes dont ils faisaient partie, depuis le 1er janvier 1860.

MONUMENTS DIVERS : *Conseil de guerre*, établi rue du Cherche-Midi, presque en face de la *Prison militaire* construite sur l'emplacement de l'ancien couvent du Bon-Pasteur, démoli en 1851.

Sorbonne, collége fondé en 1250, dont les bâtiments furent reconstruits en 1629 et la chapelle en 1635 ; affecté à l'Université par décret du 17 mars 1808.

Collége de France, fondé par François Ier, reconstruit par ordre de Henri IV, de 1610 à 1774, et agrandi en 1834.

École de Droit, édifice construit par Soufflot en 1771.

Bibliothéque Sainte-Geneviève, monument commencé en 1843 et terminé en 1850, sur l'emplacement de l'ancien collége Montaigu.

École Polytechnique, fondée en l'an III, et constituée par la loi du 25 frimaire an VIII, occupe les anciens bâtiments du collége de Navarre, dont l'origine remonte à la libéralité de la reine Jeanne de Navarre, épouse de Philippe le Bel, en 1304. La chapelle, commencée en 1309, fut consacrée en 1373.

Entrepôt réel des Douanes ou des *Marais*, construit en 1834, affecté également à l'entrepôt d'octroi par ordonnance de 1838. Par un traité de 1840, le *Bureau de la Douane* de Paris y est aussi établi.

Embarcadère de Strasbourg, commencé en 1847, et terminé en 1852.

Embarcadère du Nord, construit en 1845. On l'agrandit en ce moment.

PLACES : *Vauban*, tracée vers 1780, elle a reçu le nom du célèbre maréchal qui a fortifié plus de 300 places de guerre.

L'*Odéon*, construite en vertu de lettres patentes du 10 août 1779.

Sainte-Geneviève, commencée en 1770 ; elle porte le nom de *place du Panthéon* depuis 1791.

Royale. Elle fut construite en vertu de lettres patentes de Henri IV, de juillet 1605, et sa grille autorisée par arrêt du Conseil du 16 avril 1682.

Roubaix, formée en 1845; on en double la surface en ce moment.

Parc de Mousseau, au bout de la rue de *Monceau,* célèbre résidence où l'on perce actuellement les voies publiques nécessaires au boulevard Malesherbes et à un lotissement.

Boulevards : *Saint-Germain.* Deux tronçons de cette nouvelle voie sont ouverts depuis 1859.

Beaumarchais et des *Filles du Calvaire,* formés en vertu d'un arret du Conseil du 7 juin 1670. Les contre-allées ont été vendues par la ville de Paris, en exécution d'une ordonnance du 19 février 1846.

Du Temple, formé en vertu d'un arrêt du Conseil du 7 juin 1656.

Poissonnière, ordonné par lettres patentes de juillet 1676.

Rochechouart, des Martyrs. Ces deux boulevards extérieurs sont réunis à Paris depuis le 1er janvier 1860.

Monceau. Deux tronçons de ce nouveau boulevard ont été terminés en 1859 et 1860; on le continue.

Rues : *de Babylone.* Elle existait, jusqu'en 1669, sous divers autres noms. Sa continuation fut ordonnée par lettres patentes du 18 février 1820.

De Vaugirard. Elle n'était encore qu'un chemin au commencement du seizième siècle.

Du Cherche-Midi. Sous ce nom, trois rues ont été réunies par décision ministérielle du 5 juin 1832.

De la Harpe. Cette rue qui, sous plusieurs noms, date du treizième siècle, est traversée par le boulevard de Sébastopol (rive gauche) récemment ouvert.

Des Écoles, ouverte en vertu d'un décret du 24 juillet 1852.

Saint-Antoine. Elle existait, sous plusieurs noms, dès le treizième siècle : un décret du 29 septembre 1854, concernant le prolongement de la rue de Rivoli, en a modifié l'alignement.

Saint-Louis. Elle existait, depuis le dix-septième siècle, sous divers noms.

Ménilmontant, ancien chemin dont la pente fut adoucie en 1732; elle a eu plusieurs noms avant 1806.

Faubourg du Temple. Il se couvrit d'habitation sous Henri IV et Louis XIII, et fut aligné par arrêt du Conseil du 25 octobre 1782.

Grande rue *de Clichy,* réunie à Paris depuis le 1er janvier 1860, avec la commune dont elle porte le nom.

De Berri, ouverte en vertu de lettres patentes du 4 avril 1778.

De Chaillot. Le village de Chaillot, qui existait au septième siècle sous le nom de *Nimio*, fut déclaré faubourg de Paris en 1659, et enfermé dans la capitale par le mur d'enceinte construit sous Louis XVI.

Abattoir *Montmartre*. Sa première pierre fut posée le 2 décembre 1808.

ZONE DE LA PLACE DE LA BASTILLE.

FIGURE CENCENTRIQUE NUMÉRO **6.**

Sa construction et sa surface.

La zone numéro 6 aura son contour extérieur à 2,750 mètres de l'axe PV, et une surface égale à l'aire d'un cercle de 2,750 mètres de rayon, ou 5,500 mètres de diamètre. $23,758,290\,\text{m}^2$

Moins l'aire du cercle de 2,250 mètres de rayon, ou 4,500 de diamètre................ 15,904,340

Il restera.............................. 7,853,950
Plus l'aire des deux rectangles, environ..... 860,000

Total de la zone numéro 6,............... 8,713,950

VOIES PUBLIQUES ET PRINCIPAUX ÉDIFICES.

La zone numéro 6 est placée sur les 4e, 5e, 6e, 7e, 8e, 10e, 11e, 12e, 17e, 18e et 19e arrondissements.

Voici ce qu'on y remarque :

Fleuve. Deux sections, chacune de 500 mètres environ , en *amont* et en *aval*.

En *amont*, ports *Saint-Bernard*, des *Miramiones*, de *Louviers*.

Canal Saint-Martin. Une section d'environ 550 mètres.

Pont de *Constantine*. Passerelle livrée à la circulation le 5 janvier 1838.

Quais : *Saint-Bernard*, anciennement le *vieux chemin d'Ivry*, élargi par lettres patentes du 22 avril 1769.

Henri IV, construit en 1843 sur les terrains provenant de l'île Louviers.

Billy, commencé en 1572, il s'est nommé des *Bons-Hommes,* de la *Conférence,* de *Chaillot,* de la *Savonnerie.* Un décret du 13 janvier 1809 lui a donné le nom du général de Billy, tué à la bataille d'Iéna.

ÉGLISES : *Saint-Jacques du Haut-Pas* , église paroissiale, reconstruite en 1630 au lieu d'une ancienne chapelle fondée en 1566.

Saint-Ambroise, construite en 1639 et restaurée en 1818.

Temple réformé *Sainte-Marie,* ancienne église du couvent de la Visitation, bâtie en 1632.

Chapelle russe, construite en 1860, rue Croix-du-Roule.

MONUMENTS DIVERS : *École Militaire,* commencée en 1752 et augmentée depuis quelques années.

École des Mines.

Collège Stanislas, fondé en 1804.

Jardin du Luxembourg, fondé en même temps que le palais; il a été agrandi à plusieurs reprises.

Jardin des Plantes, fondé en 1640.

Sainte-Périne. Cette institution, établie à Chaillot depuis 1659, sera prochainement transférée à Auteuil.

PLACES : *Champ de Mars,* fondé en 1770.

Fontenoi, tracée en 1770.

Bastille. Place ordonnée par une loi de 1792, sur l'emplacement de l'ancienne forteresse, élevée en 1370 et démolie en 1789. Une colonne de bronze y fut érigée après 1830.

Étoile, agrandie en vertu d'un décret du 13 août 1854, qui prescrit des constructions uniformes au pourtour.

L'*Arc de Triomphe* a été érigé en vertu d'un décret du 18 février 1806.

BOULEVARDS : Avenues de *Labourdonnaye,* de *Lowendal* et de *Breteuil,* tracées toutes trois en 1770.

Observatoire, avenue créée par une loi du 27 germinal an VI, pour dégager les abords de l'Observatoire, fondé en 1667.

Bourdon et *Contrescarpe,* décrétés le 14 février 1806.

Chopinette, Combat, Butte-Chaumont, la Villette, Vertus et *la Chapelle,* anciens boulevards extérieurs, annexés à Paris depuis le 1er janvier 1860, avec les communes de Belleville, la Villette et la Chapelle-Saint-Denis, dont ils faisaient partie.

Route de Saint-Ouen, avenue de Clichy, route d'Asnières, boulevard de Courcelles, route des Ternes et *boulevard de l'Étoile,* voies publiques annexées à Paris depuis le 1ᵉʳ janvier 1860, avec les communes de Montmartre, Batignolles-Monceaux et les Ternes.

Rues : *Ouest,* ouverte, en vertu d'une loi du 27 germinal an VI, sur l'enclos des Chartreux.

Enfer, au treizième siècle chemin de Vanves et d'*Issy,* plus tard nommé rue *Saint-Michel* et du *Faubourg-Saint-Michel*; on l'appela rue d'*Enfer* à cause des débauches et des voleries qui s'y commettaient.

Saint-Jacques. Au douzième siècle elle s'appelait rue du *Petit-Pont.* Depuis, elle eut beaucoup d'autres dénominations, dont la dernière est tirée de la chapelle *Saint-Jacques,* établie en 1218.

Mouffetard, nom tiré, au treizième siècle, d'un territoire appelé *Mont-Cétard.*

Des *Postes.* Le *clos des Poteries* lui a donné son nom au seizième siècle.

Saint-Victor. Nom tiré d'une célèbre abbaye au onzième siècle.

De la *Roquette,* ouverte sur un territoire, tirant ce nom d'une plante qui croît dans les lieux incultes.

Saint-Maur-Popincourt, autrefois *chemin de Saint-Denis*; elle doit sa nouvelle dénomination à une décision du 2 thermidor an VI, à une autre du 3 pluviôse an IX et à une ordonnance du 6 mai 1827.

Grange-aux-Belles, ancien chemin converti en rue par lettres patentes du 21 juin 1782, par ordonnance du 31 mars 1847 et par décision de 1852.

Chaussées de Clignancourt et de la *Planchette,* à *Courcelles.* Routes réunies à Paris, depuis le 1ᵉʳ janvier 1860, avec les communes de Montmartre et de Batignolles-Monceaux.

Marchés : *Popincourt,* créé par ordonnance du 9 septembre 1829.

Greniers de Réserve, construits en vertu d'un décret du 12 août 1807.

Entrepôt des liquides ou *Halle aux Vins.*

L'ancienne Halle aux Vins fut autorisée par ordonnance du 12 mai 1664. Devenue insuffisante, le nouvel entrepôt des liquides l'a remplacée, en vertu des décrets du 30 mars 1808, 24 février et 14 juillet 1811.

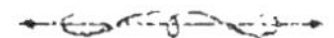

ZONE DE LA PLACE DU ROI-DE-ROME

FIGURE CONCENTRIQUE NUMÉRO 7.

Sa construction et sa surface.

La zone numéro 7, dont le périmètre extérieur sera éloigné de l'axe PV de 3,250 mètres, aura une surface égale à l'aire d'un cercle de 3,250 mètres de rayon, ou 6,500 mètres de diamètre... 33,483,070 m²

Moins l'aire du cercle de 2,750 mètres de rayon, ou 5,500 mètres de diamètre.......... 23,758,290

Il restera................................ 9,424,780

Plus l'aire de deux rectangles, environ....... 860,000

Total de la zone numéro 7................ 10,284,780

VOIES PUBLIQUES ET PRINCIPAUX ÉDIFICES.

La zone numéro 7 se trouve répartie sur les 5ᵉ, 6ᵉ, 7ᵉ, 10ᵉ, 11ᵉ, 12ᵉ, 13ᵉ, 14ᵉ, 15ᵉ, 16ᵉ, 17ᵉ, 18ᵉ, 19ᵉ et 20ᵉ arrondissements.

On y remarque ce qui suit :

FLEUVE. Deux sections, l'une en *amont*, d'environ 500 mètres et l'autre en *aval*, de 550 mètres environ.

En *amont*, ports de l'*Hôpital* et de la *Râpée*.

En *aval*, port de la *Cunette*.

CANAL SAINT-MARTIN. Bassins de l'*Arsenal* et de la *Villette*, ensemble 250 mètres environ.

RIVIÈRE DE BIÈVRE. Une section de 1,100 mètres environ.

PONTS : d'*Austerlitz*. Le 1ᵉʳ juin 1806 il fut ouvert aux piétons, et le 5 mars 1807, aux voitures.

D'*Iéna*, ordonné par une loi du 27 mars 1806, il a été terminé en 1813.

QUAIS : d'*Austerlitz*, nommé d'abord quai de l'Hôpital, il a pris le nom du pont après son achèvement.

De la *Rápée*. Son nom lui vient du propriétaire qui y fit construire une des premières maisons.

De la *Loire* et de la *Seine*, quais annexés à Paris, depuis le 1er janvier 1860, avec la commune de la Villette.

ÉGLISES : *Saint-Médard*; chapelle au douzième siècle, elle devint paroisse du village Saint-Mard ou Saint-Médard. Reconstruite en 1655 et 1784. Son cimetière fut célèbre par la tombe du diacre *Páris* et par les convulsionnaires.

De la *Chapelle-Saint-Denis*, réunie à Paris, depuis le 1er janvier 1860, avec toute la commune.

MONUMENTS DIVERS : *Puits artésien de Grenelle*; commencé en 1834, il a été terminé, en 1841, par M. Mulot.

Hôpital Necker, fondé en 1779.

Hôpital des Enfants-Malades, fondé en 1751 sous le nom de la maison de l'*Enfant-Jésus*.

Hôpital du Midi ou des *vénériens*, fondé en 1785 sur l'emplacement du couvent des *Capucins*.

Hospice de la Maternité ou d'accouchement, connu sous le nom de la *Bourbe*, depuis l'an IV, dans l'ancienne abbaye de *Port-Royal*, transférée à Paris en 1625.

Val-de-Grâce. Construit en 1645 pour un couvent, cet édifice fut affecté à un hôpital militaire sous l'empire.

École de Pharmacie, instituée par la loi du 21 germinal an XI et par décret du 22 août 1854.

Embarcadère d'Orléans, commencé en 1835.

Mazas ou *nouvelle Force*, prison cellulaire fondée par ordonnance du 17 décembre 1840; terminée en 1853.

PLACES : de *Breteuil*, tracée en 1782.

Valhubert, formée en vertu d'un décret du 14 février 1806, en mémoire d'un général tué à Austerlitz.

Mazas, ordonnée par décret du 14 février 1806, en mémoire d'un colonel tué à Austerlitz.

De l'*Ourcq*, réunie à Paris, depuis le 1er janvier 1860, avec la commune de la Villette.

Du *Roi-de-Rome*, commencée en 1860.

BOULEVARDS : *Avenue de Suffren*, formée en 1770.

Meudon, *Sèvres*, *Vaugirard*, *Issy*, *Fourneaux*, *Vanves* et *Montrouge*, annexés à Paris, depuis le 1er janvier 1860, avec les communes de Grenelle, Vaugirard et Montrouge.

Montparnasse, Enfer et l'*Hôpital,* formés en vertu de lettres patentes du 9 août 1760,

Mazas, exécuté en vertu d'une ordonnance du 27 septembre 1847 et d'un décret du 9 juillet 1850.

Amandiers, Belleville, Route militaire, sur une section d'environ 2,250 mètres ; *avenue de Neuilly, avenue de l'Impératrice, avenue de Saint-Cloud, boulevards de Passy, de Longchamps, du Roi-de-Rome* et de l'*Alma,* annexés à Paris, depuis le 1ᵉʳ janvier 1860, avec les communes de Belleville, Batignolles-Monceaux, Neuilly et Passy.

Abattoir de Grenelle, ordonné par décret du 9 février 1810, terminé en 1818.

ZONE DU CIMETIÈRE DU PÈRE LACHAISE

FIGURE CONCENTRIQUE NUMÉRO **8**.

Sa construction et sa surface.

La zone numéro 8, dont le contour extérieur sera tracé avec un rayon de 3,750 mètres, à partir de l'axe VP, sera la première non inscrite entièrement dans les limites de Paris. Un segment ayant au moins 6,000 mètres de périmètre externe, de l'ouest au nord, et une largeur moyenne et réduite, égale à environ moitié de celle de cette zone, devra être diminué de la surface totale comme étant situé en dehors des fortifications.

La surface totale de la 8ᵉ zone serait égale à l'aire d'un cercle ayant 3,750 mètres de rayon, ou 7,500 mètres de diamètre... 44,178,650 m²

Moins l'aire du cercle de 3,250 mètres de rayon, ou 6,500 mètres de diamètre.......... 33,183,070

Il resterait............................... 10,995,580
Plus l'aire des deux rectangles, environ..... 860,000

Total................... 11,855,580

La surface en dehors des fortifications pouvant être évaluée à environ................. 1,500,000

Il restera, pour la portion de la 8ᵉ zone renfermée dans Paris, environ................. 10,355,580

VOIES PUBLIQUES ET PRINCIPAUX ÉDIFICES.

La zone numéro 8, inscrite incomplétement dans Paris, s'é-
tend sur les 5ᵉ, 10ᵉ, 11ᵉ, 12ᵉ, 13ᵉ, 14ᵉ, 15ᵉ, 16ᵉ, 17ᵉ, 18ᵉ, 19ᵉ et
20ᵉ arrondissements. Le surplus de cette zone, en dehors de l'enceinte continue, traverserait Champ-Péray et Clichy-la-Garenne.
On y remarque ce qui suit :

FLEUVE. Trois sections de la Seine, l'une en *amont*, d'environ
500 mètres et les deux autres en *aval*, d'environ 550 mètres chacune,
séparées en deux bras par l'île de Grenelle.

En *aval*, PORTS de *Grenelle* et de *Passy*.

CANAL DE L'OURCQ. Bassin de la *Villette*, environ 500 mètres.

RIVIÈRE DE BIÈVRE : deux sections d'environ 550 mètres chacune.

QUAIS : *Grenelle* et *Passy*, réunis à Paris, depuis le 1ᵉʳ janvier 1860,
avec les communes de ce nom.

MAIRIES du quinzième arrondissement (Vaugirard) : place de la
Mairie, à *Grenelle*, et du vingtième arrondissement (Ménilmontant)
rue de Paris, à *Belleville*.

THÉÀTRES et JARDINS publics : *Théâtre de Grenelle, Hippodrome*, à
Passy et *Château-Rouge*, à Montmartre, réunis à Paris, depuis le
1ᵉʳ janvier 1860.

ÉGLISES : *Sainte-Marguerite*, chapelle vers 1625, succursale en
1634, agrandie en 1713 et 1765.

De *Plaisance*, de *Belleville*, de *la Chapelle-Saint-Denis* et de *Passy*,
avenue de Saint-Cloud, annexées à Paris, depuis le 1ᵉʳ janvier 1860,
avec leurs communes.

CIMETIÈRES : *Montparnasse* et *Père-Lachaise*, annexés à Paris, depuis le 1ᵉʳ janvier 1860, avec les communes de Plaisance et de Ménilmontant.

MONUMENTS DIVERS : *Embarcadère de Lyon*, commencé en 1847 et
terminé en 1852.

Embarcadère de Sceaux, commencé en 1845 et terminé en 1846.

Manufacture des Gobelins. Fondée en 1450, par Jehan *Gobelin*, elle
devint, en 1662, un établissement *public* auquel la *savonnerie* fut
annexée en 1826.

Observatoire, commencé en 1667, terminé en 1672 et augmenté
en 1835.

Hospices et Hopitaux : de *Lourcine*, inauguré le 28 janvier 1836.

De la *Salpêtrière* ou de la *Vieillesse-Femmes*, fondé en 1657 sous le non d'*Hôpital général des pauvres*.

Saint-Antoine, construit en 1770 sur l'emplacement de l'abbaye *Saint-Antoine*, remontant au douzième siècle.

Pénitencier des Jeunes-Détenus, construit en 1831 sur l'emplacement du couvent des hospitalières de la *Roquette*.

Places : de la *Collégiale*. L'église collégiale de *Saint-Marcel* y était autrefois située.

De la *Roquette*, lieu d'exécution des arrêts criminels, depuis 1851.

De la *Demi-Lune*, annexée à Paris, depuis le 1er janvier 1860, avec la commune de la Chapelle-Saint-Denis.

Boulevards : de *Javel*, *Grenelle*, *Arcueil* et *Aunay*, annexés à Paris, depuis le 1er janvier 1860, avec les communes de Grenelle, Gentilly et Ménilmontant.

Saint-Jacques, formé en vertu de lettres patentes du 9 août 1760.

Saint-Antoine. Simple chaussée avant 1633, cette rue était entièrement construite en 1637.

Routes : de *Metz*, de *Flandre*, *Nationale*, de la *Révolte*, de *Saint-Denis*, *Militaire*, sur deux sections d'environ 3,500 mètres ensemble, annexées à Paris, depuis le 1er janvier 1860, avec les communes de la Villette et de la Chapelle,

Abattoir de *Villejuif*, construit en 1810.

Marché Beauveau, créé par lettres patentes du 17 février 1777 pour la vente des fourrages.

Marché aux Chevaux, établi en vertu de lettres patentes de 1659.

ZONE DU PONT DE GRENELLE

FIGURE CONCENTRIQUE NUMÉRO **9**.

Sa construction et sa surface.

La zone numéro 9 aura son contour extérieur à 4,250 mètres de l'axe VP : ce sera la seconde non inscrite entièrement dans l'enceinte fortifiée ; le segment en dehors des fortifications, de l'ouest au nord-est, aura un développement d'environ 9,500 mètres, dont 6,000 mètres environ ayant toute la largeur de la zone et le surplus d'une largeur moyenne et réduite, égale à environ moitié de celle de la zone.

La surface tout entière de la zone numéro 9 serait égale à celle d'un cercle ayant ,4250 mètres de rayon, ou 8,500 mètres de diamètre.............................. 56,745,020 m²

Moins la surface du cercle de 3,750 mètres de rayon, ou 7,500 mètres de diamètre...... 44,178,650

Il resterait............................ 12,566,370

Plus l'aire des deux rectangles, environ.... 860,000

Total.................... 13,426,370

La surface en dehors des fortifications est d'environ............................... 3,875,000

Il restera dans Paris environ............. 9,551,370

VOIES PUBLIQUES ET PRINCIPAUX ÉDIFICES.

La zone numéro 9, dont les trois quarts environ sont seuls renfermés dans Paris, est située dans les 11ᵉ, 12ᵉ, 13ᵉ, 14ᵉ, 15ᵉ, 16ᵉ, 18ᵉ et 19ᵉ arrondissements. Le surplus de cette zone s'étendrait sur les communes de la Chapelle, Montmartre, Saint-Ouen, Clichy, Champ-Péray, les Ternes, Passy et une parcelle du bois de Boulogne.

Voici ce qu'on y remarque :

Fleuve. — Trois sections de la Seine, l'une en *amont* d'environ 500 mètres et les deux autres en *aval*, d'environ 550 mètres chacune, séparées en deux bras par l'île de Grenelle.

Canal de l'Ourcq : Une section de 500 mètres environ.

Rivière de Bièvre : Deux sections de 500 mètres chacune.

Ponts. — De *Bercy*, de *Grenelle*, annexés à Paris depuis le 1ᵉʳ janvier 1860, avec les communes de Bercy et de Grenelle.

Quais. — De la *Gare*, de *Bercy*. Même observation.

Mairies. — Du 15ᵉ arrondissement (*Vaugirard*). Même observation.

Du 16ᵉ arrondissement (*Passy*). Même observation.

Du 19ᵉ arrondissement (*Buttes-Chaumont*), rue de Bordeaux (à la Villette). Même observation.

CIMETIÈRE. — De *la Villette*. Même observation.

ÉGLISES. — De *Grenelle*, de *la Villette*, de *Passy*. Même observation.

HOSPICE. — De *la Rochefoucauld*. Même observation.

BOULEVARDS et AVENUES. — Chaussée du *Maine*. Même observation.

Boulevards de *Fontainebleau*, de *la Santé*, de *la Glacière*, d'*Italie*, d'*Ivry*, de *la Gare*, de *la Rapée*, de *Bercy*, de *Fontarabie*, de *Charonne*. Même observation.

Avenue *Dauphine*. Même observation.

Boulevards *Saint-Jacques* et des *Gobelins*, formés en vertu de lettres patentes du 9 août 1760.

RUES. — De *Reuilly*. Elle prend son nom d'un palais de Dagobert, au 7ᵉ siècle, possédé par le roi Jean jusqu'en 1359.

De *Montreuil*. Chemin qui conduisait, dès le 12ᵉ siècle, au village de ce nom. En 1750, c'était une rue couverte de maisons.

De *Ménilmontant*. De *Mesnil-Maudan* on a fait *Ménil-Montant*. Le chemin escarpé qui conduisait à ce village fut adouci en 1732, redressé et élargi en 1733.

De *Sèvres*, de *Vaugirard*, annexées à Paris, depuis le 1ᵉʳ janvier 1860, avec les communes de Grenelle et de Vaugirard.

ROUTE MILITAIRE : deux sections, ensemble de 1,800 mètres environ. Même observation.

ZONE DE LA PLACE DU TRONE

FIGURE CONCENTRIQUE NUMÉRO **10**.

Sa construction et sa surface.

La zone numéro 10 aura son périmètre extérieur à 4,750 mètres de l'axe VP; elle sera la troisième inscrite incomplétement dans Paris. Le segment placé en dehors de l'enceinte, de l'ouest au nord-est, aura environ 11,000 mètres de développement extérieur, dont 9,500 mètres environ de la même largeur que la zone et le surplus d'une largeur moyenne et réduite de moitié environ de celle de la zone; un autre segment, à l'est, d'environ 1,500 mètres de développement extérieur, aura une largeur moyenne et réduite égale à la moitié de celle de la zone.

La surface de la zone numéro 10 tout entière, serait égale à l'aire d'un cercle ayant 4,750 mètres de rayon, ou 9,500 mètres de diamètre............................ 70,882,180 m²
Moins l'aire du cercle de 4,250 mètres de rayon, ou 8,500 mètres de diamètre......... 56,745,020

Il resterait............................. 14,137,160
Plus les deux rectangles, environ......... 860,000

Total environ............. 14,997,160
Retranchant la surface des deux segments en dehors des fortifications, environ......... 5,500,000

Il resterait dans Paris environ............ 9,497,160

VOIES PUBLIQUES ET PRINCIPAUX ÉDIFICES.

La zone numéro 10 a moins que les trois quarts de sa surface inscrite dans Paris; elle se trouve sur les 11ᵉ, 12, 13ᵉ, 14ᵉ, 15ᵉ, 16ᵉ, 19ᵉ et 20ᵉ arrondissements. Le surplus de cette zone couperait les communes de la Villette, la Chapelle, Montmartre, Saint-Ouen, Asnières, Villiers, le Parc et la commune de Neuilly, et le bois de Boulogne.

On y remarque ce qui suit :

FLEUVE. — Deux sections de la *Seine*, l'une en *amont*, d'environ 500 mètres, l'autre en *aval*, d'environ 550 mètres,

PORTS : en *amont*, de la *Gare* et de *Bercy* ; en *aval*, de *Javelle*.

CANAL de *l'Ourcq*. Une section d'environ 500 mètres.

Canal de Saint-Denis. Une section d'environ 700 mètres, reliée par un bassin semi-circulaire au canal de l'Ourcq.

RIVIÈRE DE BIÈVRE. Quatre sections, ensemble 2,000 mètres environ.

QUAI. — De *Javelle*, annexé à Paris, depuis le 1ᵉʳ janvier 1860.

Mairies. — 12ᵉ arrondissement (*Reuilly*), ancienne mairie de Bercy, annexée à Paris depuis le 1ᵉʳ janvier 1860, avec la commune.

20ᵉ arrondissement (*Ménilmontant*), à Belleville, rue de Paris, 130 (Fontarabie). Même observation.

Églises. — De *Vaugirard*, de *Bercy* et de *Fontarabie* (Ménilmontant). Même observation.

Hospice d'*Enghien*.

Cimetière de *la Villette*. Même observation.

Place du Trône. Son nom lui vient d'un trône où Louis XIV reçut hommage et serment de fidélité le 26 août 1660.

Ranelagh, annexé à Paris, depuis le 1ᵉʳ janvier 1860, avec la commune de Passy.

Boulevard de *Montreuil*. Même observation.

Routes. — De *Versailles*, de *Châtillon*, d'*Orléans* et de *Choisy*. Même observation.

Route Militaire. Trois sections ensemble, d'environ 3,300 mètres. Même observation.

ZONE DE L'ÉGLISE D'AUTEUIL

FIGURE CONCENTRIQUE NUMÉRO **11.**

Sa construction et sa surface.

La zone numéro 11, dont le périmètre extérieur sera éloigné de l'axe VP de 5,250 mètres, se trouvera la quatrième inscrite partiellement dans l'enceinte de la Capitale, sur un développement d'environ 17,500 mètres, dont un peu moins que la moitié avec la largeur entière de la zone, au sud-ouest et au sud-est, et un peu plus que la moitié, avec une largeur partielle au sud, à l'est et au nord-est.

En calculant la superficie de la zone numéro 11, tant sur sa largeur entière de 500 mètres que sur une largeur partielle, moyenne et réduite de 250 mètres environ, on obtient, pour les

portions inscrites dans Paris, une surface d'en-
viron...   6,500,000 m²

La zone entière aurait une surface égale à
l'aire d'un cercle dont le rayon serait de 5,250
mètres, soit un diamètre de 10,500 mètres...   86,590,170

Moins l'aire du cercle ayant pour rayon 4,750
mètres, ou pour diamètre 9,500 mètres......   70,882,180

Il resterait.............................   15,707,990
Plus les deux rectangles, environ..........   860,000

Total environ.............   16,567,990

Sur quoi la portion de la zone numéro 11,
inscrite dans les limites de Paris, est d'environ   6,500,000

Il reste pour les parties de la zone numéro
11, situées hors de Paris, environ...........   10,067,990

VOIES PUBLIQUES ET PRINCIPAUX ÉDIFICES.

La zone numéro 11 a moins que la moitié et plus que le tiers
inscrit dans Paris, sur les 12°, 13°, 14°, 15°, 16°, 19° et 20° arrondissements. La partie de cette zone, située en dehors de Paris, s'étendrait sur les communes de Montrouge, Gentilly, Charonne, Saint-Ouen, Neuilly, le parc de Neuilly, et le bois de
Boulogne.

Voici ce qu'on y remarque :

FLEUVE. — Deux sections de la Seine, l'une en *amont*, d'environ
500 mètres, et l'autre, en *aval*, d'environ 550 mètres.

CANAL DE L'OURCQ. Une dernière section d'environ 400 mètres.

RIVIÈRE DE BIÈVRE. Deux sections d'environ 500 mètres chacune.

ÉGLISE d'*Auteuil*.

CIMETIÈRE de *Grenelle*.

BOULEVARDS, AVENUES et ROUTES : *Vanves, la Grande-Pinte, Charenton, Reuilly, Picpus, Saint-Mandé, Vincennes, Bagnolet*, de *Lille*,
la *Route militaire*, sur quatre sections d'environ 11,700 mètres.

Sauf une surface d'environ 375,000 mètres carrés, située à
l'extrémité de l'ancien 8° arrondissement, tout le surplus de la
zone numéro 11 a été annexé à Paris, à partir du 1er janvier
1860.

ZONE DE SAINT-MANDÉ

FIGURE CONCENTRIQUE NUMÉRO **12**.

Sa construction et sa surface.

La zone numéro **12** aura son périmètre extérieur à une distance de 5,750 mètres de l'axe VP, et sera la cinquième inscrite, seulement pour une faible partie, dans les limites de la Capitale, sur un développement d'environ 3,000 mètres à largeur entière, au sud-ouest et au sud-est, et de 5,000 mètres environ à largeur partielle au sud-est et à l'est.

En calculant la superficie de cette zone numéro **12**, tant sur sa largeur entière de 500 mètres que sur une largeur partielle, moyenne et réduite de 250 mètres environ, on obtient, pour les portions de cette zone inscrites dans Paris, une surface d'environ . . . . 2,750,000 m²

La zone entière aurait une surface égale à l'aire d'un cercle de 5,750 mètres de rayon, ou 11,500 mètres de diamètre. 103,869,000

Moins l'aire du cercle ayant 5,250 mètres de rayon et 10,500 mètres de diamètre. 86,590,170

Il resterait. 17,278,830

Plus les deux rectangles, environ. 860,000

Total environ. 18,138,830

Sur quoi la portion de la zone numéro **12**, inscrite dans les limites de Paris, est d'environ 2,750,000

Il reste, pour les portions de la zone n° **12**, situées hors de Paris, environ. 15,388,830

VOIES PUBLIQUES ET PRINCIPAUX ÉDIFICES.

La zone numéro **12** n'a guère que la septième partie de sa superficie inscrite dans Paris, sur les 11ᵉ, 12ᵉ, 13ᵉ, 15ᵉ et 16ᵉ arrondissements. La portion de cette zone, située en dehors de Paris, s'étendrait sur les communes d'Issy, Vanves, Montrouge, Gentilly, Ivry, Bagnolet, Prés-Saint-Gervais, Pantin, Aubervilliers, Saint-Ouen, Asnières, Neuilly, Saint-James et le bois de Boulogne.

On y remarque ce qui suit :

Fleuve. — Deux sections de la Seine, une dernière en *amont*, d'environ 300 mètres, et une autre en *aval*, d'environ 500 mètres.

Port du *Point-du-Jour*, en *aval*.

Ancienne Mairie d'*Auteuil*, remplacée par celle de Passy (16ᵉ arrondissement).

Cimetière de *Bercy*.

Avenue du *Bel-Air*.

Route militaire. Sur trois sections d'ensemble 2,400 mètres.

Toute cette 12ᵉ zone est annexée à Paris depuis le 1ᵉʳ janvier 1860.

ZONE DU POINT-DU-JOUR

FIGURE   CONCENTRIQUE   NUMÉRO   **13**.

Sa construction et sa surface.

La zone numéro 13 et dernière aura son périmètre extérieur à une distance de 6,250 mètres de l'axe VP, et sera la sixième, dont une très-faible partie se trouvera dans les limites de la Capitale, sur un développement d'environ 2,000 mètres, moitié environ à largeur entière et moitié à largeur partielle, le tout au sud-ouest.

En calculant la superficie de la partie inscrite, tant sur la largeur entière de 500 mètres, que sur une largeur partielle, moyenne et réduite de 125 mètres environ, on obtient, pour les portions de la zone numéro 13 inscrites dans Paris, une surface d'environ.................................. 625,000 m²

La zone entière aurait une surface égale à l'aire d'un cercle de 6,250 mètres de rayon, ou 12,500 mètres de diamètre

Ci................................... 122,718,500 m²

Moins l'aire du cercle d'un rayon de 5,750^m ou d'un diamètre de 11,500^m.............. 103,869,000

Il resterait........................... 18,849,500
Plus deux rectangles environ............ 860,000

Total environ................. 19,709,500

Sur quoi la portion de la zone numéro 13 inscrite dans les limites de Paris, est d'environ................................. 625,000

Il reste pour les portions de la zone numéro 13, situées hors de Paris, environ......... 19,084,500

VOIES PUBLIQUES ET PRINCIPAUX ÉDIFICES.

La zone numéro 13 et dernière n'a pas la trentième partie de sa surface inscrite dans Paris, sur les 12e et 16e arrondissements. La portion de cette zone, située en dehors de Paris, s'étendrait sur les communes de Issy, Vanves, Montrouge, Gentilly, Bicêtre, Ivry, Saint-Mandé, Montreuil, Bagnolet, Pantin, Aubervilliers, Saint-Ouen, Asnières, Courbevoie, Saint-James, Madrid et le bois de Boulogne.

On y remarque ce qui suit :

Fleuve. La *Seine*, en *aval*, sur une section de 500 mètres environ, rive droite.

Quai *du Point-du-Jour*.

Cimetière d'*Auteuil*.

Route de *Billancourt*.

Chemin de *Charenton*.

Route Militaire sur deux sections d'environ 3,000 mètres.

Toute cette treizième zone est annexée à Paris depuis le 1er janvier 1860.

RÉCAPITULATION.

Pour contrôler l'exactitude de nos calculs, nous commencerons par mesurer en une seule fois tout l'espace occupé par les treize figures concentriques, et nous récapitulerons ensuite les treize résultats partiels obtenus séparément. La parité des surfaces ainsi trouvée, prouvera l'exactitude matérielle des calculs.

Surface générale.

Tout le territoire sur lequel nous venons d'opérer, soit en dedans, soit en dehors des fortifications, se décompose : 1° en deux demi-cercles qui, si nous les réunissons, formeront un seul cercle complet d'un rayon de 6,250 mètres, ou d'un diamètre de 12,500 mètres, dont l'aire est de... 122,718,500 m²

2° Et en un rectangle de 12,500 mètres ×
860 mètres environ, dont l'aire est de...... 10,750,000

La surface de la figure d'ensemble est donc
d'environ............................... 133,468,500

Le tableau suivant n° 1 nous donnant le même chiffre, prouve que nos calculs sont justes dans leur ensemble, sans que nous garantissions l'exactitude rigoureuse de celles des mesures que nous n'avons données que comme approximatives.

TABLEAU Nº 1.

DIMENSIONS ET SURFACES DES ZONES CONCENTRIQUES.

Nᵒˢ des ZONES.	DISTANCE de l'axe V P ou rayons.	DIAMÈTRES ET HAUTEUR des rectangles.	SURFACES EN MÈTRES CARRÉS des		PORTIONS DE SURFACE		TOTAUX GÉNÉRAUX des SURFACES environ.
			Segments de cercl.	Rectangles (environ).	DANS PARIS. Mètres carrés environ.	HORS PARIS. Mètres carrés environ.	
1	250ᵐ	500ᵐ	196,349.5	430,000	626,349.5	»	626,349.5
2	750	1,500	1,570,800.5	860,000	2,430,805.5	»	2,430,800.5
3	1,250	2,500	3,141,590	860,000	4,001,590	»	4,001,590
4	1,750	3,500	4,712,390	860,000	5,572,390	»	5,572,390
5	2,250	4,500	6,283,210	860,000	7,143,210	»	7,143,210
6	2,750	5,500	7,853,950	860,000	8,713,950	»	8,713,950
7	3,250	6,500	9,424,780	860,000	10,284,780	»	10,284,780
8	3,750	7,500	10,995,580	860,000	10,355,580	1,500,000	11,855,580
9	4,250	8,500	12,566,370	860,000	9,551,370	3,875,000	13,426,370
10	4,750	9,500	14,137,160	860,000	9,497,160	5,500,000	14,997,160
11	5,250	10,500	15,707,990	860,000	6,500,000	10,067,990	16,567,990
12	5,750	11,500	17,278,830	860,000	2,750,000	15,388,830	18,138,830
13	6,250	12,500	18,849,500	860,000	625,000	19,084,500	19,709,500
			122,718,500	10,750,000	78,052,180	55,416,320	133,468,500
			133,468,500 m².		133,468,500 m².		

Nous trouvons, dans des documents méritant confiance, que la superficie actuelle de la ville de Paris est de $78,020,000^{m²}$, chiffre qui diffère en moins du nôtre de $32,180^{m²}$, parce que nous n'avons besoin, pour notre raisonnement, que d'une exactitude approximative.

VII.—Valeur proportionnelle en raison inverse du carré des distances.

1° *Progression décroissante.*

Nous ne nous sommes pas attaché à donner une mesure rigoureuse des portions de zone séparées par les fortifications, parce que ce travail, facile mais long, eût été inutile à la solution du problème qui nous occupe. Les renseignements que nous venons de fournir suffisent pour faire comprendre combien les zones, quoique toutes d'une largeur pareille, acquièrent de développement en s'éloignant de l'axe de nos opérations.

Les géomètres formulent la cause de cet accroissement en disant que les aires des cercles sont entre elles dans la proportion du carré de leurs rayons. Comme nous avons décrit des zones concentriques ayant un centre commun, leurs rayons expriment les distances de ce centre, et nous pouvons à notre tour formuler le rapport des diverses zones, en disant que leurs surfaces sont entre elles dans la proportion du carré de leurs distances au centre commun.

Ainsi, au fur et à mesure que l'on s'éloigne du centre de la Capitale, la quantité de terrain s'augmente en raison du carré du chemin que l'on vient de faire.

A ne considérer que l'élément de la distance, il en devrait résulter que, l'abondance de la marchandise augmentant dans cette proportion *ascendante*, le prix devrait diminuer dans la même proportion, mais inverse et *descendante*.

Rendons ce raisonnement sensible par des chiffres, en prévenant nos lecteurs que, plus loin, nous rectifierons ces résultats provisoires, mais néanmoins nécessaires à l'ensemble de nos calculs.

Supposons une valeur (que nous exprimerons par la lettre X) au terrain placé à l'extrémité de la dernière de nos zones, la 13ᵉ, sans nous préoccuper de savoir si ce terrain est situé dans Paris ou dans sa nouvelle banlieue; la formule que nous venons d'indiquer donnera les résultats suivants (tableau nº 2). Nous ferons remarquer que toutes les zones étant d'une égale largeur, sont éloignées du centre dans la même proportion que la série des numéros d'ordre que nous leur avons donnés. Il suffit donc d'élever ces numéros au carré et de faire concorder la série simple avec la même série élevée au carré, mais en sens inverse, et de multiplier les carrés par la valeur X, considérée comme la moindre de tous les terrains de nos treize zones.

Prenant pour point de départ X, prix du terrain le plus éloigné, c'est la proximité du centre qui en augmentera la valeur, zone par zone.

TABLEAU Nº 2.
Progression décroissante.

Série simple ou distance du centre.	Série élevée à la deuxième puissance (au carré), ou base décroissante de la valeur moyenne du terrain.	
Numéros des Zones.	En signes.	Réduits en chiffres.
1	13^2 X	169 X
2	12^2 X	144 X
3	11^2 X	121 X
4	10^2 X	100 X
5	9^2 X	81 X
6	8^2 X	64 X
7	7^2 X	49 X
8	6^2 X	36 X
9	5^2 X	25 X
10	4^2 X	16 X
11	3^2 X	9 X
12	2^2 X	4 X
13	1^2 X	1 X

Pour cette première opération, nous laissons à chacun de nos lecteurs le soin de donner à la lettre X telle valeur qu'il appréciera, comme prix moyen du terrain situé à 6,250 mètres de l'axe VP. Notre estimation résultera de la suite de cet ouvrage.

2° Causes de rectification des résultats précédents.

Il faut faire entrer dans le calcul du prix de base des terrains plusieurs autres éléments permanents qui viennent diminuer l'effet de la progression descendante formulée au tableau n° 2, et nous verrons que ces éléments suivent une proportion en sens inverse.

Il est incontestable que le centre des *affaires* et des *plaisirs* attirant la population, sa proximité est une cause permanente d'augmentation du prix des terrains. Mais n'est-ce pas aussi dans la proportion du *travail* urbain et des *jouissances* de la cité, que l'attrait du centre sur la population devra produire son effet? Si donc nous reconnaissons que certaines causes permanentes viennent contrebalancer cet attrait, ne conviendra-t-il pas d'en noter les conditions et d'en mesurer la puissance?

Plus on s'éloigne du centre de la ville, plus l'air est pur et salutaire, plus le jour a de durée, plus le soleil est resplendissant, par cela seul que le terrain devient plus abondant et à meilleur marché, les habitations sont moins entassées, l'espace est moins rare et l'on y vit plus à l'aise. On s'y porte mieux et l'on s'y rapproche davantage de cette vie de campagne que les Parisiens aiment d'autant plus qu'ils en peuvent moins jouir, de cette existence dont Virgile a célébré le mérite :

> *O fortunatos nimium sua si bona norint,*
> *Agricolæ !*

Examinez ce qui se passe le dimanche et les jours de fête : toute la population parisienne s'est parée de plus beaux vêtements ; elle encombre les rues, les promenades et toutes les

routes qui conduisent hors de la ville ; on ne trouve plus de
place dans les omnibus, ni de voitures sur les places de fiacre ;
toutes les tapissières sont en mouvement, et les chemins de fer
augmentent le nombre de leurs wagons. Le temps incertain
n'arrêtera pas la foule, et, à la première goutte de pluie, vous
verrez se déployer comme par enchantement une telle multitude de parapluies, que personne ne peut comprendre d'où elle
sort ; c'est que chacun a pris ses précautions pour que rien
n'entrave ce bienheureux voyage du dimanche, tant désiré pendant toute la semaine ! A côté de la poésie de Virgile, le vaudeville d'autrefois avait lancé son gai refrain :

> Qu'on est heureux,
> Qu'on est joyeux,
> Tranquille,
> A Romainville !

Ce besoin universel de suspendre les longs et assidus travaux
des jours ouvrables, pour aller respirer l'air du dehors, fait
ajouter à la journée du dimanche une fraction du samedi et une
autre du lundi ; ce dernier jour est souvent fêté outre mesure
par une partie de la population ouvrière, à son grand détri-
ment, mais au profit des débitants, qui cherchent à résoudre
le double et difficile problème de s'établir le plus près possible
de Paris et le plus loin possible des employés de l'octroi. Il en
résulte une plus-value sur les terrains de la banlieue, et elle réagit sur ceux qui l'avoisinent à l'intérieur, car les habitants que
leurs occupations n'enchaînent pas au centre de Paris, préfèrent avec raison les terrains qui s'en éloignent, ils s'y trouvent
mieux et à meilleur marché.

Déjà, au dix-septième siècle, le législateur du Parnasse venait chercher de fraîches inspirations dans *son jardin d'Auteuil*, et déjà son jardinier *Antoine*, non moins altéré que les
plantes confiées à ses soins, méritait qu'il lui demandât :

> .... Et pour quel saint nouveau
> Tu les fais aujourd'hui si longtemps manquer d'eau.

C'était sans doute quelque saint protecteur du vignoble de Suresne.

Le mérite de la campagne et de sa proximité, le bien-être résultant de l'abondance des terrains éloignés du centre, viennent nécessairement modifier la progression décroissante indiquée au tableau numéro 2 ; mais dans quelle proportion? Comment en préciser et en motiver l'importance? A défaut de rapports déjà étudiés et chiffrés, entre la cause connue et ses effets évidents, cherchons à formuler des nombres qui n'aient rien d'arbitraire.

La semaine a sept jours, et nous venons de rappeler qu'on en consacre ordinairement au repos un tout entier, plus deux moitiés, qui forment un second jour entier. Voilà donc un premier rapport de 2 à 7 ou de 6 à 21 ; en n'ajoutant que la fraction de $\frac{1}{21}$ pour représenter tous les autres jours de fête ou de vacance dans le cours de l'année, nous arrivons sans exagération au rapport de 7 à 21, ou de 1 à 3, qui, par un effet du hasard, se rapproche beaucoup du rapport du diamètre à la circonférence du cercle, emblème de l'éternité.

Prenant d'abord et sauf nouvelle rectification ce rapport de 3 à 1 comme l'expression moyenne et en nombre rond de celui qui existe, d'une part, entre le commerce, l'étude et l'industrie, qui attirent la population vers le centre des affaires et des sciences; et, d'autre part, les loisirs ou les besoins de repos qui l'en éloignent et la poussent vers les extrêmes limites de la ville, nous sommes amenés à retrancher *un tiers* sur les termes de la progression descendante, exprimant la dépréciation des terrains en raison de leur éloignement du centre des affaires.

Nous allons présenter, dans le tableau numéro 3, le calcul de ce tiers à retrancher, ainsi que le résultat de cette soustraction, qui exprimera une série de nombres abstraits, indiquant le mérite relatif des terrains, au fur et à mesure de leur éloignement du centre, zone par zone, en faisant remarquer que ces chiffres s'appliquent aux terrains bordant l'extrémité de la zone, du côté le plus rapproché de l'enceinte de la ville; nous nous occuperons plus loin des points intermédiaires.

Ces nombres abstraits n'étant pas faciles à comprendre, lorsqu'on n'est pas familiarisé avec ce mode de calcul, nous allons tout de suite en faire l'application pratique, en multipliant la série de ces rapports par le chiffre de 10, valeur que nous donnons ici à la lettre X du tableau numéro 2.

Nous choisissons exprès le nombre 10, parce qu'il est la base de notre système de numération, et qu'il se prête facilement à toutes les combinaisons possibles, soit pour l'augmenter, soit pour le diminuer d'une ou de plusieurs unités.

Nous *supposerons* donc provisoirement que le prix moyen du terrain, exempt de causes de *plus* ou de *moins-value*, situé à l'extrémité de la 13ᵉ zone, est de 10 fr. par mètre carré; mais nous faisons les réserves les plus expresses pour qu'on ne nous attribue pas la prétention de tarifer une chose aussi incertaine que le prix du terrain à Paris, et nous laissons à tous ceux que la fixation du prix intéresse, le soin ou d'*adopter* notre base, ou de la *diminuer*, ou de l'*augmenter d'une*, de *deux*, de *trois* unités, etc., suivant les circonstances. Tout ce que nous voulons dans le tableau numéro 3, c'est de formuler des rapports *abstraits* entre le mérite des terrains en raison de leur éloignement du centre de la Capitale, et si nous y appliquons un prix en argent, c'est un prix *décimal*, qui se prête à tous les calculs, à toutes les augmentations, comme à toutes les réductions, et nous nous défendons de la pensée de nuire aux uns, en dépréciant leur propriété, tandis que nous favoriserions les autres, en exagérant la valeur de leurs immeubles. Les causes spéciales de *plus* ou de *moins value* sont également en dehors du tableau numéro 3.

Nous ajouterons à ces résultats le produit du nombre de mètres de terrain de chaque zone situés dans Paris, multiplié par le prix moyen trouvé pour chaque zone, afin de donner un aperçu approximatif de la valeur du territoire parisien, en faisant remarquer que, pour connaître la valeur exacte de l'ensemble des propriétés particulières habitables, il faudrait retrancher dans chaque zone les surfaces occupées par la Seine, le canal Saint-Martin, la Bièvre, les ports, les quais, les routes impériales et départementales, les places, squares, promenades publiques, boulevards, rues et monuments publics de toute nature qui se trouvent confondus dans le calcul des superficies de chaque zone.

Nous estimons que ce ne serait pas une exagération grave que de retrancher un dixième pour tout ce qui appartient au domaine public, départemental et communal; mais, comme cette évaluation n'est point indispensable à nos calculs, nous n'insisterons pas davantage sur cette appréciation, dont le compte rigoureux viendrait inutilement compliquer notre travail.

TABLEAU N° 3.

Tarif des Prix moyens, basés uniquement sur les Distances du centre, et sans y comprendre les causes spéciales de plus ou de moins-value, en prenant pour point de départ un tiers à retrancher du carré des distances.

NUMÉROS d'ordre des zones, d'après leur distance.	DISTANCE extrême des zones à partir du centre des affaires. (m.)	SUPERFICIE totale des zones en hectares. — Banlieue comprise. (h. a. c.)	CARRÉ des distances représentées par les numéros d'ordre.	LE TIERS de ce carré à en retrancher.	CHIFFRES restants après cette soustraction, en progression ascendante.	LES MÊMES chiffres, en ordre inverse, ou progression descendante.	PRIX abstraits ci-contre, multipliés par le nombre concret de 10 fr. (fr.)	MÈTRES CARRÉS de terrain renfermés dans Paris. (m.)	ÉVALUATION, aux prix moyens ci-contre, de tous les terrains de chaque zone, situés dans Paris. (fr.)	OBSERVATIONS.
1.	250	62 63 49	1	» »	1 »	112 6	1,126	626,349 5	705,269,537	**PRIX MOYEN GÉNÉRAL.** 330 fr. 78 cent. par mètre carré. La 8e colonne, en donnant *les prix moyens* de base par zone, n'a fait entrer dans ce calcul que l'élément de la *distance du centre;* les causes spéciales de *plus* ou de *moins-value,* de même que les *points intermédiaires* entre une zone et l'autre, feront l'objet des tableaux ci-après.
2.	750	243 08 01	4	1 33	2 6	96 »	960	2,430,800 5	2,333,568,480	
3.	1,250	400 15 90	9	3 »	6 »	80 6	806	4,001,590 »	3,225,281,540	
4.	1,750	557 23 90	16	5 33	10 6	66 6	666	5,572,390 »	3,711,211,740	
5.	2,250	714 32 10	25	8 33	16 6	54 »	540	7,143,210 »	3,857,433,400	
6.	2,750	871 39 50	36	12 »	24 »	42 6	426	8,713,950 »	3,712,142,700	
7.	3,250	1,028 47 80	49	16 33	32 6	32 6	326	10,284,780 »	3,252,838,280	
8.	3,750	1,185 55 80	64	21 33	42 6	24 »	240	10,355,580 »	2,485,339,200	
9.	4,250	1,342 63 70	81	27 »	54 »	16 6	166	9,551,370 »	1,585,527,420	
10.	4,750	1,499 71 60	100	33 33	66 6	10 6	106	9,497,160 »	1,006,698,960	
11.	5,250	1,656 79 90	121	40 33	80 6	6 »	60	6,500,000 »	390,000,000	
12.	5,750	1,813 88 30	144	48 »	96 »	2 6	26	2,750,000 »	71,500,000	
13.	6,250	1,970 95 »	169	56 33	112 6	1 »	10	625,000 »	6,250,000	
Totaux......		13,346 85 »					Totaux.........	78,052,180 »	26,443,061,257	

3° *Points intermédiaires.*

Nous avons établi toutes les zones concentriques avec une égale largeur de 500 mètres ou d'un demi-kilomètre, et nous n'avons donné, pour chaque zone, qu'un seul prix moyen, que nous considérons comme celui du terrain contigu à la partie extérieure de la zone.

Pour connaître avec une rigoureuse exactitude le prix du terrain placé plus près du centre, il faudrait établir une progression intermédiaire, basée sur les carrés des distances fractionnaires, ce qui exigerait d'assez longs calculs ; mais les appréciations que nous donnons s'appliquant plutôt à des masses qu'à des détails minutieux, nous opérerons de la manière suivante :

On déterminera par une soustraction la différence de prix existant entre les deux zones contiguës, c'est-à-dire pour une largeur de 500 mètres ; on en prendra *le dixième*, correspondant à 50 mètres, en reculant le signe décimal, et ce *dixième* représentera (avec une exactitude suffisante pour l'objet qui nous occupe, quoique non rigoureuse) ce qu'il faut ajouter au prix moyen de la zone, autant de fois qu'il y aura 50 mètres entre le périmètre extérieur de la zone et la situation du terrain sur lequel on opère. On négligera les fractions de 25 mètres et au-dessous ; au-dessus de 25 mètres, on comptera comme pour 50 mètres. Ce sera l'objet du tableau n° 4 qui va suivre, et où l'on calculera, zone par zone, depuis un dixième jusqu'à neuf dixièmes, la somme à ajouter au prix moyen de la zone (applicable aux terrains situés à son extrémité), au fur et à mesure que les terrains se rapprocheront du centre de la ville, depuis 50 mètres jusqu'à 450.

TABLEAU N° 4.

Subdivision des Prix moyens zonaires, pour les points intermédiaires entre les deux limites, interne et externe, de chaque zône, en prenant pour point de départ un tiers à retrancher du carré des distances.

NUMÉROS d'ordre des zones.	DISTANCE extrême du centre des affaires.	PRIX moyen à l'extrémité de la zone.	DIFFÉRENCE avec le prix moyen de la zone précédente	1/10 de cette différence pour 50 mètres plus près.	2/10 de cette différence pour 100 mètres plus près.	3/10 de cette différence pour 150 mètres plus près.	4/10 de cette différence pour 200 mètres plus près.	5/10 de cette différence pour 250 mètres plus près.	6/10 de cette différence pour 300 mètres plus près.	7/10 de cette différence pour 350 mètres plus près.	8/10 de cette différence pour 400 mètres plus près.	9/10 de cette différence pour 450 mètres plus près.
	m.	fr.	fr.	fr. c.	fr. c.	fr. c.	fr. c.	fr. c.	fr. c.	fr. c.	fr. c.	fr. c.
1.	250	1,126										
2.	750	960	166	16 60	33 20	49 80	66 40	83 »	99 60	116 20	132 80	149 40
3.	1,250	806	154	15 40	30 80	46 20	61 60	77 »	92 40	107 80	123 20	138 60
4.	1,750	666	140	14 »	28 »	42 »	56 »	70 »	84 »	98 »	112 »	126 »
5.	2,250	540	126	12 60	25 20	37 80	50 40	63 »	75 60	88 20	100 80	113 40
6.	2,750	426	114	11 40	22 80	34 20	45 60	57 »	68 40	79 80	91 20	102 60
7.	3,250	326	100	10 »	20 »	30 »	40 »	50 »	60 »	70 »	80 »	90 »
8.	3,750	240	86	8 60	17 20	25 80	34 40	43 »	51 60	60 20	78 80	87 40
9.	4,250	166	74	7 40	14 80	22 20	29 60	37 »	44 40	51 80	59 20	66 60
10.	4,750	106	60	6 »	12 »	18 »	24 »	30 »	36 »	42 »	48 »	54 »
11.	5,250	60	46	4 60	9 20	13 80	18 40	23 »	27 60	12 20	36 80	41 40
12.	5,750	26	34	3 40	6 80	10 20	13 60	17 »	20 40	23 80	27 20	30 60
13.	6,250	10	16	1 60	3 20	4 80	6 40	8 »	9 60	11 20	12 80	14 40

Nous n'avons pas eu égard aux points intermédiaires relativement aux terrains situés dans la figure centrale n° 1, parce que nous les avons considérés ici comme étant tous placés au centre des affaires, et que, sous le rapport de la proximité, leur mérite nous a semblé pareil. Si pourtant on insistait pour déterminer la plus-value de proximité qui les concerne, il conviendrait de les assimiler, pour cet objet, aux terrains de la deuxième zone et de leur appliquer les résultats suivants :

1/10 16 f. 60 pour 50 mètres plus près.

2/10 33 20 pour 100 mètres plus près.

3/10 49 80 pour 150 mètres plus près.

4/10 66 40 pour 200 mètres plus près.

5/10 83 00 pour 250 mètres plus près , c'est-à-dire pour les terrains situés sur l'axe **VP**, puisque cette figure centrale n'a que 250 mètres d'écartement au delà de cet axe.

4° Variante dans les éléments de la formule.

Les tableaux n° 3 et 4 sont établis sur cette donnée que nous retranchons le tiers du carré des numéros d'ordre, indiquant les distances du centre. Nous avons été conduits à ce chiffre du *tiers*, par un raisonnement qui repose sur cette considération que le travail est au repos dans la proportion de 3 à 1.

Peut-être cette proportion sera-t-elle discutée, parce que, d'une part, outre les jours fériés, consacrés entièrement au repos, il faut encore retrancher le repos pendant les jours ouvrables ; les ouvriers en bâtiment ne travaillent en général que 10 heures sur 24 ; ceux des usines et manufactures dépassent peu cette durée du labeur ; les gens de loisir restent plus de la moitié de l'année à la campagne ; l'université a six semaines de vacances consécutives, et le palais deux mois, en sus des jours fériés.

Mais il est une autre considération puissante à envisager dans nos calculs, c'est qu'on ne vient pas au centre de Paris pour y dormir. On trouverait bien plus de tranquillité aux extrêmes limites de la Capitale, et le sommeil y serait bien plus paisible. Néanmoins, on ne peut pas séparer entièrement le *sommeil* de la *vie active*. Tous les êtres animés sont soumis à ce besoin rigoureux qui, en nous rappelant chaque jour l'image de la mort, vient mettre un frein à notre orgueil. Les gens de plaisir font bien souvent de la nuit le jour et du jour la nuit ; mais la force publique veille la nuit pour notre sûreté, et la garde citoyenne a souvent payé également son tribut à l'ordre public. Chacun connaît le récit du caporal, chef-d'œuvre de couplets de vaudeville, qui commença la célébrité d'un auteur dramatique d'un immense talent, dont on regrette la perte récente :

> Je pars,
> Déjà de toutes parts
> La nuit sur nos remparts
> Étend son ombre
> Sombre.

Ici, le savant qui a passé la journée dans une bibliothèque publique à compulser de précieux bouquins, consacre la nuit à mettre en ordre le fruit de ses études ; là, le commerçant qui doit faire le lendemain des payements considérables, profite du calme de la nuit pour grouper ses ressources, afin de satisfaire à ses engagements ; plus loin, c'est une ouvrière qui a promis de livrer de l'ouvrage, et qui en attend le salaire : la faim ne dort pas ; là, c'est une mère qui veille au chevet de son fils malade : elle se rappelle que dans son enfance sa mère a détruit sa santé pour la soigner ; elle veut s'acquitter de sa dette, et ne laisse à personne la mission de veiller sur son enfant.

Ainsi, repos, plaisirs, devoir, travail, chagrins se partagent la durée de la nuit ; mais, malgré cela, elle n'occupe dans l'existence parisienne qu'une part très-inférieure à celle du jour, et dont il faut néanmoins tenir compte, lorsqu'on cherche le rapport entre le travail et le repos, rapport que l'on pourrait exprimer par les chiffres 2 à 1, au lieu de 3 à 1 mentionnés précédemment.

Ces considérations nous engagent à dresser, dans un cinquième tableau, un nouveau tarif, basé sur le retranchement de la *moitié* au lieu du *tiers* du carré des distances. Ainsi, chacun pourra choisir celui des deux tarifs le plus conforme à ses convictions et à l'autorité des faits accomplis.

On conçoit que, dans une pareille question, ce sont les faits qui doivent servir de règle ; seulement, il faut les choisir, en retrancher les exagérations en plus ou en moins, dont l'intérêt particulier pourrait les obscurcir, et ensuite rechercher les causes particulières qui viennent concourir à produire ces faits spéciaux, résultats de combinaisons multiples. — Notre tâche consiste à mettre en lumière ces différentes causes, à apprécier leur valeur abstraite et à dégager ainsi les divers éléments qui composent les résultats observés, afin de pouvoir les appliquer ensuite aux besoins de l'avenir. Tous nos calculs sont donc soumis à l'autorité tyrannique des faits accomplis, et c'est dans leurs limites rigoureuses qu'il convient de circonscrire l'interprétation donnée à nos appréciations.

TABLEAU Nᵒ 5.

Tarif des Prix moyens, basés uniquement sur les Distances du centre, et sans y comprendre les causes spéciales de plus ou de moins value, en prenant pour point de départ moitié à retrancher du carré des distances.

NUMÉROS d'ordre des zones d'après leur distance du centre.	DISTANCE extrême des zones à partir du centre des affaires.	CARRÉS des distances représentées par les numéros d'ordre.	MOITIÉ de ces carrés à retrancher.	CHIFFRES restants après cette soustraction, en progression ascendante. — Nombres abstraits.	LES MÊMES chiffres en ordre inverse ou progression descendante.	PRIX abstraits ci-contre multipliés par le nombre concret 10 fr.	DIFFÉRENCE avec le prix moyen de la zone précédente pour 500 mèt.	PRIX MOYENS POUR LES POINTS INTERMÉDIAIRES DES ZONES, ou augmentés de 1/10 de la différence ci-contre par 50 mètres.								
								1/10 en sus pour 50 mèt. plus près.	2/10 en sus pour 100 mèt. plus près.	3/10 en sus pour 150 mèt. plus près.	4/10 en sus pour 200 mèt. plus près.	5/10 en sus pour 250 mèt. plus près.	6/10 en sus pour 300 mèt. plus près.	7/10 en sus pour 350 mèt. plus près.	8/10 en sus pour 400 mèt. plus près.	9/10 en sus pour 450 mèt. plus près.
	m.					fr.	fr.	fr. c.	fr. c.	fr. c.	fr. c.	fr. c.	fr. c.	fr. c.	fr. c.	fr. c.
1	250	1	0. 5	0. 5	84. 5	845	125	858 50	872 »	895 50	909 »	922 50	»	»	»	»
2.	750	4	2. »	2. »	72. »	720	125	732 50	745 »	757 50	770 »	782 50	795 »	807 50	820 »	832 50
3.	1,250	9	4. 5	4. 5	60. 5	605	115	616 50	628 »	639 50	651 »	662 50	674 »	685 50	697 »	708 50
4.	1,750	16	8. »	8. »	50. »	500	105	510 50	521 »	531 50	542 »	552 50	563 »	573 50	584 »	594 50
5.	2,250	25	12. 5	12. 5	40. 5	405	95	414 50	424 »	433 50	443 »	452 50	462 »	471 50	481 »	490 50
6.	2,750	36	18. »	18. »	32. »	320	85	328 50	337 »	345 50	354 »	362 50	371 »	379 50	388 »	396 50
7.	3,250	49	24. 5	24. 5	24. 5	245	75	252 50	260 »	267 50	275 »	282 50	290 »	297 50	305 »	312 50
8.	3,750	64	32. »	32. »	18. »	180	65	186 50	193 »	199 50	206 »	212 50	219 »	225 50	232 »	238 50
9.	4,250	81	40. 5	40. 5	12. 5	125	55	130 50	136 »	141 50	147 »	152 50	158 »	163 50	169 »	174 50
10.	4,740	100	50. »	50. »	8. »	80	45	84 50	89 »	93 50	98 »	102 50	107 »	111 50	116 »	120 50
11.	5,250	121	60. 5	60. 5	4. 5	45	35	48 50	52 »	55 50	59 »	62 50	66 »	69 50	73 »	76 50
12.	5,750	144	72. »	72. »	2. »	20	25	22 50	25 »	27 50	30 »	32 50	35 »	37 50	40 »	42 50
13.	6,250	169	84. 5	84. 5	0. 5	5	15	6 50	8 »	9 50	11 »	12 50	14 »	15 50	17 »	18 50

Avant de terminer ce paragraphe, où nous ne nous sommes occupé que du *mérite relatif* des terrains, en raison de leur proximité ou de leur éloignement du centre des affaires, et où nous avons formulé des rapports *abstraits* en raison du *carré des distances*, nous reproduisons toutes les réserves précédemment exprimées sur la valeur exacte, véritable et commerciale de ces terrains. Celles que nous avons données dans les tableaux nos 3, 4 et 5, ne doivent être considérées que comme des *exemples* et des bases provisoires, que nous essayerons de rectifier et de compléter dans les paragraphes et les chapitres suivants. On concevra nos scrupules et notre hésitation, quand il s'agit de tarifer la principale branche de la fortune des propriétaires parisiens. Si l'on veut bien considérer que nos tarifs sont une création nouvelle, sans précédents, et où nous sommes privés de l'expérience de devanciers instruits et consciencieux qui nous serait si utile, on nous pardonnera de ne marcher que pas à pas dans une route inconnue et de provoquer les observations des hommes compétents, que nous examinerons avec le plus grand soin.

Cela dit, nous allons nous occuper des autres éléments d'appréciation.

§ 2. — TARIF DE PLUS-VALUE OU DE MOINS-VALUE, MOTIVÉ SUR DES CONSIDÉRATIONS GÉNÉRALES ET PERMANENTES.

Dans le premier paragraphe du chapitre XI, nous avons minutieusement expliqué les motifs de préférence entre les terrains, basés sur la *distance du centre des affaires*. Le second paragraphe est destiné à l'étude d'un autre ordre d'idées. Nous y envisagerons les terrains pour eux-mêmes et sans nous préoccuper de leur proximité ou de leur éloignement du centre de la Capitale; ces terrains deviendront à leur tour un *sous-centre* spécial, et nos observations ne porteront sur leur entourage que dans un rayon très-court, mais assez étendu néanmoins pour qu'il nous permette d'apprécier l'influence des abords et du voisinage sur leur mérite relatif.

Le travail auquel nous allons nous livrer ressemblera beaucoup à celui d'un chimiste analysant les corps, afin de déterminer d'une manière abstraite les diverses substances qui entrent dans leur composition et la proportion qui règle cette combinaison, assignant à chacune d'elles la force de leur action et sa valeur absolue ou relative, donnant enfin la formule de leur amalgame. C'est également ainsi que, dans les pays de grande culture, l'agronome instruit décompose la terre végétale pour en bien connaître la force productive et en déterminer la valeur. Quoique ici le but soit différent, les moyens employés peuvent avoir de l'analogie entre eux.

A Paris, la *terre* s'appelle du *terrain*, et ce n'est pas sa propriété végétative qu'il faut considérer, car son produit ne consiste que dans celui des habitations qui la couvrent. L'analyse doit donc porter sur le prix des bâtiments qu'on y peut construire, et d'abord sur la part pour laquelle le sol entre dans la valeur des maisons.

On comprend que, pour se reconnaître au milieu de la variété des causes déterminantes d'un aussi vaste sujet, il soit nécessaire d'établir, à l'exemple du naturaliste, une classification méthodique, une espèce de nomenclature raisonnée, de former en groupes les individualités offrant des conditions pareilles ou analogues au moyen de titres, sous-titres et rubriques. Ce second paragraphe sera donc subdivisé en trois sections, consacrées, la première aux *conditions extrinsèques*, la seconde aux *conditions intrinsèques*, et la troisième à des *observations* communes aux deux premières. Les sections seront partagées en *subdivisions*, celles-ci en *classes*, les classes en *genres*, les genres en *espèces*, et les espèces en *catégories*.

Nous croyons devoir prévenir nos lecteurs que, quoique tous les éléments d'appréciation que nous allons étudier et qui sont indépendants les uns des autres, puissent à la rigueur se trouver réunis sur un même terrain et concourir à exprimer sa valeur relative, néanmoins certaines considérations rendent superflues toutes les autres ; c'est ainsi que si le maire d'une ville s'excuse auprès du souverain, de n'avoir pas fait tirer le canon à son arrivée par plusieurs raisons : la première, parce qu'il n'y a pas de canons... « — Cette raison, répondra le Roi, vous dispense d'expliquer les autres. » Il en sera de même pour certaines causes de plus ou de moins-value qui ne trouveront plus d'application, après qu'on en aura coté de plus importantes.

La formule de *tant pour cent,* que nous avons cru devoir adopter comme la plus simple, pour exprimer les *mérites* et les *défauts* des terrains, sera l'objet d'explications à la troisième section ; mais dès à présent nous ferons remarquer qu'elle doit être appliquée avec intelligence et après un examen consciencieux des localités, autrement on pourrait, en accumulant les mérites seuls, arriver à des prix fabuleux, ou en additionnant tous les défauts dans la proportion la plus élevée, exiger que le vendeur, en donnant son terrain *gratis,* y ajoute encore une somme considérable pour en compenser les défauts.

Toutes les exagérations en plus ou en moins doivent tomber devant cette considération qu'il existe une limite, une espèce de cours proportionnel, connue de tous les hommes spéciaux : — jamais donc un terrain ne devra être estimé plus haut que le cours le plus élevé, ni plus bas que le moindre cours, et s'il arrivait que l'application de nos tarifs conduisît à des résultats absurdes, en plus ou en moins, ce serait une preuve qu'en opérant on aurait commis des erreurs, ou consulté seulement la lettre et non l'esprit de ce traité.

Nous appellerons PRIX DE BASE ou *prix normal,* l'évaluation du terrain, en raison de sa distance du centre, sans l'addition de *plus-value* et sans le retranchement de *moins-value* provenant des causes que nous allons examiner.

Tout autre *avantage* sera estimé comme une PLUS-VALUE de tant pour cent à ajouter au prix de base, et tout autre *désavan-*

tage comme une moins-value de tant pour cent à en retrancher.

Tel est le plan que nous nous proposons d'adopter pour les appréciations qui vont suivre.

1re SECTION. — Conditions extrinsèques.

Cette section comprendra trois subdivisions, où nous examinerons ce qui concerne les *abords,* le *voisinage* et *l'exposition* des terrains à acquérir.

1re SUBDIVISION. — Les Abords.

Une habitation est plus ou moins agréable et avantageuse, en raison de la voie publique où elle se trouve située et suivant qu'on peut y arriver avec plus ou moins de facilité, qu'on y jouit, ou bien qu'on y est privé du soleil, de la lumière, de l'air et de l'eau, élément si nécessaire au nettoyage, à l'assainissement des bâtiments et aux besoins du ménage. En nous fondant sur ce principe incontestable, nous considérerons comme causes de *plus* ou de *moins value* d'un terrain, la *nature* des *voies publiques* qui y conduisent et l'*accès* sur ces mêmes voies, ce qui formera deux classes de conditions à considérer.

1re CLASSE. — Nature des voies publiques (1).

Nous examinerons avant tout les voies publiques du quartier en général, et, en particulier, celle où se trouve situé le terrain qui nous occupe, et nous remarquerons principalement leur *importance,* leur *largeur,* leur *viabilité* et leur *nivellement,* les *trottoirs,* la distribution des *eaux,* les *ruisseaux* et *égouts,* l'*éclairage,* les lignes d'*omnibus,* la facilité des *communications,* les *impasses, passages, cités,* et les *plantations,* ce qui donnera lieu à onze genres d'observations.

---

(1) Tous les renseignements désirables sur les voies publiques se trouvent dans l'excellent Dictionnaire de MM. Félix et Louis Lazare.

Ier GENRE. — Importance et largeur des voies publiques.

Comme la *largeur* des voies publiques est un fait simple et matériel, facile à constater, tandis que leur importance est une question complexe et qui exige du discernement pour la résoudre, nous traiterons séparément chacun de ces deux points.

1re Espèce. — *Importance relative des voies publiques.*

Dans toutes les contrées, les *grandes routes*, ou *routes impériales*, très-fréquentées, ont beaucoup plus d'importance que les simples *routes départementales*, et celles-ci ont plus de valeur que les *chemins vicinaux* et de *traverse*. Il en est de même à Paris, où, indépendamment de cette classification, applicable aux villes aussi bien qu'aux campagnes, certaines rues de grande communication sont devenues très-recherchées, comme centres des affaires et du commerce, tandis que d'autres rues, qui les coupent ou qui leur sont parallèles, mais qui offrent moins de débouchés commodes, restent dans l'isolement et ne donnent qu'une valeur bien moindre aux maisons qui les bordent. Cette différence, indépendante de la beauté relative des rues, doit être envisagée séparément. C'est ainsi que la rue de Castiglione et la rue de la Paix ont infiniment plus de valeur que la rue de Monthabor et la rue Neuve-Saint-Augustin ; que la rue des Petits-Champs vaut bien mieux que les rues de Méhul, Marsollier et Dalayrac ; que la rue de la Chaussée-d'Antin a plus d'importance que les rues Joubert et de la Victoire ; que la rue Saint-Honoré l'emporte de beaucoup sur la rue de la Sourdière et la rue Neuve-Saint-Roch, et que la rue du Bac est préférée à la rue de Verneuil.

Dans l'impossibilité où nous nous trouvons d'établir un classement rigoureux et absolu de toutes les rues de Paris, nous indiquerons trois *catégories* et les principaux caractères qui peuvent les faire reconnaître.

Catégories.

Elles comprendront, suivant *leur degré de puissance*, trois *variétés* de conditions réunies, savoir : la *longueur du parcours*, la *vogue commerciale* et le *classement* légal des routes, et l'on admettra que la supériorité de l'une de ces variétés compense l'infériorité d'une autre variété. Examinons séparément chacune d'elles.

1re V AITÉ. — *Longueur du parcours.*

Dans cette classification en trois catégories, la longueur des voies de communication et leurs débouchés peuvent se comparer à ceux des cours d'eau, que l'on divise en fleuves, en rivières et en affluents de ces dernières, ou bien encore aux organes de la circulation du sang, où l'on distingue les artères, les veines et les vaisseaux. La rue Saint-Honoré prolongée peut être comparée à un fleuve, la rue d'Alger à une rivière et la rue Monthabor à un affluent, ce qui leur assigne leur ordre de classification.

La statistique des rues de Paris a éprouvé tant de modifications depuis ces derniers temps, que nous sommes forcé de recourir à des documents antérieurs à l'annexion de la banlieue. Au 1er juillet 1854, on comptait 1474 avenues, boulevards, chemins de ronde, impasses, places ou carrefours, quais et rues, offrant ensemble une longueur de 384,665 mètres. Dans les 1,168 rues, ayant ensemble un développement de 303,796 mètres, il s'en trouvait 37 au-dessus de 1,000 mètres de longueur, formant ensemble un parcours de 57,878 mètres : la plus longue, celle de l'Université, ayant 2,704 mètres et la plus courte, celle de Bonaparte, ayant 1,015 mètres, sans réunir ensemble les longueurs de plusieurs rues placées à la suite l'une de l'autre. 32 rues avaient moins de 30 mètres de longueur; la plus petite, celle des Degrés, n'avait que 7 mètres et la plus longue, celle de Montmorency, 29 mètres : elles formaient ensemble une longueur de 680 mètres. Entre ces longueurs extrêmes se trouvaient 1099 rues offrant ensemble un parcours de 245,238 mètres, la plus petite ayant 30 mètres et la plus grande 1,000 mètres. La moyenne entre ces deux chiffres extrêmes serait de 515 mètres ; mais, au point de vue de l'ensemble, cette moyenne descend à 223 mètres pour les rues de 30 à 1,000 mètres de longueur.

Depuis 1854, et à cause de l'annexion, les termes de comparaison se sont beaucoup modifiés, surtout si l'on mesure ensemble les voies publiques faisant suite l'une à l'autre, soit qu'on ait donné un seul nom à leurs anciens tronçons, soit que, restant encore sous plusieurs dénominations successives, elles forment une très-longue communication, comme les quais de la Seine, les boulevards, la rue de Rivoli, prolongée d'un bout par les rues Saint-Antoine et du Faubourg-Saint-Antoine, et d'autre bout par l'avenue Gabrielle et la rue de Ponthieu ; la rue Saint-Honoré, prolongée par les rues de la Ferronerie, de la Reynie, du Faubourg-Saint-Honoré, des Thernes et vieille route de Neuilly ; les rues Saint-Denis et Saint-Martin , prolongées par leurs faubourgs et les rues de la Chapelle et de la Villette, et toutes celles dans des positions analogues.

Aujourd'hui, les quais de la Seine offrent un parcours d'environ 12,000 mètres ; la réunion des rues de Ponthieu, avenue Gabrielle, place de la Concorde, rues de Rivoli, Saint-Antoine et Faubourg-Saint-Antoine, 8,500 mètres environ.

Nous pensons que, comme règle générale et sauf de sérieuses exceptions, la *longueur du parcours* doit être, pour le classement des voies publiques, répartie de la manière suivante :

A conditions commerciales égales, les voies publiques de 800 m. et au-dessus de parcours cumulé, dans la... 1ʳᵉ catég.

Au-dessus de 400 m. et au-dessous de 800 m., dans la...................................... 2ᵉ —

Au-dessous de 400 m., dans la................ 3ᵉ —

2e Variété. — *Vogue commerciale.*

La vogue commerciale s'apprécie mieux qu'elle ne peut se démontrer; toutefois, il est un signe positif que l'on pourra consulter, c'est le nombre de ce qu'on appelait autrefois les *boutiques* et maintenant *magasins*. Bien qu'on installe aujourd'hui des magasins aux divers étages d'une maison, néanmoins ce sont les baies à rez-de-chaussée qui forment encore la majorité. On calculera donc dans quelle proportion les rez-chaussée d'une rue sont percés de baies destinées aux boutiques et magasins, et (à conditions égales, quant à la longueur de leur parcours) on placera les voies publiques, savoir :

Si plus des deux tiers des rez-de-chaussée ont des magasins, dans la .... 1re catégorie.

Si moins des deux tiers et plus du tiers en ont, dans la.............................. 2e   —

Si moins d'un tiers en a, dans la......... 3e   —

3e Variété. — *Classement légal des routes.*

Conformément au décret du 16 décembre 1811, qui règle le classement des routes impériales, celles portant les nos 1 à 14, qui sont de première classe et conduisent de Paris à l'étranger ainsi qu'aux grands ports maritimes; celles portant les nos 15 à 27, dites de la seconde classe et qui se dirigent de Paris vers la frontière ou les ports, et celles nos 37, 38 et 39 de troisième classe, communiquant de Paris à quelques villes de l'intérieur, seront (à conditions égales de vogue commerciale) placées dans la...................................... 1re catégorie.

Les routes départementales, à pareilles conditions, dans la.......................... 2e   —

Et les chemins vicinaux, ou communaux, dans la................................. 3e   —

Observations communes aux trois variétés ci-dessus.

Les bases que nous venons d'indiquer ne seront pas absolues, mais seulement relatives, suivant la zone dans laquelle on opérera. C'est ainsi que la rue Sainte-Anne, que nous placerons dans la deuxième catégorie, et la rue Marsollier, que nous rangerons dans la troisième, pour la zone centrale, seraient certainement de première catégorie dans la banlieue nouvellement annexée, tandis que les rues de première catégorie de cette banlieue seraient seulement de troisième catégorie dans la zone centrale. C'est donc uniquement, quant à la même zone, que le classement des voies publiques devra s'opérer, en les partageant en trois catégories : les plus importantes, en raison de la longueur de leur parcours et de leur activité commerciale, manifestée par des magasins ou boutiques, formeront la première catégorie; les moins importantes, sous les mêmes rapports, entreront dans la troisième catégorie ; enfin celles dans une position moyenne et intermédiaire , composeront la deuxième catégorie, à l'*état normal*. Dans la première catégorie, les plus-values, et, dans la troisième catégorie, les moins-values, s'échelonneront suivant le degré d'importance de la voie publique, toujours par comparaison du plus au moins, quant à la même zone.

Quoique cette classification exige du soin et de l'attention, elle n'offre aucune difficulté sérieuse; car il n'est pas de commerçant qui ne fasse un semblable triage dans les marchandises qu'il veut vendre, et il n'éprouve aucun embarras pour opérer un premier, un deuxième et un troisième choix, suivant lesquels il en règle le prix. Les pêches à 30 sous et celles à 15 sous ont acquis une certaine célébrité, comme termes de comparaison entre les femmes du monde et celles du demi-monde; cette classification n'envisageait que la question de moralité et portait ses investigations dans l'intérieur des consciences : la nôtre ne s'enquiert, quant à présent, que des signes extérieurs et de l'apparence qui frappe tous les regards. Son œuvre ne présentera donc pas de sérieuses difficultés pour un observateur attentif. Il nous reste à indiquer les plus-values et les moins-values attribuées à chaque catégorie.

Chacun connaît le procédé employé pour apprécier le résultat des examens subis par les candidats aux écoles polytechnique, de Saint-Cyr, maritime, forestière, etc.

Chaque faculté fournit un nombre de points, et le total des points de chaque candidat sert de terme de comparaison pour les classer entre eux, selon leur ordre de mérite. Nous emploierons ici un système analogue, mais en considérant les chiffres les plus bas comme les plus avantageux dans chacune des trois *variétés* que nous venons de déterminer.

Le terrain qui sera de première catégorie dans chacune des *trois variétés*, aura le chiffre *minimum* de trois points : celui de deuxième catégorie, dans chacune des *trois variétés*, aura le chiffre *moyen* de six points ; celui de troisième catégorie, dans chacune des *trois variétés*, aura le chiffre *maximum* de neuf points.

Ils seront, sans aucune compensation, placés dans ces première, deuxième et troisième catégories suivant le même ordre. Mais pour les terrains plus avancés dans une variété et moins dans une autre, c'est le total des points qui fera reculer ou avancer d'un rang et placer à un ordre intermédiaire. Les combinaisons de ces différentes variétés seront au nombre de 27 et classées comme il suit :

1 combinaison à	3 points				
3	—	4	—		1ʳᵉ catégorie.
6	—	5	—		
7	—	6	—	2ᵉ	—
6	—	7	—		
3	—	8	—	3ᵉ	—
1	—	9	—		

Nous considérerons six points comme *prix de base*; *moins* de six points comme donnant lieu à une *plus-value*; *plus* de six points comme entraînant une *moins-value,* ainsi qu'il suit :

PREMIÈRE CATÉGORIE, 3, 4 et 5 points. — 1° Voies publiques ayant un parcours de 800 mètres et au-dessus, une vogue commerciale manifestée par les deux tiers au moins des rez-de-chaussée en magasins, et celles classées parmi les routes impériales, ce qui les place au premier rang dans chacune de ces trois variétés et leur donne 3 points au total.....

.........................Plus-value de   10 à 15 p. 100

2° Voies publiques dont le calcul des variétés donne 4 points au total. Plus-value de   5 à 10   —

3° Voies publiques dont le calcul des variétés donne 5 points au total. Plus-value de   1 à 5   —

Deuxième catégorie, 6 points. — **1°** Voies publiques ayant un parcours de 400 à 800 mètres, une vogue commerciale manifestée par le tiers au moins et les deux tiers au plus des rez-de-chaussée en magasins, et celles classées parmi les routes départementales, ce qui les place au deuxième rang dans chacune de ces trois variétés et leur donne 6 points au total, et 2° autres voies publiques dont le calcul des variétés donne pareillement 6 points................... Prix de base ou état normal.

Troisième catégorie, 7, 8 et 9 points. — 1° Voies publiques ayant un parcours de moins de 400 mètres, peu de vogue commerciale et moins du tiers de leurs rez-de-chaussée en magasins, et celles classées parmi les chemins vicinaux ou communaux, ce qui les place au troisième et dernier rang dans ces trois variétés avec un total de 9 points. Moins-value de   10 à 15 p. 100

2° Voies publiques dont le calcul des variétés donne 8 points au total. Moins-value de   5 à 10   —

3° Voies publiques dont le calcul des variétés donne 7 points au total. Moins-value de   1 à 5   —

2ᵉ Espèce. — *Largeur des voies publiques.*

La largeur des voies publiques est d'une grande influence sur la facilité des accès, sur la pénétration de l'air, du jour et du soleil dans les habitations et sur leur mérite hygiénique. L'avantage qu'elle procure est en proportion de la dimension de la rue, et doit se combiner avec le nombre de façades sur la voie publique, dont le terrain est favorisé.

PREMIÈRE CATÉGORIE. — Pour *une seule* ou pour *une première* façade sur des rues, quais, boulevards, avenues et places, dont la largeur est de :

20 mètres et au-dessus..	PLUS-VALUE DE..	15 à 10 p. 100
20 à 18 mètres........	—	10 à 7 —
18 à 15 mètres........	—	6 à 4 —
15 à 12 mètres........	—	3 à 1 —
12 mètres............	PRIX DE BASE.	
12 à 10 mètres........	MOINS-VALUE de	1 à 3 —
10 mètres et au-dessous.	—	4 à 15 —

DEUXIÈME CATÉGORIE. — Pour une *seconde* façade. Si le terrain a deux façades, après avoir calculé la *plus-value* ou la *moins-value* relative à la première façade, comme on vient de le voir, on fera le même calcul, à raison de la seconde façade, d'après les mêmes bases, en raison de la largeur de la seconde voie publique; mais on ne comptera pas, pour la seconde façade, les moins-values, parce qu'une seconde façade, quelle qu'elle soit, est toujours un avantage, et, quant à la plus-value, on la réduira proportionnellement à l'utilité qu'elle peut offrir après une première façade préférable.

La *profondeur* du terrain déterminera cette utilité. S'il dépasse, en profondeur, le double de sa principale façade, la *plus-value* résultant de l'avantage d'une seconde façade sera comptée... *une fois.*

S'il est d'une profondeur moindre que deux fois et plus grande qu'une fois sa façade, la *plus-value* résultant d'une seconde façade sera comptée........................ *moitié.*

Avec une profondeur moindre que la façade, la *plus-value* ne serait comptée que pour..................... *un quart.*

Le tout en sus des évaluations faites pour la première façade.

TROISIÈME CATÉGORIE.—Pour une *troisième façade*. Mêmes résultats que pour la seconde façade, mais en réduisant encore de *moitié* la *plus-value*, qui ne serait alors comptée que pour *moitié*, le *quart*, le *huitième*, au lieu de *une fois*, *moitié* et *un quart*, dans les mêmes circonstances que celles prévues à la deuxième catégorie.

QUATRIÈME CATÉGORIE. — Pour un *terrain d'angle*, on opérera, en général, comme à la deuxième catégorie, puisqu'il y aura ordinairement deux façades. Néanmoins, il faudra considérer de plus quelle est l'*ouverture de l'angle*, s'il comporte un *pan coupé*, et quelles en sont les dimensions? Un *pan coupé* est un avantage incontestable quand il est assez large pour y placer une ou deux croisées et des baies de boutique; mais, en sens inverse, on verra ci-après (deuxième section , deuxième subdivision, deuxième classe, cinquième genre) la dépréciation qu'entraîne une façade trop étroite pour y construire; il en pourra être de même à l'égard d'un terrain d'angle, dans plusieurs circonstances.

PREMIÈRE VARIÉTÉ. — Si l'*angle* formé par la rencontre de deux rues était *trop aigu* et que la façade du *pan coupé* fût inférieure à 4 mètres de largeur, on n'y pourrait construire que des pièces de très-petite dimension, et ce serait là une cause de. . . . . MOINS-VALUE de 30 à 50 p. 100.

DEUXIÈME VARIÉTÉ. — Si l'angle d'ouverture de deux voies publiques est *droit*, ou s'en rapprochant beaucoup, ou s'il est *obtus*, le *pan coupé* n'aurait pas d'utilité pratique pour l'immeuble à construire, et l'on se bornerait à calculer la *plus-value* des *deux façades*, comme à la deuxième catégorie.

TROISIÈME VARIÉTÉ. — Si l'angle d'ouverture des deux voies publiques, quoique très-aigu, se termine par un *pan coupé* de 4 mètres de largeur, on le considérera comme une troisième façade, et l'on y appliquera les plus-values de la troisième catégorie.

2ᵉ GENRE. — Alignement des voies publiques.

Nous considérerons ici *l'alignement* des voies publiques uniquement sous le rapport de la facilité des *abords*, et non pas en ce qui concerne le terrain en lui-même ; ce second point de vue sera traité ci-après (2ᵉ section, 2ᵉ subdivision).

PREMIÈRE ESPÈCE. — Si les voies publiques sont *bien alignées*, en vertu de décisions définitives, c'est *l'état normal*, qui ne donne lieu ni à une *plus-value* ni à une *moins-value* .... PRIX DE BASE.

DEUXIÈME ESPÈCE. — Si elles sont *mal alignées*, il en résulte que le jour, l'air, l'éclairage circulent moins bien, et que si, plus tard, on régularise l'alignement, cette modification peut entraîner des conséquences imprévues, et tout au moins la présence d'ouvriers toujours incommodes. — Nous calculerons une .... MOINS-VALUE de 1 à 5 p. 100.

3ᵉ GENRE. — Nivellement et viabilité.

C'est encore au point de vue seulement des *abords* que nous allons examiner la question du *nivellement* des voies publiques. Mais plus loin (2ᵉ section, 3ᵉ subdivision), nous étudierons le nivellement sous le rapport du terrain en lui-même. Le *nivellement* sera ici l'objet de la *première espèce* et *la viabilité de la deuxième*.

1ʳᵉ ESPÈCE. — *Nivellement des voies publiques.*

PREMIÈRE CATÉGORIE. — Si les voies publiques sont *de niveau* et en *bon état de viabilité*, relativement au pavage ou à l'empierrement, il n'y a lieu à aucune plus-value, ni moins-value, c'est *l'état normal*.................. PRIX DE BASE.

DEUXIÈME CATÉGORIE. — Si elles sont *de niveau, non pavées ni empierrées*, il y a lieu à une.. MOINS-VALUE de 1 à 3 p. 100

TROISIÈME CATÉGORIE. — Si elles sont *en pente*, mais *pavées* ou *empierrées et bien entretenues*, la *moins-value* résultant de la *pente* sera proportionnelle à sa rapidité, attendu la difficulté de circuler à pied ou en voiture, surtout par les temps de neige, de glace, de verglas. Pour *chaque centimètre de pente par mètre*, la................... MOINS-VALUE sera de 1/4 p. 100.

QUATRIÈME CATÉGORIE. — Mais si elles ne sont ni pavées, ni empierrées, ni bien entretenues, par *chaque centimètre par mètre de pente*, il y aura une.... MOINS-VALUE de 1/2 p. 100.

2ᵉ ESPÈCE. — *Viabilité des voies publiques.*

Si l'état de viabilité était des plus mauvais, sans pavage ni empierrement, et que les *premiers travaux* pour leur établissement fussent *à la charge des riverains*, par *chaque mètre de façade*, il y aurait une.......... MOINS-VALUE de 25 à 50 fr.

3ᵉ ESPÈCE. — *Voies empierrées ou macadam.*

Avant 1848, presque toutes les rues de Paris étaient pavées en grès et aucune n'était macadamisée. On considérait le pavage comme une immense amélioration, et l'on citait avec honneur les souverains et les administrateurs qui avaient le plus contribué à cet admirable résultat, seul moyen connu d'assainir une grande Capitale.

Récemment on a émis le vœu que la statue de *Gérard de Poissy*, qui employa la plus grande partie de sa fortune au *pavage* des rues de Paris, en 1184, soit placée sur la façade du palais municipal, ou tout au moins à l'angle d'une de nos principales voies publiques : en nous associant à cette patriotique pensée, nous proposerons, comme amendement, de choisir une voie publique *pavée,* car la vue du macadam ferait trop souffrir l'âme de ce bienfaiteur de l'humanité.

Depuis 1848, les idées se sont modifiées dans les régions supérieures, et l'on n'a pas cessé de substituer le macadam au *pavé de grès*.

Le public a prétendu que cette modification était due à des

mesures de sûreté, pour prévenir le retour des émeutes, en supprimant les matériaux qui avaient servi à la construction des *barricades*, et en préparant des chaussées favorables aux charges de la cavalerie.

Sans discuter une question aussi grave, nous nous bornons à rappeler que c'est surtout dans les rues étroites, où l'on n'a pas ôté le pavé, que les barricades furent le plus dangereuses, et que le pavé n'est point un obstacle absolu aux mouvements rapides de la cavalerie.

Plus tard, on a donné une autre explication : les chaussées empierrées seraient destinées à faciliter la *circulation des équipages* et *des cavaliers élégants*. Quant aux cavaliers, on en rencontre moins qu'autrefois, et les contre-allées créées pour eux, dans l'avenue de l'Impératrice et au bois de Boulogne, sont presque toujours désertes, tandis que les avenues destinées aux piétons et aux voitures sont tellement encombrées, qu'on peut à peine y circuler. Il reste les équipages élégants. Consultez les cochers, et tous vous répondront qu'ils préfèrent cent fois le pavé au macadam, non-seulement pour les chevaux, mais aussi pour les voitures, que la boue du macadam rend plus difficiles à laver, et dont la peinture ne se conserve plus la moitié du temps qu'elle durait à l'époque du pavé. — Enfin, questionnez les habitants des rues empierrées, et tous vous diront que la *boue* inévitable est un obstacle sérieux à la circulation, nuit au commerce, empêche beaucoup de réunions et isole les habitants des numéros pairs de ceux des numéros impairs, plus que la distance d'un kilomètre. — Remarquez encore que l'établissement du macadam coïncide avec l'immense développement qu'a pris la toilette des femmes et avec la mode des robes traînantes : n'espérez pas que la mode se modifie à cause du macadam ! tout au contraire, car la mode ne peut vivre qu'en sa qualité d'opposition systématique au vulgaire sens commun; si elle savait se rendre commode et raisonnable, elle n'aurait plus de raison d'être et creuserait elle-même son tombeau.

Maintenant, consultez l'administration, et dans ses publications officielles, elle vous dira que le macadam coûte 2 fr. 50 par mètre et par année *d'entretien*, tandis que le pavé de grès ne coûte que 50 c.; que, pour le *balayage*, la différence est au moins dans la même proportion; et quel balayage avons-nous? — Or, l'administration ne pouvant pas avoir à sa disposition d'autre argent que celui des contribuables, plus elle dépense, plus elle est forcée de puiser dans leur bourse, et c'est nous qui payons fort cher pour obtenir ce qu'il y a de plus incommode et de plus insalubre, car les miasmes putrides s'infiltrent dans le macadam sans que rien les arrête, et finissent par y former un foyer pestilentiel.

Remarquons aussi qu'au rebours de la vertu, attribuée à la lance du héros mythologique, de guérir les blessures qu'elle avait faites, le macadam en provoque de nouvelles et nous enlace dans un cercle vicieux. Pour échapper à ses graves inconvénients, on multiplie à l'infini le nombre des voitures, qui, à leur tour, ne broient que davantage les cailloux dont il se compose, et augmentent la boue, ce qui force d'accroître encore la masse des véhicules, et ainsi de suite, jusqu'à ce qu'il devienne complétement impossible de circuler.

Il faut admettre que le *balayage* du macadam, tel qu'on le pratique aujourd'hui, est le seul possible, autrement on ne comprendrait pas pourquoi l'administration fait jeter la boue dans les ruisseaux qui règnent le long des trottoirs, ce qui a plusieurs graves inconvénients : d'abord les passants ne peuvent éviter les éclaboussures qui viennent jusque sur les murailles, soit par le fait des balayeurs eux-mêmes, soit par le passage des roues et des chevaux ; ensuite cette boue exhausse le sol des ruisseaux, et quand le volume des eaux augmente, les bordures ne pouvant plus les retenir, elles font irruption sur les trottoirs, principalement devant les portes cochères, si nombreuses, où les bordures sont plus basses. Enfin, on voit les cantonniers ou bien laver ces boues dans les ruisseaux, et former avec le sable lavé qu'ils en retirent des tas permanents sur les trottoirs, ou bien pousser ces boues épaisses dans les bouches d'égouts qu'elles vont ensabler, et d'où il faut ensuite les enlever par un travail difficile et dispendieux. Le système de balayage du macadam, qui intéresse tout le monde, ne mériterait-il pas les honneurs d'un concours public, aussi bien que la construction d'une nouvelle salle d'Opéra?

On a prétendu encore que le macadam avait été introduit pour éviter le *bruit* que font les roues des voitures sur le pavé de grès. — D'abord cette absence de bruit n'a-t-elle pas souvent de graves inconvénients pour les piétons, exposés au choc d'une voiture qui, venant derrière eux, les atteint sans qu'ils l'aient entendue? Autrefois les ordonnances de police prescrivaient d'attacher des *grelots* aux colliers des chevaux des voitures, et les chevaux de poste les ont conservés très-longtemps; c'est un ancien usage complétement oublié aujourd'hui, même par la *folie*, qui existe toujours, sans manifester sa présence par le bruit de ses grelots, dans la crainte sans doute d'incommoder les oreilles délicates. — Mais pour les voisins, l'absence du bruit de la rue a fait surgir un inconvénient imprévu; c'est qu'à présent l'on entend très-distinctement le moindre tapage qui se fait dans les maisons, et, à plus forte raison, celui des pianos, tandis qu'autrefois, grâce au choc des roues sur le pavé, on ne s'apercevait pas du bruit, relativement moins éclatant, fait dans l'intérieur des maisons par les virtuoses échelonnés depuis la loge du portier jusqu'à la mansarde, du moins pour ceux dont la vogue est moins éclatante que le talent.

Enfin, on s'accoutume au bruit des roues sur le pavé. — En voici un exemple à notre connaissance personnelle : Un officier avait quitté les environs paisibles du Champ-de-Mars pour venir demeurer dans le centre bruyant de Paris. Après une première nuit passée sans sommeil, à cause de la circulation continuelle des voitures, il se hâte de donner congé au propriétaire, qui l'accepte et fait mettre écriteau. Le surlendemain un amateur sérieux se présente pour louer, mais notre officier s'y oppose, disant qu'ayant mieux dormi, il garderait son logement.

Autre fait : Dans une grande fabrique, où se trouvait un foulon mis en mouvement par le courant d'une petite rivière, quand il fallait curer le lit du cours d'eau, le foulon chômait pendant quelques jours ; tant que durait cette interruption, les habitants de la manufacture, accoutumés à ce bruit perpétuel qui les berçait, ne pouvaient plus dormir. — On sait enfin que le son des cloches, si incommode pour les étrangers, n'est même pas entendu des plus proches voisins, et lorsqu'elles se taisent le vendredi saint, ils dorment mal.

Toutes les critiques n'empêchent pas le macadam de continuer sa carrière et de répandre ses flots boueux sur ses obscurs blasphémateurs. Depuis douze ans nous assistons à son convoi, service et empierrement : il est toujours vivant quoique toujours enterré; triste analogie avec le sort des Vestales coupables, et juste punition de son hostilité contre les robes blanches.

Dans l'espoir qu'avant peu de temps on nous en délivrera, au moins en ce qui concerne les rues très-fréquentées, où il ne peut résister à la pression perpétuelle des voitures, qui ne lui laissent pas le temps de sécher après la pluie, et qu'on le réservera pour les promenades moins fréquentées où l'écoulement peut s'effectuer tranquillement, surtout pendant la nuit, nous ne formulerons pas de *moins-value* pour les rues macadamisées, que nous considérons comme se trouvant dans une position provisoire et de peu de durée.......... Observation.

P. S. — Un remarquable rapport de M. de Dalmas, au nom d'une commission du Corps Législatif, sur l'ouverture d'un crédit de 900,000 fr. pour l'entretien des chaussées de Paris, constate les faits avec une gravité et une authenticité auxquelles ne saurait prétendre un simple particulier. — Nous ne pouvons que nous réjouir de voir l'autorité prendre cette heureuse initiative.

4ᵉ GENRE. — Trottoirs.

Les trottoirs facilitent beaucoup la circulation et sont un avantage certain pour les voies publiques où ils existent. Plus ils sont larges, plus ils sont favorables, et leurs lacunes sont une chose regrettable ; c'est presque une mystification que de parcourir une suite de trottoirs régulièrement établis et entretenus et qui vous inspirent toute confiance, et de la trouver tout à coup interrompue, soit par une lacune permanente, soit par une tranchée locale, où l'on n'a pas pris le soin d'établir une passerelle provisoire pour les piétons. Nous aurons donc à considérer la *largeur* des trottoirs et leurs *lacunes.* — Nous entendons ici par trottoirs ceux ayant des *bordures* de granit et qui sont *dallés*, *bitumés* ou au moins *pavés.* Quant aux trottoirs n'ayant que les bordures en granit et la surface en *terre* ou en *sable*, ils ne sont qu'à moitié terminés et ne compteront que pour moitié des autres dans le calcul des trottoirs construits et des lacunes. S'ils n'ont pas de bordure en granit, on les comptera comme des lacunes.

PREMIÈRE ESPÈCE. — Si toute la rue est garnie de trottoirs, *sans lacune*, des deux côtés , et s'ils ont au moins 2 *mètres de largeur*, c'est *l'état normal*, sans *plus-value* ni *moins-value*... PRIX DE BASE.

DEUXIÈME ESPÈCE. — Si toute la rue étant garnie de trottoirs *sans lacune* des deux côtés, leur *largeur* diffère de 2 mètres, nous distinguerons plusieurs *catégories :*

PREMIÈRE CATÉGORIE. — Pour 1 mètre *en plus de largeur*, ce qui fera au moins 3 mètres........ PLUS-VALUE de 1 p. 100.

DEUXIÈME CATÉGORIE. — Pour *chaque fois* 2 mètres *en plus de largeur*, ce qui fera au moins 4, 6 mètres, etc........... .... PLUS-VALUE de 1 1/2 p. 100.

TROISIÈME CATÉGORIE.—Pour **1** mètre *en moins de largeur*, ce qui réduira la largeur à **1** mètre.. moins-value de **1** p. **100**.

QUATRIÈME CATÉGORIE.—Pour **1** m. **50** *en moins de largeur*, ce qui réduira la largeur à **50** cent.. moins-value de **2** p. **100**.

TROISIÈME ESPÈCE.— Si, sur un parcours d'environ **500** mètres, la voie publique offre des *lacunes* dans les trottoirs, on en évaluera la longeur, et il en résultera une *moins-value supplémentaire* calculée comme il suit :

PREMIÈRE CATÉGORIE. — Si les lacunes sont de *moitié au plus* du parcours, il y aura....... moins-value de **1** p. **100**.

DEUXIÈME CATÉGORIE. — Si les lacunes dépassent la *moitié* du parcours, il y aura........... moins-value de **2** p. **100**.

TROISIÈME CATÉGORIE. — Si le terrain à acheter n'a *pas de trottoirs*, il y aura, pour *chaque mètre courant de façade*, une...................... moins-value de **50** à **100** fr.

QUATRIÈME ESPÈCE.— S'il n'y a *pas de trottoirs* dans la rue, sur un parcours de **500** mètres environ, indépendamment de celle applicable au terrain lui-même (3ᵉ espèce, 3ᵉ catégorie), il y aura lieu à un supplément de.. moins-value de **5** p. **100**.

5ᵉ GENRE — Distribution des eaux propres.

Quoique la question des *sources*, des *puits* et des *pompes* ou *citernes* fasse partie des conditions *intrinsèques* des terrains, néanmoins nous ne croyons pouvoir la séparer de celle relative à la distribution des *eaux de la ville*, qu'elles proviennent de la Seine, du canal de l'Ourcq, d'Arcueil, ou d'autres modes de prises d'eau encore à l'étude, soit pour l'usage intérieur des habitations ou usines, au moyen de *concessions*, payables par abonnement, soit pour l'assainissement des voies publiques, au moyen des *bornes-fontaines*, ou *bouches sous trottoirs*.

1re Espèce. — *Puits, pompe, citerne, source.*

PREMIÈRE CATÉGORIE. — Si le terrain est suffisamment approvisionné d'eau propre, au moyen d'un *puits*, d'une *citerne* ou d'une *source*, que le *puits* ait un revêtement en maçonnerie avec margelle et poulie, et que l'eau soit à 10 mètres au plus de profondeur, ou bien que la *citerne* soit bien établie et en proportion avec l'étendue du terrain, ou que la *source* soit intarissable et procure un volume d'eau proportionné à l'étendue du terrain, l'un ou l'autre de ces trois modes d'approvisionnement d'eau propre sera considéré comme l'*état normal* ou .... PRIX DE BASE.

DEUXIÈME CATÉGORIE. — L'augmentation de ce mode d'approvisionnement par un *second* puits, ou par l'existence avec un premier puits d'une *citerne*, d'une *source*, ou réciproquement, et les facilités résultant d'une *pompe* en bon état et fonctionnant bien, donneraient lieu à une PLUS-VALUE de 1 à 3 p. 100.

2e Espèce. — *Concessions d'eau et bornes-fontaines.*

PREMIÈRE CATÉGORIE. — S'il n'y a ni bornes-fontaines dans la rue, à une distance de 500 mètres, ni possibilité d'obtenir des concessions d'eau par abonnement, et que le terrain soit en même temps privé des moyens d'approvisionnement d'eau propre indiqués à la première espèce, il en résultera une *privation absolue d'eau* et une......... MOINS-VALUE de 5 à 10 p. 100.

DEUXIÈME CATÉGORIE. — L'absence de bornes-fontaines et de concessions, comme l'indique la première catégorie, avec l'existence des seuls moyens d'approvisionnement prévus à la première espèce, se réduirait à une MOINS-VALUE de 1 à 5 p. 100.

TROISIÈME CATÉGORIE. — S'il y a des *bornes-fontaines* ou des *bouches sous-trottoirs* dans la rue, à une distance moindre de 500 mètres et de plus de 250 mètres avec la *possibilité* d'obtenir une *concession d'eau* propre par abonnement, c'est l'*état normal*...................................... PRIX DE BASE.

QUATRIÈME CATÉGORIE. — Si la *prise d'eau est déjà faite et fonctionne bien*, et que *les bornes-fontaines* soient à moins de 500 mètres d'éloignement du terrain, c'est une............. .... PLUS-VALUE de 1 à 5 p. 100.

CINQUIÈME CATÉGORIE.— Si dans le cas de privation absolue d'approvisionnement d'eau, prévue à la première catégorie, il existe des moyens faciles d'en obtenir par des travaux d'art, soit parce qu'il existe un puits sans revêtement en maçonnerie, soit parce que les eaux se trouvent à plus de 10 mètres de profondeur, soit parce qu'il faudrait supporter des frais de premier établissement importants, pour effectuer un branchement d'une longue étendue sur la conduite publique, afin d'obtenir une concession ; dans toutes ces hypothèses et d'autres analogues, il y aurait lieu à une MOINS-VALUE *proportionnelle aux frais*.

6ᵉ GENRE. — Ruisseaux et égouts.

Autant il importe de recevoir facilement des eaux propres pour l'usage des habitations et l'assainissement des voies publiques, autant il est nécessaire d'assurer l'écoulement des eaux sales, des eaux ménagères et des eaux pluviales par des ruisseaux et des égouts dont le système, calculé avec soin, satisfasse dans son exécution à toutes les exigences d'une grande ville. Déjà d'immenses travaux de cette nature sont accomplis, à grands frais, dans l'intérieur de l'ancien Paris, mais les quartiers situés aux extrémités des anciens faubourgs, ainsi que la banlieue nouvellement annexée, laissent encore beaucoup à désirer à cet égard. Il est surtout un ouvrage exigé par le décret de mars 1852, et qui deviendra obligatoire en 1862, dont l'exécution présentera de sérieuses difficultés, c'est la construction d'un *égout particulier*, conduisant les eaux pluviales et ména-

gères de chaque maison dans l'égout public de la rue. Depuis 1852, beaucoup de propriétaires ont différé certains travaux, qu'on aurait pu considérer comme des constructions neuves ou comme de grosses réparations pouvant entraîner pour eux l'obligation de construire immédiatement, à leurs frais, cet égout particulier, dont la dépense peut s'élever de 1,000 à 6,000 fr. et dont l'avantage est contesté par beaucoup d'hommes compétents ; mais, à partir de 1862, la Ville pouvant exiger cette construction de tous les propriétaires, aux termes du décret de 1852, une grande perturbation dans les moyens de circulation, à cause des fouilles nombreuses dont toutes les rues se trouveront coupées ; l'irruption des eaux, dont l'écoulement sera grandement modifié et souvent interrompu ; la difficulté de se procurer des ouvriers spéciaux, quand tout le monde en demandera, donneront un avantage à ceux qui posséderont déjà cet égout particulier. Ces considérations motivent les évaluations suivantes :

PREMIÈRE ESPÈCE.—Si les *ruisseaux*, *régulièrement établis*, fonctionnent bien, et si les *grands égouts* ont leur direction et leurs dimensions *réglementaires*, c'est *l'état normal*. . . . .
. . . . PRIX DE BASE.

DEUXIÈME ESPÈCE. — S'il n'y a *pas d'égouts*, ou s'ils ont des *dimensions insuffisantes* et si les *ruisseaux* ne sont pas établis à chaussée bombée et pavés suivant le nouveau système de petits pavés en porphyre, il y a chance de modifications et de travaux importants pour introduire les perfectionnements nécessaires, ce qui peut entraîner des inconvénients équivalents à la permanence de leur privation. Il y aura. . . . .
. . . . MOINS-VALUE de 1 à 5 p. 100.

TROISIÈME ESPÈCE. — Si *l'égout particulier* prescrit par le décret de 1852 est déjà construit et fonctionne bien, c'est une . . . . PLUS-VALUE de 1 à 5 p. 100.

QUATRIÈME ESPÈCE. — Si cet *égout particulier*, ainsi que le *grand égout*, n'étaient pas encore établis, et que les riverains fussent astreints, non-seulement à l'obligation générale de construire leur égout particulier, mais encore à celle de contribuer aux frais de premier établissement du grand égout, ce serait là une...................... moins-value de 1 à 5 p. 100.

7e GENRE — Éclairage.

L'emploi du *gaz hydrogène* à l'éclairage public et particulier est une des plus précieuses conquêtes de notre siècle; néanmoins, comme toute invention humaine, celle-ci laisse, dans son application, beaucoup à désirer. La nécessité où s'est trouvée l'administration d'enfouir les tuyaux à gaz sous le sol des voies publiques a amené une foule d'inconvénients que n'entraîne pas l'éclairage à l'huile. A chaque instant il faut ouvrir des tranchées pour poser des appareils, pour les renouveler ou les réparer, ce qui obstrue perpétuellement les rues et nuit à la circulation. — Ces fouilles font reconnaître que les tuyaux à gaz ont des fuites nombreuses qui, usant inutilement une grande partie de ce combustible, infectant le sol et causant la mort des arbres de nos promenades, offrent en outre le danger de donner lieu à de nombreux cas d'asphyxie ou à des explosions suivies d'incendie, parfois de mort, même dans des maisons qui ne sont pas éclairées au gaz.

Lorsque aucun accident n'arrive, d'autres inconvénients surgissent. Cet éclairage fatigue beaucoup la vue, noircit les plafonds et les murs, et détruit les dorures. A l'heure où il serait le plus nécessaire, il est pâle et parfois insuffisant, à cause de la nombreuse concurrence des consommateurs, et c'est après minuit qu'il commence à fournir une vive clarté, alors que presque toute la population dort paisiblement. Mais s'il survient une avarie sérieuse aux conduites, l'éclairage manque dans tout un quartier à la fois. Quel danger ne pourrait-il pas en résulter dans des temps de trouble, aujourd'hui que les autres modes d'éclairage sont presque généralement abandonnés !

Évidemment ce mode d'éclairage a besoin de nombreuses améliorations, et comme nous ne doutons pas que l'administration ne fasse tous ses efforts pour les obtenir, nous considérerons l'éclairage au gaz comme l'état normal ; sans cet espoir, nous croirions devoir le classer parmi les conditions désavantageuses et accorder la préférence à l'éclairage à l'huile.

PREMIÈRE ESPÈCE. — Si l'éclairage est établi *au gaz* dans toute la rue ou sur un parcours d'environ 500 mètres au moins, il y aura à considérer la question des appareils.

PREMIÈRE CATÉGORIE. — S'il y a des *consoles* scellées aux murs, c'est l'*état normal*..................... PRIX DE BASE.

DEUXIÈME CATÉGORIE. — S'il y a des *candélabres* isolés des maisons, c'est une.............. PLUS-VALUE de 1 à 3 p. 100.

DEUXIÈME ESPÈCE. — Si, au lieu de l'éclairage au gaz, l'ancien système d'*éclairage à l'huile* avec des *réverbères* subsiste encore, c'est une............... MOINS-VALUE de 1 à 3 p. 100.

TROISIÈME ESPÈCE. — S'il y a *absence d'éclairage* dans la rue ou sur un parcours d'au moins 500 mètres, c'est une.....
.... MOINS-VALUE de 4 à 6 p. 100.

8e GENRE. — Lignes d'omnibus.

Depuis 1828, époque à laquelle commença l'essai dans la capitale des voitures de transport en commun, cette invention a considérablement prospéré, tandis que, de son côté, la population s'est accoutumée à ce système de voyage, devenu aujourd'hui une nécessité pour les Parisiens. Mais toutes les voies publiques ne se prêtent pas également à l'organisation de ce service, car il occasionne beaucoup d'encombrement, et il exige des rues larges, d'un long parcours, sans pente trop rapide et suffisamment peuplées, afin de procurer une *recette* permanente et assez forte pour subvenir aux frais considérables qu'entraîne

la création d'une ligne d'omnibus, et au légitime bénéfice que
la Compagnie doit espérer. Néanmoins, l'absence de ce moyen
de transport. dans certaines localités éloignées, a fait surgir
des réclamations individuelles ou collectives, et l'on s'est de-
mandé si l'Administration, qui seule accorde des concessions à
l'unique Compagnie subsistant encore après la fusion de toutes
les autres en une seule, ne peut pas exiger, comme compensation des grands bénéfices résultant de ce monopole, l'établissement de lignes d'omnibus dans des directions et des localités
où elles offriraient un sérieux degré d'utilité, lors même qu'au
lieu d'un *bénéfice*, il en résulterait une *perte ?* — Sans aucun
doute, une pareille *compensation* pourrait être imposée équitablement *à la Compagnie concessionnaire*, mais à la condition
que, après calculs, examen et vérification rigoureusement établis, on reconnaîtrait que le *prix moyen du tarif*, quoique *trop
faible* pour les lignes occasionnant de *la perte*, serait *trop fort*
pour les lignes donnant *du bénéfice*. Mais alors, ce qui serait
équitable vis-à-vis de la Compagnie concessionnaire, le serait-il
à l'égard *du public*, dont la grande majorité devrait payer *trop
cher* un service d'une *exécution facile*, afin de procurer à la minorité le *bon marché* pour un service *plus difficile* à exécuter ?
— La différence, pourra-t-on répondre, étant faible, se pren-
drait sur les bénéfices. Soit! mais si l'on accordait une pareille
faveur à une seule localité, aujourd'hui déshéritée, ne verrait-
on pas à l'instant même de pareilles prétentions s'élever de
toutes parts, s'appuyant sur l'*égalité des droits*, pour ceux qui
sont soumis à l'*égalité des impôts ?*

Nous pensons que l'administration outrepasserait ses droits
si elle imposait une faveur particulière, comme condition de sa
concession, à la Compagnie qui l'a obtenue. Il ne faut pas oublier qu'il s'agit ici d'une opération commerciale dont la rému-
nération doit être proportionnée aux charges qu'elle impose, et
que ceux qui profitent du service rendu doivent, à leur tour,
en payer le prix proportionnellement à son importance. — La

Compagnie concessionnaire n'est point subventionnée sur le produit des impôts recueillis par la Ville; c'est elle, au contraire, qui paye des impôts indirects à l'État et un droit de location ou de stationnement. C'est donc uniquement dans l'hypothèse où ces droits et impôts indirects auraient été abaissés au-dessous de leur valeur exacte que la Compagnie, par une compensation tacite et en moins payant, recevrait une subvention sur le domaine public ou communal, et qu'on pourrait lui imposer l'obligation d'exécuter, même à perte, un service excentrique, mais équitablement réparti entre les divers points extrêmes de la Capitale. Peut-être une *adjudication publique*, sur un *cahier des charges* préalablement mis à *l'enquête,* pourrait-elle donner satisfaction à toutes les prétentions rivales. — Jusque-là, il faut supposer qu'il y a des lignes d'omnibus partout où la disposition des localités permet d'en établir avec bénéfice, et que l'intérêt particulier ne laisserait pas échapper l'occasion de gagner davantage, en organisant de nouvelles lignes partout où elles sont possibles. Nous considérerons donc le *fait accompli* comme l'exacte expression de la possibilité de créer des lignes de transport en commun dans les diverses localités, qui jouiront par là d'un *avantage* formulé par une *plus-value,* ou seront exposées par la privation de ces lignes à un *désavantage* correspondant à une *moins-value.*

1ʳᵉ Espèce. *Privation de lignes d'omnibus.*

PREMIÈRE CATÉGORIE.—S'il n'existe pas de lignes d'omnibus dans la rue ni à 500 mètres au plus de distance, c'est l'*état normal*..., PRIX DE BASE.

DEUXIÈME CATÉGORIE.— S'il n'en existe pas, même à 1 kilomètre de distance, il en résulte une MOINS-VALUE de 2 à 4 p. 100.

2ᵉ Espèce. — *Existence de lignes d'omnibus.*

PREMIÈRE CATÉGORIE. — S'il existe *une* ligne d'omnibus dans la même rue, c'est une..... PLUS-VALUE de 2 à 4 p. 100.

DEUXIÈME CATÉGORIE. — S'il en existe *deux* et au delà, c'est une...................... PLUS-VALUE de 3 à 6 p. 100.

TROISIÈME CATÉGORIE. — S'il existe un simple *bureau de correspondance* à 250 mètres au plus, même sans ligne dans la rue même, c'est une............. PLUS-VALUE de 1 à 2 p. 100.

QUATRIÈME CATÉGORIE. — Si le *bureau de correspondance* aussi rapproché est en même temps *tête d'une ligne*, il produira comme supplément une.......... PLUS-VALUE de 2 à 4 p. 100.

9ᵉ GENRE. — Facilité des communications.

On rencontre dans toutes les institutions humaines ce que l'on trouve chez l'homme lui-même, les défauts de ses qualités. Ainsi les voies publiques les plus fréquentées, telles que les boulevards intérieurs, l'avenue des Champs-Élysées, les rues Saint-Honoré, de Richelieu, Neuve-des-Petits-Champs, etc., présentent une si grande réunion de voitures, que souvent la circulation se trouve arrêtée, et qu'il devient très-difficile aux piétons de les traverser ; c'est surtout dans les carrefours, où les rues très-fréquentées *se croisent*, qu'il est dangereux d'aller d'un trottoir à l'autre, car les voitures, qui s'y suivent à la file et en sens contraire, ne permettent souvent le passage aux piétons qu'au risque de la vie. Toutefois, cet inconvénient général pour toute la population n'entraîne pas un préjudice bien grave pour les propriétés riveraines, puisqu'il est causé par l'excès de population et de circulation sur un même point. Mais dans l'intérêt général, nous émettrons le vœu que l'administration apporte un remède efficace à un mal aussi sérieux. En quoi pourrait-il consister? Deux modes se présentent d'abord : 1° de diminuer la circulation des voitures, traînées par des chevaux ou à bras ; 2° d'augmenter les moyens de circulation des piétons et de régler celle des fardeaux.

Nous avons de beaucoup dépassé les inconvénients signalés par notre ancien poëte satirique et classique :

> L'un me heurte d'un ais dont je suis tout froissé,
> Par un autre je sens mon chapeau renversé.

Ne serait-il pas possible de *déterminer des heures particulières pour la circulation de certaines voitures*, comme celles chargées de pierres, de matériaux, de marchandises pesantes, en raison des quartiers et de la largeur des rues ?

Serait-il possible d'établir pour les piétons des *tunnels*, des *passerelles* suspendues, des *rampes ?*

Notre cadre restreint ne nous permet pas de traiter à fond, et comme elles le méritent, ces propositions ; mais un sentiment d'humanité d'abord, et ensuite le désir de faciliter la circulation, si nécessaire au commerce, nous paraissent appeler toute l'attention de l'autorité supérieure et la mise à l'étude par un concours public d'une question aussi intéressante pour tous ceux qui parcourent les rues de Paris, les boulevards et les promenades publiques.

D'autres circonstances sont en outre à considérer sous le rapport de la facilité des communications ; de ce nombre sont les *chemins de fer* et les *ponts*, deux espèces que nous allons examiner.

1ʳᵉ Espèce. — *Chemins de fer.*

Les chemins de fer sont un avantage sous certains rapports, et un inconvénient sous d'autres.

Première catégorie. — L'absence de chemin de fer, à une distance de 500 kilomètres au moins, est l'*état normal*.......
.... PRIX DE BASE

Deuxième catégorie. — Les localités traversées par des chemins de fer sont soumises à des restrictions et à des interdictions de passage, qui rendent souvent les communications difficiles. Parfois le *passage* se fait *à niveau*, ce qui le rend incommode et dangereux ; parfois aussi l'on a recours à des *ponts*, auxquels on accède par des *escaliers*, et qui sont forcément in-

terdits aux bestiaux, aux chevaux et aux voitures, c'est une...
.... MOINS-VALUE de 1 à 5 p. 100.

TROISIÈME CATÉGORIE. — En sens inverse, la proximité d'un embarcadère est aussi avantageuse qu'un bureau d'omnibus, et donnera lieu à une........... PLUS-VALUE de 1 à 5 p. 100.

2ᵉ Espèce. — Ponts.

Les ponts sont toujours un avantage pour les localités voisines des cours d'eau, afin de communiquer facilement d'une rive à l'autre.

PREMIÈRE CATÉGORIE. — L'absence de pont à une distance de 250 mètres au plus, est l'état normal pour les riverains des cours d'eau. Il y a lieu alors d'appliquer le..... PRIX DE BASE.

DEUXIÈME CATÉGORIE.— Si le plus prochain pont est éloigné de plus de 250 mètres et de moins de 500 mètres, il y a......
.... MOINS-VALUE de 1 à 3 p. 100.

TROISIÈME CATÉGORIE. — Si l'éloignement du plus prochain pont excède 500 mètres, il y a.. MOINS-VALUE de 3 à 5 p. 100.

QUATRIÈME CATÉGORIE. — Si, au contraire, le plus prochain pont est à moins de 250 mètres, il en résulte une...........
.... PLUS-VALUE de 1 à 3 p. 100.

CINQUIÈME CATÉGORIE. — Si deux ponts existent, l'un en amont et l'autre en aval, tous deux éloignés de moins de 250 mètres, il y aura............... PLUS-VALUE de 3 à 5 p. 100.

10ᵉ GENRE. — Impasses, passages, cités.

Les terrains qui bordent ces différentes voies de communication restent soumis à des règles particulières qu'il est indispensable d'étudier sur les titres mêmes, pour en faire une juste appréciation.

1ʳᵉ Espèce. — Les impasses.

Privées de débouchés, elles éprouvent en général une dépréciation qui peut se tarifer par une MOINS-VALUE de 10 à 20 p. 100

2ᵉ Eꜱᴘᴇ̀ᴄᴇ. — Les passages.

Il faut distinguer s'ils sont couverts ou découverts.

Pʀᴇᴍɪᴇ̀ʀᴇ ᴄᴀᴛᴇ́ɢᴏʀɪᴇ. — Les passages à découvert ont tous les inconvénients d'une rue, sans en avoir les avantages, et donnent lieu à une.......... ᴍᴏɪɴꜱ-ᴠᴀʟᴜᴇ de 1 à 15 p. 100.

Dᴇᴜxɪᴇ̀ᴍᴇ ᴄᴀᴛᴇ́ɢᴏʀɪᴇ. — S'ils sont à couvert, avec vitrage ou lanterne dans le comble, ils jouissent, en raison de leur élégance et de leur bonne tenue, d'une faveur commerciale motivant une.................... ᴘʟᴜꜱ-ᴠᴀʟᴜᴇ de 1 à 15 p. 100.

3ᵉ Eꜱᴘᴇ̀ᴄᴇ. — Les cités.

Les cités ne sont pas favorables au commerce, et n'offrent pas de débouchés, mais elles peuvent convenir pour habitation particulière, ce qui réduit leur produit. Il y a.................. .... ᴍᴏɪɴꜱ-ᴠᴀʟᴜᴇ de 1 à 10 p. 100.

11ᵉ GENRE. — Plantation des voies publiques.

1ʳᶜ Eꜱᴘᴇ̀ᴄᴇ. — Arbres à haute tige.

Nous parlerons plus loin (à la 2ᵉ subdivision) de l'influence du voisinage des promenades publiques proprement dites : ici, nous n'examinerons que les plantations d'arbres à haute tige sur les boulevards, places, quais et routes qui sont destinées à recevoir des maisons en bordure. Ces plantations sont-elles considérées par les propriétaires et locataires comme avantageuses ou comme nuisibles ? En 1830 et 1848, on a accusé beaucoup de propriétaires ou locataires d'avoir profité du prétexte des barricades pour abattre sans utilité une multitude de très-beaux arbres à haute tige, qui, tout en procurant aux promeneurs des boulevards un agréable ombrage, avaient l'inconvénient d'ôter le jour, l'air et la vue à certains magasins et à plusieurs appartements des étages inférieurs. Sont-ce les arbres qui attirent la foule sur les boulevards ? Si l'on répond affirma-

tivement, pourquoi la rue de la Paix, qui n'a pas d'arbres, est-elle si fréquentée? Disons que la rue de la Paix et les boulevards de la Madeleine, des Capucines, des Italiens et Montmartre, placés au milieu des zones centrales, se trouvent dans une position exceptionnelle qui attirerait la foule sans les arbres comme malgré les arbres ; qu'à l'égard des autres voies publiques plantées, il est incontestable que les arbres attirent les promeneurs et que les promeneurs contribuent à l'activité commerciale; qu'ainsi et sauf quelques rares exceptions, les plantations doivent être considérées comme un avantage, car elles possèdent deux mérites rarement réunis : l'élégance et la salubrité. Rien n'est agréable à la vue comme ces touffes de verdure suspendues dans l'espace et offrant une multitude de teintes diverses que les rayons du soleil et les ombres nuancent à l'infini et toujours avec une heureuse harmonie de tons, depuis le jeune bourgeon qui s'épanouit lentement à l'approche du printemps, jusqu'à la feuille desséchée qui meurt et tombe quand survient l'hiver. Pendant cette rigoureuse saison, les branches, dépouillées de leur ornement, servent encore à atténuer la violence des vents du nord et de l'est, qui règnent si longtemps à Paris. Au printemps et en été, leur feuillage salutaire rafraîchit l'air et dégage de l'oxygène, élément si nécessaire à la vie. Ainsi, sous tous les rapports, les plantations des voies publiques sont un avantage et donnent lieu à une.......
.... PLUS-VALUE de 1 à 3 p. 100.

2ᵉ ESPÈCE. — *Jardins en bordure.*

Dans certaines localités, comme au boulevard de l'Impératrice, il est interdit de construire en bordure ; il faut une grille en façade, derrière la grille un jardin planté, et ce n'est qu'à une distance déterminée en retraite de la grille, qu'il est permis d'élever des bâtiments, sans pouvoir y établir des commerces de détail. C'est là une servitude d'un genre tout spécial ; mais, comme nous l'expliquerons plus loin, toute servitude entraîne un désavantage, et celle-ci sera formulée par une...........

.... moins-value de 1 à 10 p. 100.

DEUXIÈME CLASSE. — Accès du terrain sur la voie publique.

Cette seconde classe comprendra deux genres d'accès, celui *direct* et celui *indirect*.

1ᵉʳ GENRE. — Accès direct ou de premier ordre.

Si le terrain à acquérir est en bordure de la voie publique et qu'on y arrive directement sans qu'il soit lui-même astreint à fournir passage à une autre propriété plus éloignée de la voie publique, c'est l'*état normal*, et l'on appliquera le prix de base.

2ᵉ GENRE. — Accès indirect ou de deuxième ordre.

Si le terrain à acquérir étant séparé de la voie publique par un ou plusieurs héritages appartenant à des tiers, on ne peut y pénétrer qu'en usant d'un droit actif de servitude de passage, ce n'est plus qu'un accès indirect ou de second ordre, et l'on appelle *fonds dominant* celui qui jouit de la servitude, et *fonds asservi* celui qui en est grevé.

Un des principes fondamentaux de notre droit civil repose sur la faculté appartenant au propriétaire *d'user* et *d'abuser* de son bien, avec les seules restrictions prescrites par la loi dans l'intérêt public. L'abolition de l'esclavage avait, depuis longtemps, rendu la liberté à la terre, lorsque la suppression des droits féodaux vint compléter son affranchissement. De ce droit absolu d'user et d'abuser de son immeuble, serait dérivé pour le propriétaire le pouvoir d'aliéner non-seulement ce droit tout entier ou une simple portion de ce droit, mais encore la liberté de la terre, si le législateur n'avait prémuni le propriétaire contre l'entraînement qui aurait pu l'engager à faire revivre l'esclavage ou la féodalité : on n'a donc permis les *servitudes* sur un héritage que pour l'usage et l'utilité d'un héritage appartenant à un autre propriétaire, sans prééminence d'un fonds sur l'autre.

Le propriétaire d'un fonds enclavé peut exiger, moyennant indemnité, un passage sur ceux de ses voisins ; c'est alors un *droit de servitude établi par la loi*, et dont elle règle les conditions. Dans toutes les autres circonstances, l'étendue de ce droit de passage et les conditions auxquelles il s'exerce sont la conséquence des conventions intervenues entre les deux propriétaires, et la servitude est alors *établie par le fait de l'homme;* néanmoins, la loi trace certaines règles, pour le cas où la convention serait muette ou incomplète, mais sans détruire les conventions légalement formées, lorsqu'elles ne sont contraires ni à *l'ordre public* ni aux *bonnes mœurs.* La dernière loi sur les hypothèques exige de plus que les conventions relatives aux servitudes soient soumises à la transcription.

Le *voisinage*, dont nous nous occuperons bientôt, a, de tout temps, amené des discussions, et chacun connaît *Maison à vendre*, charmant opéra comique donné au commencement de ce siècle, presque au moment où l'on promulguait le Code civil : la situation du *voisin* est à la fois digne d'intérêt et des plus divertissantes. Après plus d'un demi-siècle, en 1860, une petite comédie très-spirituelle, nous a fait voir, sous le titre de: *Un Tyran en sabots*, quelques-unes des tribulations qu'éprouve le propriétaire d'un beau domaine, par suite du *droit de passage* appartenant à un paysan rusé. La contre-partie est à faire, et pourrait être non moins comique. Quoi qu'il en soit, les *servitudes* en général et le *droit de passage* en particulier donnent souvent lieu à des inconvénients fort peu divertissants pour ceux qui les éprouvent, et si parfois elles sont avantageuses, plus souvent encore on les trouve onéreuses.

La servitude de passage est *active* ou *passive;* nos observations seront donc divisées en deux espèces, suivant que le terrain à acquérir en *jouira* ou bien en sera *grevé.*

1ʳᵉ Espèce. — *Servitude active de passage.*

Parmi les nombreuses combinaisons que cette servitude peut présenter, nous en examinerons quelques-unes.

PREMIÈRE CATÉGORIE. — Si, indépendamment de l'*accès direct* mentionné ci-dessus (1ᵉʳ genre), le terrain possède une *seconde issue,* ou accès indirect, seulement au moyen d'un *droit de passage* sur une autre propriété en bordure, mais à travers *une seule* propriété, il faudra d'abord examiner si la *distance* à parcourir est courte ou longue, si le droit est *absolu* et *illimité,* ou seulement restreint, quant aux choses et aux personnes; s'il est également pour les *chevaux, voitures et bestiaux,* ou seulement pour les piétons ; pendant le *jour* et la *nuit,* ou simplement à des *heures déterminées,* par un *chemin large* ou *étroit, éclairé* ou *obscur, couvert* ou à *ciel ouvert, pavé, empierré,* ou, au contraire, *mal tenu,* avec ou sans *portier,* communiquant à une *place,* à un *boulevard,* à une *grande* ou *petite rue,* réunissant enfin les avantages ou les inconvénients déjà signalés à la première classe. Suivant l'étendue de ce droit et les *avantages* ou les *inconvénients* du passage, il résultera de cette *seconde issue* une PLUS-VALUE de 1 à 10 p. 100.

DEUXIÈME CATÉGORIE. — Une *troisième issue* se calculerait d'après les mêmes règles que la seconde, mais ne donnerait plus lieu qu'à une nouvelle....... PLUS-VALUE de 1 à 5 p. 100.

TROISIÈME CATÉGORIE. — Si le terrain non en bordure sur la rue avait *deux issues* sur la voie publique, chacune traversant *une seule* propriété étrangère, par *droit de servitude active de passage,* dans de très-bonnes conditions, on pourrait regarder ces *deux accès indirects* comme l'équivalent d'un seul accès direct, et appliquer, comme au premier genre, le PRIX DE BASE.

QUATRIÈME CATÉGORIE. — Si, au lieu des deux issues prévues à la troisième catégorie, le terrain n'en avait qu'*une* dans les mêmes conditions, ou bien s'il y en avait *deux,* mais dans

de très-*mauvaises conditions*, au lieu du prix de base, il y aurait lieu à une............... moins-value de 1 à 5 p. 100.

Cinquième catégorie. — Si, dans le cas d'une *seule issue*
par *accès indirect*, au lieu de ne traverser qu'*une* seule propriété
étrangère, il fallait en traverser *deux*, ou un *plus grand nombre*, on aurait égard à toutes les conditions bonnes ou mauvaises du passage comme à la quatrième catégorie, et, *pour
chaque propriété à traverser, de plus qu'une seule*, il y aurait
lieu à une augmentation de..... moins-value de 1 à 5 p. 100.

2ᵉ Espèce. — *Servitude passive de passage.*

La servitude passive de passage peut présenter les mêmes
combinaisons, mais en sens inverse, que celles de la servitude
active, dont nous venons de nous occuper à la première espèce.
Dans leur grand nombre nous examinerons les suivantes.

Première catégorie. — Si le terrain, ayant un accès direct
ou indirect, placé dans l'une des positions prévues aux premier
et deuxième genres ci-dessus, est, à son tour, *grevé* d'un droit
de *servitude passive de passage*, il y aura lieu d'examiner l'é-
tendue et les conditions de ce droit pour évaluer proportionnellement le désavantage qui en résultera. On considérera d'abord
si ce droit s'exerce au profit *d'une seule* propriété voisine, avec
toutes les circonstances prévues ci-dessus (1ʳᵉ espèce, 1ʳᵉ catégorie), et l'on appliquera une.. moins-value de 1 à 25 p. 100.

Deuxième catégorie. — Si la servitude passive profite, en
outre, à une *seconde* propriété, il y aura lieu à une *augmentation* de...................... moins-value de 1 à 15 p. 100.

Troisème catégorie. — Une *troisième* propriété comme
fonds dominant ferait *augmenter* la moins-value de 1 à 10 p. 100.

Quatrième catégorie. — *Chaque* fonds dominant en plus
accroîtrait la................. moins-value de 1 à 5 p. 100.

Les servitudes méritent un examen approfondi, et nous aurons plusieurs fois l'occasion d'y revenir dans le cours de cet ouvrage, notamment à la troisième subdivision ci-après, relative à l'Exposition.

2ᶜ SUBDIVISION. — Le voisinage.

Il est *médiat* ou *immédiat.*

Le voisinage *médiat* est la *proximité* d'une voie publique, d'un monument ou d'un établissement *non contigus*, mais situés dans le même quartier et dont le peu de distance réagit sur l'habitation ou le commerce.

Le voisinage *immédiat* est la *contiguïté* d'une voie publique, d'un monument ou d'un établissement, ou d'une propriété privée ; si cette contiguïté présente des circonstances particulières en dehors des conditions ordinaires de simple habitation, ce voisinage est à considérer.

Le voisinage est *avantageux* ou *nuisible,* mais on comprend que le profit qu'il apporte ou le dommage qu'il cause est *moindre* quand le voisinage n'est que *médiat* et plus grand lorsque le voisinage est immédiat. Ce degré d'intensité est à étudier pour chaque localité, et servira à proportionner les *plus* ou *moins*-values.

1ʳᵉ CLASSE. — Voisinage avantageux.

On peut considérer comme *avantageux* et donnant lieu aux *plus-values* ci-après indiquées, le voisinage et la proximité des localités suivantes, dont l'éloignement entraînerait une dépréciation analogue et en sens inverse.

1ᵉʳ GENRE. — Promenades publiques.

Le voisinage des promenades publiques est avantageux sous tous les rapports, car ce n'est pas un simple agrément qu'il procure, mais bien une des conditions indispensables à la vie. Dans les agglomérations d'habitants, l'air est vicié, puisque chaque être vivant absorbe une quantité d'oxygène, et les espaces libres peuvent seuls servir au renouvellement de cet élément nécessaire à la vie. Les arbres, les plantes qui ombragent ou qui ornent nos promenades, ont la propriété de dégager de l'oxygène et d'absorber une portion notable d'hydrogène ; les fontaines rafraîchissent l'air et le purifient ; la simple *existence* des promenades est donc déjà un grand bienfait pour le voisinage, mais leur *fréquentation*, que favorise la proximité, est tout aussi utile. Pour les *adultes*, c'est une heureuse distraction et un salutaire exercice ; pour les *enfants*, c'est un des éléments de l'existence. Nul n'ignore tous les inconvénients qu'on rencontre en mettant les enfants en nourrice. Il faut d'abord se faire une raison sur certaines peccadilles admises chez cette estimable classe de la société, composée presque entièrement de *demoiselles* et qu'on ne tolérerait pas ailleurs : en effet, un *père nourricier* est presque toujours un grave inconvénient, surtout s'il est très-amoureux de sa femme. Les médecins qui, comme Sganarelle, commencent par expertiser le lait de la nourrice, exigent un exil complet du père nourricier ; donc, le moyen le plus simple, c'est d'omettre la formalité consacrée par M. le Maire ; mais on ne gagne rien au célibat de la nourrice, car il se trouve toujours quelque galant qui a la prétention de tenir la place du légitime mari.

Nous ne parlons pas de toutes les exigences de la nourrice, en gages, cadeaux, vêtements, nourriture délicate et fantaisies de toute espèce qu'il faut satisfaire, de peur de gâter le *lait*, substance alimentaire du pauvre nourrisson ; tout cela n'est rien en comparaison du danger de trouver une nourrice qui communique à votre enfant quelque dangereuse maladie. On se plaint des *portiers*, mais avoir des enfants *en nourrice*, c'est bien pire ; et pourtant on s'en trouve généralement bien, parce que l'air de la campagne l'emporte sur tous les désagréments qu'on éprouve, et, en dépit de la négligence des nourrices, il donne la vie et la santé aux enfants. Que deviendraient-ils à leur retour dans Paris, sans les promenades publiques, ces pauvres petits êtres dont l'existence est plus précieuse et aussi fragile que celle des plantes délicates, transportées si difficilement des pays lointains?

Depuis que la mode a tellement développé l'ampleur des vêtements de femme qu'une seule voiture et un seul trottoir sont insuffisants pour contenir une seule robe, où les femmes pourraient-elles prendre quelque exercice à pied sans les promenades publiques?

La proximité de ces *promenades* est donc un grand avantage pour les terrains à acquérir. Nous indiquerons notamment le bois de Boulogne, les Champs-Élysées, le jardin des Tuileries, ceux du Palais-Royal, du palais du Luxembourg, la place Royale, les squares Louvois, des Innocents, des Arts-et-Métiers, de la Tour Saint-Jacques-la-Boucherie, du Temple, du Louvre, de Sainte-Clotilde, l'Esplanade des Invalides, les boulevards intérieurs, les anciens boulevards extérieurs, le parc de Monceaux, etc. L'avantage sera proportionnel à la proximité et à l'importance des promenades publiques. Il donnera lieu à une...................... PLUS-VALUE de 1 à 10 p. 100.

2e GENRE. — Places publiques.

Les places publiques, sans être aussi avantageuses que les promenades, ont néanmoins une grande utilité. A défaut de promenades, on peut prendre quelque exercice sur ces places, lorsqu'elles ne sont pas envahies par les cabanes des marchands de journaux, les guérites d'omnibus, les places de fiacre, MM. les saltimbanques, les dentistes en équipage, avec accompagnement de grosse caisse, cimbales et clarinette, Mangin et ses imitateurs, ou bien quand elles ne sont pas effondrées par les constructions et réparations, changements et rétrochangements d'égouts, de conduites d'eau, de tuyaux de gaz, de candélabres, fontaines, trottoirs et ruisseaux; à cela près, elles offrent un asile solitaire des plus sûrs pour les penseurs et les amoureux, pour MM. les militaires et les bonnes d'enfant. Celles des Victoires, Vendôme, de la Concorde, Saint-Sulpice, du Panthéon, de la Bastille, etc., sont une cause de........ .... PLUS-VALUE de 1 à 5 p. 100.

3e GENRE. — Établissements du Gouvernement.

Ils attirent la population, et les employés recherchent les logements qui s'en rapprochent. De ce nombre sont les Ministères, la Bourse, la Banque, le Palais de Justice, les Musées, les Bibliothèques, le Sénat, le Corps législatif, le Conseil d'État, et autres établissements du Gouvernement............ .... PLUS-VALUE de 1 à 5 p. 100.

4e GENRE. — Établissements publics.

Les écoles de Droit et de Médecine, le Collége de France, la Sorbonne, les Lycées, l'hôtel des Postes, les bureaux de poste. les postes télégraphiques, la Douane, les théâtres (sans contiguïté avec leurs salles). les monuments de quelque importance (dont les horloges indiquent l'heure), attirent également la population et font rechercher les logements qui en sont rapprochés...................... PLUS-VALUE de 1 à 5 p. 100.

5e GENRE. — Certains édifices ou établissements publics.

Au point de vue de la *tranquillité* et de l'*honorabilité*, certaines habitations, comme on en trouve au faubourg Saint-Germain ou au faubourg Saint-Honoré, ont un cachet particulier et une réputation de bon goût qui en font rechercher le voisinage.

D'autres quartiers, où l'on rencontre tant de belles boutiques et tant de magasins bien achalandés, offrent un grand avantage commercial et sont pareillement recherchés. Il y a pour les uns ou pour les autres, dans des conditions différentes ou même toutes contraires, une pareille cause de PLUS-VALUE de 1 à 5 p. 100

2ᵉ CLASSE. — Voisinage nuisible.

1ᵉʳ GENRE. — Établissements civils.

La loi a posé des règles générales, relatives aux *établissements incommodes* ou *dangereux*, et des ordonnances, décrets et règlements ont pourvu à son exécution. En général, ces usines ne pouvant être mises en activité qu'après des enquêtes et des formalités assez longues qui permettent aux tiers intéressés de présenter leurs réclamations, l'ancien Paris était parvenu à reléguer vers l'extrémité de ses faubourgs une partie des établisements incommodes et dangereux, et à rejeter le surplus dans la banlieue. Aujourd'hui l'ensemble de ces usines se trouve renfermé dans l'enceinte de la Capitale, et il faudra bien du temps avant que leur translation dans la nouvelle banlieue se soit opérée.

Nous ne donnerons pas ici la nomenclature des établissements soumis à l'enquête *de commodo et incommodo*, ou à l'autorisation, et nous renverrons ceux de nos lecteurs qui désireraient la connaitre, aux décrets des 15 octobre 1810, 5 avril 1813, ordonnances des 1ᵉʳ mars 1825, 22 novembre 1826, 15 octobre 1828, décret du 25 mars 1852, etc., et aux savants commentaires écrits sur cette matière, car le cadre où nous sommes renfermé ne nous permettrait pas de traiter une question aussi compliquée avec toute l'étendue qu'elle exige. Il ne s'agit d'ailleurs pas ici de lutter contre des usines déjà fondées ou qu'on se propose de créer, mais de se rendre compte des inconvénients qu'elles entraînent et de la dépréciation qui en résulte pour les terrains situés à leur proximité ; et, à cet égard, la nomenclature légale serait incomplète. Voici donc les indications que nous cryons devoir donner comme *exemples*, et sans prétendre que nous avons tout prévu.

1ʳᵉ Esᴘèᴄᴇ. — *Métiers à marteau.*

Les chaudronniers, ferblantiers, maréchaux ferrants, forge-

rons, menuisiers, serruriers, tôliers, tonneliers, etc...........
.... Mᴏɪɴs-ᴠᴀʟᴜᴇ de 5 à 10 p. 100.

2ᵉ Esᴘèᴄᴇ. — *Commerces incommodes ou répandant de mauvaises odeurs.*

Les boulangers, les bouchers, les brasseurs, marchands de
cuirs, denrées coloniales, distilleries, tanneries, les nourris-
seurs qui logent des vaches, des chèvres, des ânesses, etc., auprès d'eux on peut vous appliquer le refrain de l'ancien vaudeville :

> La maison de M. Vautour
> Est celle où vous voyez un âne.

.... Mᴏɪɴs-ᴠᴀʟᴜᴇ de 5 à 10 p. 100.

3ᵉ Esᴘèᴄᴇ. — *Établissements insalubres ou dangereux.*

Chantiers de bois à brûler, marchands de charbons, dégraisseurs, fours à chaux et à plâtre, machines à vapeur, teinturiers,
usines à gaz, etc............. Mᴏɪɴs-ᴠᴀʟᴜᴇ de 10 à 15 p. 100.

4ᵉ Esᴘèᴄᴇ. — *Établissements tristes ou trop bruyants.*

Les *casernes* offrent aux voisins plusieurs inconvénients :
outre le trouble causé au repos du jour et au sommeil de la nuit
par le bruit de la caisse et le son du clairon et de la trompette,
se présente la difficulté de garder des femmes de chambre,
bonnes et cuisinières à son service. Les vaudevilles, les chan-
sonnettes, les caricatures, ample supplément à l'histoire des
victoires et conquêtes de nos armées, n'ont rien exagéré en cé-
lébrant le dévouement du caporal pour sa payse, et ses droits
au premier bouillon de l'amour :

> Quand il a fini son service,
> Le Dieu d'amour guide ses pas !

Consultez aussi les spirituels dessins ayant pour titre : *la
Permission de dix-heures.*

Voilà pour les temps de calme; mais si le flot populaire

vient à s'agiter, on a vu les casernes assiégées ou incendiées, devenir un voisinage très-dangereux.

Les *cimetières* sont tristes, malsains, et leur proximité entraîne des servitudes administratives, telles que l'éloignement des habitations et l'interdiction de creuser des puits. Le parcours qui y conduit se trouve fréquenté par les voitures des pompes funèbres, et tout le monde n'est pas assez philosophe pour chanter avec Désaugiers :

> Que j'aime à voir un corbillard !
> Ce début vous étonne ;
> Mais il faut finir tôt ou tard,
> Ainsi le sort l'ordonne ;
> Ici, chacun a son désir
> En cette conjoncture,
> Moi je ne vois que le plaisir
> De partir en voiture.

D'ailleurs, avec le tranquille matériel de l'administration des pompes funèbres, on n'a jamais à craindre que les chevaux ne prennent le mors aux dents.

Les collèges, les concerts publics, les couvents, écoles, églises, gares de chemins de fer, hôpitaux, hospices, la Morgue, les places d'exécution, prisons, pompes funèbres, pensions, séminaires, etc., sont bruyants, tristes et malsains, attirent la foule et l'encombrement des voitures, mais éloignent le commerce et les habitants.

Leur proximité est donc un motif de dépréciation qui peut donner lieu à une.......... MOINS-VALUE de 10 à 20 p. 100.

5e Espèce. — Établissements malsains.

Abattoirs, échaudoirs, fonderies de suif, marchés aux comestibles, le canal Saint-Martin, la rivière de Bièvre, etc........ .... MOINS-VALUE de 10 à 20 p. 100.

6e Espèce. — Les rats.

> Parturient montes, nascitur ridiculus mus.
> (Hor.)
> La montagne en travail enfante une souris.
> (Boileau.)

Nous ne parlerons ici ni des rats de cave, ni des rats d'église ni des rats d'opéra, ni des succès obtenus par le docteur Fontanarose,

Connu dans l'univers et dans mille autres lieux,

qui débite

La mort-aux-rats,
Dont voici les certificats.

Nous ne nous occuperons que de ce genre de rongeurs, de la section des claviculés, caractérisée par deux dents incisives et tranchantes à chaque mâchoire, et dont la taille varie depuis sept jusqu'à trente-quatre centimètres. Race omnivore qu'on rencontre dans les voiries, les abattoirs, les boucheries, les ateliers d'équarisseurs, ou ils se nourrissent de matières animales en putréfaction, dans les égouts, les ruisseaux des trottoirs en encorbellement, les canaux, les chantiers de bois, les marchés de comestibles, les lavoirs publics, les magasins d'huile, de suif, d'épiceries, de graines et de fourrages, dans les caves, les écuries, remises et greniers.

Sans redire ici tout ce qu'on raconte de leur voracité, nous rappellerons seulement qu'ils se font entre eux une guerre d'extermination, jusqu'à ce qu'il n'en reste plus qu'un seul. On a prétendu qu'ayant mis un rat dans l'impossibilité de rien ronger, ses dents avaient poussé au point de traverser ses mâchoires. On leur fait une chasse très-active, et l'on a dit qu'on employait leur cervelle à falsifier le lait que nous buvons à Paris, afin de lui donner l'apparence de la crème. — Quoi qu'il en soit, c'est une gêne immense que d'avoir des rats dans son habitation, car ils se creusent des terriers, minent le sol des écuries, dégradent les fondations des bâtiments, rongent les parquets et les boiseries, et occasionnent de véritables pertes à l'immeuble, sans compter toutes les dégradations qu'ils font au mobilier. Friands des parchemins, ils ne respectent ni les titres de noblesse, ni les titres de propriété, ni les contrats de mariage, ce qui peut devenir compromettant avec la nouvelle loi sur l'usurpation des titres de noblesse, avec la prescription de dix ou vingt ans, et avec le grand nombre de procès en séparation de corps qui se plaident chaque année.

Lorsqu'il se fait de grandes démolitions, ils sont bien forcés de quitter la place, mais jusqu'à présent on a vu peu de rats se présenter devant le jury d'expropriation pour cause d'utilité publique, afin d'obtenir une indemnité, probablement parce que les propriétaires voisins, touchés de leur infortune, ont accueilli à de bonnes conditions ces locataires laissés sur le pavé : c'est, d'ailleurs, un à-compte sur la plus-value que la Ville entend faire supporter aux riverains des voies publiques nouvellement percées.

Nous ne croyons pas exagérer, en estimant l'inconvénient d'un voisinage qui attire les rats à une MOINS-VALUE de 1 à 5 p. 100.

2ᵉ GENRE. — Établissements militaires.

> Pourquoi ces éléphants, ces armes, ce bagage,
> Et ces vaisseaux tout prêts à quitter le rivage?
> Disait au roi Pyrrhus un zélé courtisan,
> Conseiller très-sensé d'un roi très-imprudent.

Nous avons parlé des casernes (1ᵉʳ genre, 4ᵉ espèce) sous le seul rapport du *logement* des troupes en *garnison*. Ici, nous envisagerons les établissements militaires à un autre point de vue.

Depuis la construction des fortifications, et surtout depuis l'annexion de la banlieue, comprise dans l'enceinte continue, Paris est devenu une *place de guerre*; et, quoique le régime actuel nous laisse la même sécurité et la même liberté que dans une ville ouverte, néanmoins il est sage de prévoir le cas où une guerre d'invasion devenant à craindre, les remparts seraient armés, les portes fermées, et une attaque serait dirigée contre les forts détachés ou contre l'enceinte continue; on peut prévoir également l'hypothèse où le feu partirait des forts détachés, soit parce qu'ils auraient été pris par l'ennemi, soit au contraire parce que l'ennemi, après s'être rendu maître de certains points de l'enceinte continue, aurait pénétré dans la place. Il y a donc lieu de calculer la portée des projectiles lancés sur la ville, suivant qu'ils partiraient des forts détachés ou des points intermédiaires occupés par l'ennemi entre ces forts et l'enceinte continue, afin de déterminer quelles localités seraient le plus exposées à l'action des projectiles, et quelles autres auraient le moins de chances d'en éprouver les atteintes. Ce calcul établi, un autre sera nécessaire pour combiner ces chances avec les probabilités d'une attaque contre Paris.

Commençons d'abord par le calcul des probabilités d'une attaque dirigée sur la Capitale. Si nous voulions prévoir toutes les chances de danger et toutes celles de sécurité, nous aurions fort à faire. Rappelons seulement quelques faits.

Les plus récentes attaques contre Paris sont de 1814 et 1815, alors que cette ville n'avait pour toute défense que le mur d'octroi, aujourd'hui démoli. Au delà il faudrait remonter à une époque très-reculée pour trouver une attaque dirigée sur la Capitale, et nous aurions de la peine à prouver que, depuis l'invention de l'artillerie, les chances d'attaque sur Paris soient, en moyenne, d'une par siècle. Il est vrai de dire que les nombreuses lignes de chemin de fer ont modifié profondément l'ancien système de guerre, en procurant le rapide transport des troupes ennemies, nécessaires à l'invasion d'un grand empire comme la France et du matériel indispensable au siége d'une grande place comme Paris. Mais ces mêmes lignes ferrées ont pareillement facilité le mouvement accéléré vers la frontière des troupes nationales et du matériel, destinés à combattre l'invasion dès son principe. Il faudrait donc supposer qu'après une ou plusieurs batailles perdues sur la frontière, l'armée française s'étant repliée sur la Capitale, en serait réduite à y soutenir un siége en règle contre une armée victorieuse assez considérable pour investir une place de 34 kilomètres de circuit. Les chances d'attaque véritablement sérieuses sont donc dans une très-faible proportion, et nous ne croyons pas pouvoir les évaluer à plus de 1 pour 100 par année.

Toutefois, comme la peur grossit les objets, surtout chez ceux qui raisonnent mal ; comme nous nous souvenons d'ailleurs de toutes les craintes chimériques qui furent manifestées en 1841, lorsque les fortifications reçurent un commencement d'exécution, et qu'il faut souvent peu de chose pour déprécier une propriété, nous supposerons que les chances d'attaque sont entre 1 et 2 pour 100 par année pour les seuls points que les projectiles peuvent atteindre, et nous allons essayer de préciser les diverses espèces de dommages que les propriétés peuvent éprouver.

1ʳᵉ ESPÈCE. — *Dommages causés par les projectiles de guerre.*

Quelle est la portée de ces projectiles ? — Depuis 1841, le système des armes de guerre s'est singulièrement modifié et perfectionné, si l'on peut considérer comme un perfectionnement la découverte de moyens nouveaux pour multiplier à l'infini le nombre des morts et des blessés. Les noms de Lefaucheux, Minié, Paixhans, Armstrong, Warendorff, Cavelli et autres sont devenus célèbres ; les armes rayées, les projectiles coniques, cylindriques, octogones, les fusées à la congrève, les feux sous-marins, etc., ont considérablement éloigné le but qu'on peut atteindre. Mais il ne faut pas oublier que les troupes chargées de la défense, ont les mêmes armes que celles chargées de l'attaque, ce qui rétablit à peu de chose près l'ancienne proportion.

En résumé, nous croyons devoir évaluer le résultat de tous ces calculs comme il va suivre :

PREMIÈRE CATÉGORIE. — Tout terrain *éloigné de l'enceinte continue* de 1,500 mètres au moins, et *des forts détachés* de 2.500 mètres au moins, sera considéré ici comme *hors de portée* des projectiles de guerre et sans danger de cette nature. C'est *l'état normal,* ou . . . . PRIX DE BASE.

DEUXIÈME CATÉGORIE. — Tout terrain éloigné de l'*enceinte continue de moins de* 1,500 *mètres*, et des *forts détachés de moins de* 2,500 *mètres*, sera considéré comme *exposé* à l'action des projectiles de guerre proportionnellement aux distances. — Le *risque* sera calculé :

Pour la *distance à l'enceinte continue*, à raison de $\frac{1}{15}$ p. 100 par 100 mètres ;

Pour la *distance aux forts détachés*, à raison de $\frac{1}{25}$ p. 100 par 100 mètres, en négligeant les fractions inférieures à 100ᵐ, ce qui donnera la table suivante, n° 6.

TABLEAU N° 6.

Moins-value applicable aux dommages pouvant résulter des projectiles de guerre.

DISTANCE EN MÈTRES		MOINS-VALUE ⁰/₀ RELATIVE		TOTAUX
à l'enceinte continue.	aux forts détachés.	à l'enceinte continue.	aux forts détachés.	p. 100.
De 1,500 à 1,401	De 2,500 à 2,401	0,066	0,04	0,106
De 1,400	à 2,400	0,133	0,08	0,213
1,300	2,300	0,199	0,12	0,319
1,200	2,200	0,266	0,16	0,426
1,100	2,100	0,333	0,20	0,533
1,000	2,000	0,399	0,24	0,639
900	1,900	0,466	0,28	0,746
800	1,800	0,533	0,32	0,853
700	1,700	0,599	0,36	0,959
600	1,600	0,666	0,40	1,066
500	1,500	0,733	0,44	1,173
400	1,400	0,799	0,48	1,279
300	1,300	0,866	0,52	1,386
200	1,200	0,933	0,56	1,493
De 100 à 1	De 1,100 à 1,001	1,000	0,60	1,600

2ᵉ Espèce. — *Dommages causés par les explosions et les incendies.*

Les Compagnies d'assurances contre l'incendie ne garantissent pas le dommage provenant de *faits de guerre*, et il serait illusoire de compter sur une indemnité accordée par l'ennemi, qui attaque, ou par le Gouvernement, qui se défend. Il faut donc la faire entrer dans le prix d'achat du terrain ; mais toute la difficulté consiste à évaluer les chances du sinistre.

Le terrain ne court en lui-même aucun risque, car il restera toujours à son propriétaire ; mais les *constructions* qu'on y élèvera seront exposées à *l'incendie*, à proportion de leur distance des *poudreries, magasins d'artifices*, magasins de fourrages, etc.; enfin, le *mobilier* qui garnira ces habitations sera soumis aux mêmes risques.

Supposons que la *construction* soit d'une valeur moyenne égale à deux fois le prix du terrain dont elle n'occupera qu'une partie, dans les zones où ce genre de sinistre pourra se produire, c'est-à-dire vers les fortifications, où le terrain est moins rare, et que le *mobilier* ne vaille que la huitième partie de l'estimation de l'immeuble ou le quart du terrain ; nous aurons alors deux fois et un quart le prix du terrain, pour la valeur totale des constructions et du mobilier qui les garnit, le tout par approximation et en termes moyens ; et comme tout ne sera pas ordinairement détruit par le feu, nous évaluerons le dommage à une fois la valeur du prix du terrain, quand le dommage aura lieu.

Maintenant, comment calculer les chances d'éprouver ce dommage, autrement que par les distances, et comment calculer ces distances elles-mêmes ? Les établissements militaires, dont le voisinage est dangereux, ne resteront pas toujours, surtout en temps de guerre, à la même place ; les besoins du service occasionneront de fréquentes évacuations, toujours suivies de nouvelles installations, qu'on ne pourrait jamais prévoir ni préciser d'avance. Il faut donc encore avoir recours à la distance des lignes de défense de l'enceinte continue, et appliquer la proportion des 1ʳᵉ et 3ᵉ colonnes du tableau n° 6. C'est pourquoi nous estimerons le dommage que peut causer, tant à l'*immeuble* qu'au *mobilier* qui le garnira, l'*incendie des pou-drᴇries, magasins d'artifice, de fourrages*, etc., en appliquant une *moins-value* égale à 1/1500 par mètre de distance, depuis 1,500 mètres d'*éloignement de l'enceinte continue*, où il y aura une...................... ᴍᴏɪɴs-ᴠᴀʟᴜᴇ de 0,066 p. 100. jusqu'à 1 mètre *de distance*, où elle sera de... 1,000 p. 100.

3ᵉ Esᴘᴇᴄᴇ. — *Dommages causés par les autres faits de guerre.*

La guerre, à côté des lauriers de la gloire réservée aux seuls combattants, ne laisse jamais aux populations que les palmes du martyre, c'est-à-dire les pertes et la ruine, conséquences inévitables des opérations militaires. Malgré la prévoyance et la bonne organisation des services administratifs de notre armée, il est au-dessus de ses forces de pourvoir à tous les besoins du soldat en campagne ou sur le pied de rassemblement; à plus forte raison la troupe ennemie manque-t-elle presque toujours du nécessaire, et c'est l'habitant qui a été créé et mis au monde pour lui fournir même le superflu ; mais qui, le plus souvent, abandonne la maison pour mettre sa personne à l'abri des mauvais traitements.

Nous ne parlerons pas des *logements militaires*, qui ne sont ordinairement qu'une faible charge, exempte de graves désordres ; mais viendront bientôt les *réquisitions* de toute nature. La menuiserie et la charpente de vos bâtiments serviront à construire des baraques ou à faire cuire la soupe du soldat; ne comptez pas conserver chez vous des canards, des pigeons, des chèvres, des vaches, etc.; pour prendre vos poules, on emploiera l'ingénieux procédé que Charlet avait décrit dans une spirituelle caricature intitulée : *Petits, petits!* où l'on voit un soldat offrir galamment du grain devant le guichet du poulailler, tandis qu'un autre, collé contre la muraille, tient en main le briquet gallinicide. Ou bien encore la ronde de l'officier de semaine n'empêchera pas qu'on ne s'empare de votre porc ; un bonnet de police et une capote d'uniforme dissimuleront les traits de la victime ; vos chevaux seront requis pour les transports; vos bâtiments seront crénelés pour y loger des tirailleurs, ou rasés pour empêcher l'ennemi de s'y loger, après que vos bouteilles de vin auront été enlevées et que vos futailles auront été mises en perce avec une balle tirée à bout portant. Votre provision de chandelles servira de déjeuner aux Kalmoucks, qui en sont très-friands et qui les mangent à la *croque-au-sel* en guise de radis, et qu'on nous dise encore :

C'est du nord aujourd'hui que nous vient la lumière !

Avez-vous un billard ? le drap en sera proprement coupé pour réparer les pantalons d'uniforme, qui s'usent vite en campagne. Quant à la table, elle sera très-commode pour faire les distributions de viande, ou bien encore les distributions de coups de schlague, à titre d'exécution disciplinaire ; c'est là que le caporal autrichien se distingue : armé de la canne de coudrier, il fait majestueusement le salut de la schlague et en administre en cadence vingt-cinq ou cinquante coups au patient étendu sur la table et qui récite ses prières.

Si vous êtes un peu plus éloignés du camp ou du champ de bataille, et s'il reste encore quelque chose debout de votre maison, on y placera les ambulances et les blessés, ou bien encore les paysans qui, à l'approche de l'ennemi, viendront se réfugier dans la ville, emmenant leurs bestiaux avec quelques effets conservés de leur mobilier, et demanderont un abri et du pain. Le tableau d'un de nos grands maîtres, reproduit par la gravure et représentant la barrière de Clichy le 30 mars 1814, ne donne qu'une faible idée des conséquences de la guerre d'invasion.

Ces malheurs sont très-rares, mais comme ils frappent principalement les propriétés voisines des remparts, dans une grande place comme Paris, nous devons faire supporter au prix de vente du terrain tous les dommages que sa situation

peut entraîner. — Nous prendrons encore pour base proportionnelle celle des 1re et 3e colonnes du tableau n° 6, en fixant
la *moins-value*, relative aux *faits de guerre*, de 1 à 15 p. 100,
proportionnellement à l'*éloignement de l'enceinte continue*, de
100 mètres en 100 mètres, depuis 1,500 mètres, où il y aura
une........................... MOINS-VALUE de 1 p. 100
jusqu'à 1 mètre, où elle sera de................. 15 p. 100.

En terminant cette subdivision, nous dirons que nos chiffres
sont des *limites moyennes*, qui n'excluent ni une augmentation
d'*avantages*, ni une aggravation d'*inconvénients*, suivant la
proximité de l'établissement voisin, le *degré d'utilité* ou de
danger qu'il offre ; chaque cas particulier exigeant une appréciation toute spéciale des faits et de la situation.

3e SUBDIVISION. — L'Exposition.

Si l'on veut apprécier les avantages et les inconvénients que
présente l'exposition d'un terrain, il ne suffit pas d'étudier sur
place son état actuel et apparent, il faut encore s'enquérir des
servitudes actives qui peuvent lui profiter, et de celles *passives*,
dont il pourrait être grevé, et qui viendraient un jour modifier
sa position actuelle ; pour y parvenir, une étude attentive des
titres de propriété est indispensable. Déjà nous avons parlé de
la servitude de passage (1re subdivision, 2e classe, 2e genre), il
sera question ici de l'interdiction de construire au delà d'une
certaine hauteur et à une distance moindre que celle déterminée
par les titres.

« Le soleil luit pour tout le monde, » proverbe qui, vrai en
théorie, n'est pas toujours applicable, surtout à Paris. Combien
d'habitations de la Capitale seront perpétuellement privées de
sa chaleur bienfaisante et économique, de sa lumière, sans laquelle les êtres animés ne traînent qu'une vie incomplète,
comme celle des plantes étiolées qui croissent à l'ombre.

Supposez un lot de terrain au milieu d'une plaine, il aura

toutes les expositions et jouira librement du jour, de la vue, de l'air, du soleil. Mais admettez qu'un centre de population vienne s'y établir, et aussitôt vous aurez des murs de clôture, des pignons et de hautes toitures qui, semblables à des *écrans*, viendront intercepter les rayons du soleil, le jour, la vue, l'air et la gaieté du site; alors il y aura un puissant intérêt à posséder une façade sur la rue et à se trouver placé du côté de cette voie qui permet de jouir du soleil au midi ou tout au moins au levant ou au couchant ; c'est ordinairement celui des deux côtés qui obtient une préférence très-marquée sur l'autre.

En nous appuyant sur ces principes, nous allons apprécier les plus-values et les moins-values de l'exposition, sans préjudice des résultats déjà mentionnés (1re subdivision) sur la largeur des voies publiques.

1re CLASSE. — Façades sur la rue.

1er GENRE. — Exposition du midi.

Elle est saine, gaie, économique, permet de se livrer aux travaux qui exigent beaucoup de clarté, de n'allumer les lampes que plus tard, et de consommer moins de combustible en obtenant plus de chaleur. Ce n'est pas là une simple *économie de bouts de chandelle*, la santé, la vie, qu'un souffle peut aussi éteindre, sont souvent en jeu dans l'exposition. C'est une cause de........................ PLUS-VALUE de 1 à 10 p. 100.

2e GENRE. — Expositions de l'est ou de l'ouest.

Elles jouissent moins longtemps que celle du midi et plus longtemps que celle du nord, de la lumière et de la chaleur du soleil, et peuvent être considérées comme occupant une position moyenne et intermédiaire, sans plus-value ni moins-value....
.... PRIX DE BASE.

3e GENRE. — Exposition du nord.

Elle convient aux *peintres*, parce que, à cette exposition, leurs modèles n'offrent que bien moins le phénomène de la variation des ombres portées, conforme à la marche du soleil. Elle convient aussi à MM. les marchands de drap, qui craignent l'éclat de la lumière, et aux beautés en retraite, qui empruntent à la poudre de riz la pâleur sentimentale de leur teint. Mais les artistes peintres, les marchands de draps et les coquettes maquillées ne sont qu'une minorité, et lorsqu'ils ont quitté les uns leurs pinceaux, les autres leur elbeuf et ces dames leur teint pâle, ils préfèrent, comme de simples mortels, l'aspect réjouissant du soleil. L'exposition du nord occasionnera une

.... Moins-value de 1 à 10 p. 100.

4ᵉ GENRE. — Exposition masquée par un écran.

Quelle que soit son exposition, quant aux points cardinaux et collatéraux, si la façade du bâtiment à construire sur la rue doit être privée à tout jamais des rayons du soleil, parce que des édifices très-élevés et d'une nature durable, placés soit de l'autre côté de la rue, soit du même côté, mais en saillie et en dehors de l'alignement légal, forment une espèce d'*écran* et interceptent le jour, l'air et la chaleur du soleil, de façon que même les peintres trouvent à s'en plaindre, à cause des reflets et des faux jours que ces écrans occasionnent, ce serait là une cause supplémentaire de....... Moins-value de 5 à 10 p. 100.

2ᵉ CLASSE. — Façades sur les cours et jardins.

PREMIER GENRE. — Lorsque les terrains ont beaucoup de profondeur, le bâtiment construit en façade sur la rue peut avoir, sur les cours et jardins, une *seconde façade*, dont l'exposition est naturellement en sens inverse de la première; et s'il existe une *grande largeur* au terrain, ce sont alors des *bâtiments en aile* que l'on peut construire et qui ont des *façades intérieures* diversement exposées. Dans cette hypothèse, le propriétaire a pleine liberté d'action, et son terrain, dans des *con-*

ditions normales, ne donne lieu, *sous ce rapport,* qu'à l'application du .... PRIX DE BASE.

DEUXIÈME GENRE. — Mais si, par suite de la disposition du terrain et de *son peu d'étendue,* et aussi par la nature et *l'élévation des édifices qui l'avoisinent, les façades intérieures* sur les cours et jardins des bâtiments à construire, doivent forcément être privées des rayons du soleil, du jour et de l'air, ce sera là une cause supplémentaire de MOINS-VALUE de 5 à 10 p. 100.

3ᵉ CLASSE. — Servitude altius non tollendi et servitude de distance.

1ᵉʳ GENRE. — Servitude active ou interdiction aux voisins de bâtir au-dessus d'une certaine hauteur, ou à moins d'une certaine distance, sans réciprocité.

PREMIÈRE ESPÈCE. — Lorsque le terrain à acquérir *jouit d'un droit de servitude* établi *à son profit,* et par suite duquel il est *interdit* aux voisins ou de *construire d'une manière absolue,* ou d'élever leurs bâtiments *au-dessus d'une certaine hauteur,* ou à moins d'une *certaine distance,* déterminées par les titres de propriété, c'est là un avantage exceptionnel qui assure la jouissance du soleil, du jour, de l'air ou de la vue, *sans réciprocité,* et l'on peut l'estimer, suivant l'étendue de l'interdiction, à une................. PLUS-VALUE de 10 à 20 p. 100.

DEUXIÈME ESPÈCE. — Si, au lieu d'une *servitude active,* régulièrement constatée par les titres de propriété, il n'y avait qu'une simple disposition des bâtiments, cours et jardins voisins, mais avec toute l'apparence de la durée, de la stabilité et de la permanence, qui rendît des plus improbables, pendant très-longtemps, toute construction chez les voisins, il y aurait encore une..................... PLUS-VALUE de 1 à 5 p. 100.

2ᵉ GENRE. — Servitude active et passive, ou interdiction réciproque de bâtir au-dessus d'une certaine hauteur, ou à moins d'une certaine distance.

PREMIÈRE ESPÈCE. — Quoique la *servitude passive* impose

une gêne, néanmoins, en raison de l'avantage que la *réciprocité* peut procurer, et si les circonstances du quartier, ainsi que l'étendue du terrain à acquérir permettent d'en profiter, nous considérerons cette situation comme un *terme moyen normal*, et nous appliquerons le.................. Prix de base.

Deuxième espèce. — Mais s'il s'agissait d'un *quartier essentiellement commerçant et industriel*, où le prix élevé du terrain obligerait l'acquéreur à construire, pour obtenir un revenu en rapport avec le prix d'achat, alors la *réciprocité* ne compenserait pas le préjudice que l'interdiction de construire, totale ou partielle, pourrait imposer à l'acquéreur, et malgré *l'avantage* de la réciprocité, il en résulterait pour lui un *désavantage plus grand*, donnant lieu, si *l'interdiction* n'était que *partielle*, à une...................... Moins-value de 5 à 10 p. 100.

Troisième espèce. — Si *l'interdiction* de bâtir était *complète et absolue*, dans l'hypothèse précédente, il y aurait...... .... Moins-value de 10 à 20 p. 100.

3ᵉ GENRE.— Servitude passive ou interdiction de bâtir au-dessus d'une certaine hauteur, ou à moins d'une certaine hauteur, sans réciprocité.

Première espèce. — Si c'est le terrain à acquérir, qui se trouve grevé de la servitude de *ne pouvoir construire d'une manière absolue, sans réciprocité*, c'est là un grave préjudice, surtout dans les quartiers commerçants et industriels, qui peut porter la................ Moins-value de 30 à 50 p. 100.

Deuxième espèce. — Si *l'interdiction* ne porte que sur la *hauteur des bâtiments* et sur leur *distance* des propriétés voisines, ou seulement sur une seule de ces deux conditions, toujours *sans réciprocité*, suivant l'importance de l'interdiction et la nature du quartier, il pourra en résulter une réduction de la......................... Moins-value de 20 à 30 p. 100.

4e CLASSE. — Circonstances météorologiques et climatologiques, et inondations.

Depuis des siècles les astronomes observent l'état du ciel et de l'atmosphère ; ils cherchent à mesurer l'intensité des *vents*, des *tempêtes*, des *orages*, de la *foudre*, de la *grêle*, des *gelées*, des *pluies*, des *inondations*, et à formuler les lois sous lesquelles se produisent ces divers phénomènes. De leur côté, les compagnies d'assurances essayent de tarifer les sinistres et les primes nécessaires pour indemniser les victimes de ces fléaux, conditions inévitables de l'existence humaine. — Dans ces diverses études, on a observé que certaines localités sont, plus que d'autres, exposées à l'action de ces phénomènes célestes ou de l'un d'eux ; ainsi, pour les *vents* et les *tempêtes*, ce sont principalement les expositions de l'ouest ; pour les *orages*, la *foudre* et la *grêle*, ce sont les points culminants qui les attirent ; les *pluies* causent plus de dommages dans les quartiers en pente et dans les quartiers bas, voisins de ceux en pente, où parfois il en résulte l'inondation des caves et des rez-de-chaussées ; les gelées se font plus sentir vers les quartiers élevés et sans abri, et, dans les voies publiques fort en pente, les *neiges* et le *verglas* deviennent très-incommodes ; quant aux *inondations*, dont nous allons parler avec quelques détails, la hauteur relative des terrains et du fleuve peut les faire prévoir d'une manière presque certaine, et il n'est pas nécessaire d'expliquer combien elles sont nuisibles aux communications, qu'elles interceptent, à la santé, qu'elles altèrent, et aux édifices, qu'elles dégradent et peuvent même renverser.

On comprend qu'il nous serait impossible de préciser davantage les localités plus ou moins exposées à ces phénomènes atmosphériques ; on n'en peut obtenir la connaissance que par une étude attentive et toute spéciale du terrain à acquérir, et par une espèce d'enquête faite auprès des voisins et des anciens habitants. Nous ne pouvons tarifer rigoureusement les incon-

vénients qui en résultent, et sauf les observations spéciales ci-
après développées, nous devons nous renfermer dans les géné-
ralités suivantes :

1er GENRE. — Circonstances climatologiques.

PREMIÈRE ESPÈCE. — Si le terrain à acquérir se trouve no-
toirement placé dans des *conditions atmosphériques bien pré-
férables* à celles qu'on rencontre généralement, ce sera une
cause de...................... PLUS-VALUE de 1 à 5 p. 100.

DEUXIÈME ESPÈCE. — S'il se trouve dans des *conditions
moyennes et ordinaires*, ce sera l'*état normal* et le PRIX DE BASE.

TROISIÈME ESPÈCE. — Si l'on y ressent plus qu'ailleurs l'inconvénient des *vents*, des *pluies* ou du *verglas;* si la force de
la *gelée* intercepte l'arrivée des *eaux fraîches et du gaz*, et empêche l'écoulement des *eaux ménagères*, il en résultera un
désavantage donnant lieu à une.. MOINS-VALUE de 1 à 5 p. 100.

2e GENRE. — Inondations.

PREMIÈRE ESPÈCE. — Si le terrain à acquérir et les rues qui
l'environnent sont *inondées* nécessairement, lorsque le fleuve
vient à déborder, il y aura...... MOINS-VALUE de 5 à 10 p. 100.

DEUXIÈME ESPÈCE. — La question des *inondations*, qui
nous paraît mériter quelques développements, a été traitée par
M. Maurice Champion, dans un ouvrage dont *le Moniteur universel* du 17 janvier 1861 a rendu compte. Une des plus importantes eut lieu en 1802 (an X), et fut l'objet d'un rapport de
M. Brolle, ingénieur hydraulique du département de la Seine,
présenté au Préfet de Police et indiquant par des teintes différentes, sur un plan de Verniquet, les parties qui furent cou-
vertes par les eaux de la Seine et celles où ces eaux, hautes de
7m88 à l'échelle du pont Royal, pénétrèrent dans les caves. —
C'était une belle occasion pour certains spéculateurs d'opérer

économiquement le *coupage* de leurs vins sur une vaste échelle. Il faut croire qu'ils en ont profité.

Le Constitutionnel des 5 et 9 janvier 1861, et le journal *le Droit*, contiennent des détails sur l'inondation de 1861, qui s'étendit, en *amont* : à Bercy, pays antipathique à l'usage de l'eau, aux abords du chemin de fer d'Orléans ; et en *aval* : à la rue de l'Université, au Gros-Caillou, à l'avenue de Matignon et à Auteuil, lorsque les eaux marquaient 6ᵐ50 à l'échelle du pont Royal.

L'*inondation des caves* peut donner lieu à des réclamations soit de propriétaire à propriétaire voisin, soit de locataire à propriétaire, soit de propriétaires et locataires contre l'administration. Nous allons parcourir rapidement ces diverses catégories.

1ʳᵉ CATÉGORIE. — Contestations entre propriétaires voisins.

Lorsque les eaux du fleuve se sont retirées, elles restent encore dans les *caves* où elles ont pénétré. Si le propriétaire les fait *pomper*, sans que les voisins prennent le même soin, il arrive ordinairement que ce travail est à recommencer, parce que les eaux de la cave voisine viennent prendre la place de celles extraites à grands frais, l'eau tendant toujours à se niveler. Une pareille cave ne peut convenir qu'au seul tonneau des Danaïdes. Le même inconvénient se produit lorsque les caves sont inondées par l'effet du débordement d'un puits, situé en cave, ou des fuites d'un égout, d'une conduite rompue, d'une source naturelle ou de toute autre cause analogue.

Dans ces circonstances, un propriétaire dont les caves sont inondées et qui veut faire pomper l'eau, peut-il contraindre ses voisins à exécuter chez eux le même travail ?

Pour résoudre cette question, il faut d'abord examiner si cette opération est inutile aux voisins, ou bien si elle leur est utile et même nécessaire.

Dans la première hypothèse, si les voisins ou l'un d'eux,

avaient fait établir des fondations et des caves d'une solidité exceptionnelle et que l'action de l'inondation ne pût jamais, en raison de ces précautions extraordinaires, nuire à la solidité de leurs bâtiments ou occasionner aucunes dégradations ; si, en outre, leurs habitations étaient actuellement vacantes et devaient l'être encore pendant toute la mauvaise saison et jusqu'à l'époque où le retrait des eaux s'opère naturellement ; dans ces hypothèses réunies, on pourrait dire que le pompage n'est d'aucune utilité à ces voisins ; qu'ils ont pris toutes les précautions convenables pour se mettre à l'abri d'un fléau périodique, dû à une cause naturelle et de force majeure ; qu'ils n'ont aucune faute à se reprocher, et qu'au contraire, les voisins, qui ne les ont pas imités, en ont commis une ; qu'ainsi ils ne doivent, à aucun titre, contribuer à une dépense qui ne leur procurera pas d'avantage.

Mais, dans la seconde hypothèse, si ces mêmes voisins ont des bâtiments construits suivant les conditions ordinaires, sans précautions exceptionnelles, et que l'action et le séjour des eaux doivent nécessairement nuire à leurs édifices ; si, en même temps, leurs caves dépendent de logements actuellement occupés et que les locataires éprouvent un sérieux préjudice du séjour de l'eau, ces circonstances réunies rendront le pompage, non-seulement utile, mais même nécessaire à ces propriétaires d'immeubles, et il serait souverainement injuste qu'ils profitassent gratuitement d'un travail exécuté, à grands frais, par un voisin qui, à cause de leur inertie ou de leur avarice, verrait sa quote-part doublée, triplée, quadruplée, etc.; l'équité voudrait qu'ils y contribuassent. Mais pour les y forcer, il faudrait commencer par les mettre en demeure, au moyen d'un acte extra-judiciaire, indiquant le jour où le propriétaire requérant ferait commencer chez lui le pompage ; constater, par procès-verbal d'huissier ou par le rapport d'un expert nommé en référé, que l'eau des caves des adversaires pénètre dans celle du requérant, lorsque le pompage commence à les vider et se conformer du reste à la marche que l'avoué du demandeur lui indiquerait comme la meilleure.

Un locataire peut-il exiger que le propriétaire fasse pomper l'eau des caves?

Peut-il demander au propriétaire des dommages-intérêts pour le préjudice que l'inondation lui a causé, par la non jouissance ou par des avaries survenues aux marchandises renfermées dans les caves?

Peut-il demander la résiliation du bail ?

Au premier abord, il semblerait que ces trois questions doivent toujours être résolues affirmativement; mais la réflexion fait bientôt voir que leur solution est subordonnée à des distinctions trop nombreuses pour que les limites restreintes de cet ouvrage nous permettent de les traiter avec tous les développements qu'elles exigeraient. Nous nous bornons à indiquer les principaux motifs sur lesquels doit s'appuyer la décision :

1° D'abord la question de bonne foi ;

2° Ensuite quelles promesses ont été faites, par écrit ou verbalement ;

3° Si c'est le propriétaire qui a fait construire, ou s'il a acheté le bâtiment tout construit ;

4° S'il y avait déjà eu de pareilles inondations avant la location ;

5° S'il y en avait eu avant que le propriétaire actuel achetât la maison ;

6° Si le propriétaire ou le constructeur a pris toutes les précautions possibles contre l'inondation, et si elle provient d'un fait exceptionnel et qu'on ne pouvait prévoir ;

7° Si le locataire savait ou devait savoir que les caves de ce quartier sont exposées à l'inondation :

8° Si la gêne qu'il en ressent est assez grave pour rendre sa jouissance impossible, ou s'il n'en éprouve pas un sérieux préjudice ;

9° Si les marchandises avariées devaient, d'après la destination des lieux et la profession du locataire, être placées dans les caves, ou si, au contraire, le propriétaire n'avait pas destiné les caves à cet usage ;

10° Enfin, quel recours le propriétaire pourrait avoir à exercer.

Les conseils des parties auraient à apprécier toutes ces questions de fait, qui exerceraient une sérieuse influence sur la solution de la difficulté.

3ᵉ CATÉGORIE. — Action de l'administration contre les propriétaires, ou des propriétaires et locataires contre l'administration.

L'administration, sur le rapport de la *Commission d'hygiène et de salubrité,* ou de la *Commission des logements insalubres,* pourrait-elle contraindre les propriétaires à faire pomper l'eau de leurs caves ?

L'administration a déjà exigé cet épuisement dans plusieurs circonstances qui nous ont été signalées ; mais des réclamations ont été faites, et il y a lieu d'apprécier dans quelles conditions se trouvent les maisons dont il s'agit.

En sens inverse, beaucoup de propriétaires ont réclamé des indemnités de l'administration, en raison d'infiltrations provenant de fuites des conduites d'eau, des égouts et du canal Saint-Martin. Un arrêté du Conseil de Préfecture du département de la Seine, du 25 janvier 1861, reproduit dans la *Gazette Municipale* du 10 mars suivant, a alloué des indemnités montant à 61,172 fr. à 39 réclamants sur 66 qui avaient présenté des demandes contre l'administration du canal Saint-Martin, à l'occasion des inondations survenues, en 1856, dans les caves des faubourgs Montmartre et Poissonnière.

Les experts avaient évalué l'indemnité à payer à 60 des demandeurs à 216,645 francs, soit pour réparation de dommages matériels et de dépenses effectuées, soit pour privation de jouissance, soit pour dépréciation d'immeubles ou avaries de toute nature ; mais le Conseil de Préfecture a considérablement réduit leurs appréciations.

Nous parlerons encore des inondations, à l'occasion de la *nature du sol* et de son *nivellement* (2ᵉ section, 3ᵉ et 4ᵉ subdivision).

Quant à présent, l'exposé qui précède nous semble faire comprendre le désavantage qu'entraîne, pour un terrain, les chances d'*inondation des caves* qu'on y construira, et tous les ennuis qui peuvent en résulter. Nous ne croyons pas exagérer en le traduisant par une........... MOINS-VALUE de 10 à 15 p. 100.

Pour terminer cet article, nous émettons le vœu que l'administration, s'écartant, par exception, de sa limite uniforme et inflexible, qui rappelle un peu trop les *Fourches Caudines* et le *lit de Procuste*, apprécie les localités où se produisent les inondations, et que là, suppléant la hauteur nécessaire des caves et des voûtes au-dessus du niveau ordinaire et reconnu des hautes eaux, elle accorde un supplément de limites pour l'élévation des bâtiments en façade, de manière à permettre aux propriétaires de remblayer le sol de leurs caves et de construire des rez-de-chaussée surélevés, afin d'être à l'abri de l'inondation, sans perdre l'avantage d'élever un édifice à la même hauteur (au-dessus du niveau des eaux), que ceux qui ne sont pas exposés, comme dans les bas-fonds, à l'inondation pendant les grosses eaux. Peut-être même ce que nous indiquons, à titre de concession gracieuse, pourrait-il être exigé, dans l'intérêt de la salubrité publique.

En présence des nombreuses prescriptions ou interdictions prononcées par l'administration dans des circonstances bien moins graves, ne pourrait-on pas aussi interdire la construction de certaines maisons d'habitation qui, nécessairement environnées et parfois recouvertes par les grosses eaux, doivent devenir un jour le tombeau de leurs habitants?

Ceci est un peu plus sérieux que la pente d'un caniveau ou 'odeur de fosse d'aisance flairée par l'administration avec un empressement qui mérite des éloges bien sentis.

2ᵉ SECTION. — Conditions intrinsèques.

Il est assez difficile de tracer une ligne de démarcation très-exacte entre les conditions placées en dehors d'un terrain et qui néanmoins réagissent sur lui, conditions que nous avons nommées *extrinsèques*, et celles intérieures, considérées comme entièrement séparées de ce qui se passe au dehors, et que nous appellerons *intrinsèques*, car plusieurs éléments d'une nature *mixte* et qui participent des unes et des autres, auraient peut-être exigé une *section intermédiaire*. Mais nous avons craint de trop compliquer nos titres, notre but n'étant pas d'obtenir une classification rigoureuse; il nous suffit de grouper les diverses qualités, que nous examinons, dans un ordre logique, qui puisse aider la mémoire, faciliter les recherches et simplifier l'étude de faits nombreux et tous indépendants les uns des autres.

Cette seconde section sera consacrée à l'examen de la *conformation* du terrain, de son *alignement*, de son *nivellement*, de la *nature du sol*, des *clôtures*, des *servitudes* actives ou passives qui peuvent lui profiter ou le grever, outre celles dont nous avons déjà parlé à la première section, et des *constructions* qui peuvent exister.

1ʳᵉ SUBDIVISION. — La Conformation.

La forme, dans les arts, a souvent été l'objet de savantes discussions : depuis la beauté idéale, dont l'Apollon du Belvédère et la Vénus de Médicis offrent le type si précieux, jusqu'aux figures exposées par M. Courbet, il y a tout l'intervalle qui sépare la pensée céleste de la vulgaire réalité ; et pourtant les figures de M. Courbet deviennent à leur tour un type de perfection, quand on les compare à cette classe fort respectable et souvent très-spirituelle dont **M.** Mayeux est le modèle. Si nous avions le devoir d'apprécier ces trois genres de figures, nous donnerions aux premières une *plus-value*, aux secondes *le prix de base*, et aux troisièmes une *moins-value*. Nous suivrons la même marche pour les terrains ; ceux d'une belle forme jouiront d'une *plus-value*, ceux d'une forme vulgaire auront le *prix de base*, et ceux difformes éprouveront une *moins-value*.

Lorsque l'on veut élever un édifice sur un terrain, la conformation du sol et la configuration de sa surface ont une très-grande importance, surtout à Paris, où l'espace est rare et précieux. Les façades sur la rue sont, en général, préférées aux autres par plusieurs motifs. D'abord on y trouve une économie de terrain, puisqu'on peut prendre sur la rue des jours et des issues, chose défendue et souvent impossible en elle-même du côté des voisins, à moins de sacrifier une distance de 2 mètres et de n'avoir encore que des vues très-incomplètes et pas d'issues. Ensuite les baies ouvertes sur la rue ont un avantage sérieux pour le commerce et l'industrie, en permettant d'établir ces beaux magasins, aujourd'hui si nombreux dans Paris, et ces brillants étalages où les commerçants exposent leurs plus belles marchandises pour achalander leurs établissements et augmenter ainsi la vente et les profits.

D'autres fois ce sont des hôtels que l'on veut construire entre cour et jardin, en ménageant une belle entrée au milieu d'un bâtiment très-peu élevé en façade sur la rue, mais destiné aux communs. Dans cette supposition, la forme du terrain est encore plus importante, car il s'agit alors d'élever un édifice de luxe et non plus une simple maison de produit.

Nous allons parcourir les principales figures, régulières et irrégulières, que peut avoir le terrain qu'on se propose d'acquérir. Forme-t-il un *carré*, un *rectangle allongé*, un *trapèze*, un *triangle*, une *losange* ou tout autre *polygone* régulier ou irrégulier ?

1ʳᵉ **CLASSE**. — Carré.

1ᵉʳ **GENRE**. — **Carré régulier**.

Un carré régulier est ordinairement la forme la plus avantageuse pour la distribution des pièces destinées à l'habitation aussi bien qu'au commerce ; l'étendue de la façade est alors bien proportionnée avec la profondeur, et cette figure se prête au plus grand nombre de combinaisons. Mais il est rare de rencontrer un terrain parfaitement régulier, et, en raison de cette rareté, nous considérerons le *carré régulier* comme donnant lieu à une.................... PLUS-VALUE de 1 à 5 p. 100.

2ᵉ **GENRE**. — **Carré approximatif**.

Nous appellerons encore un carré, en abandonnant, pour cette fois, l'exactitude géométrique, une figure qui s'en *approchera* beaucoup. Par exemple, si l'un des *angles* d'un *quadrilatère*, au lieu d'avoir une ouverture exacte de 90°, comme tous les angles droits d'un carré, ne diffère de cette mesure que d'une quantité très-faible, comme de 1 à 5 degrés en plus ou en moins, ce qui produit une différence analogue sur les autres angles ; ou bien si l'un des côtés du quadrilatère est plus ou moins long que les autres côtés de 1 à 5 centièmes. Comme ces irrégularités sont dans une très-faible proportion, nous les négligeons, à titre de *tolérance*, quant aux conditions de régularité, et, sans attribuer à cette figure *quasi régulière* la plus-value que nous venons de formuler (1ᵉʳ genre) en faveur du *carré parfait*, nous la considérerons néanmoins comme rentrant dans les *conditions normales et moyennes*, et nous appliquerons le.................................... PRIX DE BASE.

2ᵉ **CLASSE**. — Rectangle allongé.

1ᵉʳ **GENRE**. — **Le plus long côté en façade sur la rue**.

Comme il est incontestable que plus la façade sur la rue a d'étendue, plus la configuration du terrain est avantageuse, sauf l'exagération expliquée ci-après (2ᵉ genre), il s'ensuit qu'un *rectangle allongé* sera parfois préférable à un *carré,* pourvu que le *côté le plus long borde la rue* avec une profondeur suffisante pour y construire une maison d'habitation. Si cette figure est exactement *régulière,* elle procurera un avantage proportionnel à la portion de sa façade, qui excédera le petit côté du rectangle, c'est-à-dire la profondeur. PLUS-VALUE de 5 à 20 p. 100

2ᵉ GENRE. — Bande de terrain en façade sur la rue.

Si le rectangle allongé et régulier ne formait qu'une bande de terrain en façade sur la rue *trop peu profonde* pour y construire une maison d'habitation, cette configuration disproportionnée deviendrait désavantageuse et donnerait lieu, dans la proportion de la différence entre le grand et le petit côté du rectangle, à une..................... MOINS-VALUE de 5 à 20 p. 100.

3ᵉ GENRE. — Terrain de face.

Si le *petit côté du rectangle allongé est en façade sur la rue,* la première condition à examiner est celle de savoir si cette façade a une *largeur* suffisante pour la construction d'une maison d'habitation. En cas d'affirmative, la partie en façade sur la rue n'éprouverait pas de dépréciation, et la moins-value ne porterait que sur les terrains *de fond.* On commencerait donc par décrire un *carré* dont le côté serait égal à la *façade* sur la rue, et ce carré, appelé *terrain de face,* serait évalué comme à la 1ʳᵉ classe ci-dessus, c'est-à-dire, s'il était *régulier,* comme au 1ᵉʳ genre, avec une *plus-value* de 1 à 5 p. 100.

Avec l'*irrégularité* de tolérance, comme au 2ᵉ genre, au *prix de base.*

Le surplus du rectangle allongé serait évalué, comme *terrain de fond,* ainsi que nous allons l'expliquer.

4ᵉ GENRE. — Terrain de fond.

Nous considérons comme *terrains de fond,* ceux qui sont plus éloignés de la voie publique que la longueur d'un côté du carré, décrit ci-dessus (3ᵉ genre), et appelé *terrain de face*. Il est facile de comprendre que les terrains deviennent moins avantageux en proportion de leur éloignement de la rue ; en effet, on ne peut alors y accéder qu'en consacrant une notable portion de terrain à l'établissement d'un *passage*, dont le propriétaire doit seul fournir le *sol* et supporter les frais de *viabilité*, tels que *pavage* ou *empierrement, clôture*, construction des *ruisseaux et égouts* pour l'écoulement des eaux, *éclairage, nettoyage, impôts*, etc.; tandis que le terrain en façade est déjà grevé, une première fois, de tous ceux des mêmes frais qui doivent rester à la charge du propriétaire et que pour ce terrain de face la Ville acquitte les autres. En outre, les bâtiments construits au fond sont moins recherchés que ceux élevés en façade ; on ne peut pas y placer de boutiques, ils sont souvent plus tristes, moins clairs et moins aérés, ou bien, pour qu'ils reçoivent le jour, l'air, le soleil, la vue, il faut sacrifier de grandes étendues de terrain à la construction de *cours*, qui ne se louent pas, coûtent beaucoup d'entretien, et à la plantation de *jardins*, dont le loyer n'est nullement en rapport avec le prix d'acquisition. Aussi reconnaît-on généralement que le terrain de *fond* vaut moins que le terrain de *face*. Mais quelle est la proportion de cette dépréciation ?

La première pensée serait d'appliquer la loi générale du *carré des distances ;* mais l'expérience prouve que cette proportion serait trop considérable, parce que l'on peut établir, dans un terrain de fond, les dépendances des bâtiments construits en façade, comme écuries, remises, greniers, selleries, magasins, ateliers, qui acquièrent de la valeur en raison de leur proximité des bâtiments de face. — Dans la construction d'un hôtel, cette configuration peut aussi être avantageuse, en permettant d'élever, entre cour et jardin, des bâtiments d'habitation sur des terrains dont le prix diminue en proportion de leur éloignement du terrain de face, consacré aux bâtiments des communs et à la cour d'honneur.

En raison de toutes ces considérations et d'autres qu'il serait trop long d'expliquer, les terrains de *fond* seront divisés en *carrés* de dimensions égales au *carré de face* ou en *portions* de carré de ces mêmes dimensions, suivant la profondeur du rectangle allongé. Chaque carré ou portion de carré au fond, supportera une *moins-value* qui augmentera proportionnellement à son éloignement de la voie publique. Comme les carrés les plus rapprochés de la voie publique supporteront la servitude de passage au profit des carrés plus éloignés, et que, d'un autre côté, pour accéder à ceux-ci, il y aura plus de chemin à faire que pour les précédents, on établira une compensation, et nous proposerons la formule suivante :

PREMIÈRE ESPÈCE. — Dans l'hypothèse où les *limites latérales* du terrain à acquérir seraient *perpendiculaires à la voie publique*, ou ne s'écarteraient de l'angle de 90° que d'une faible quotité ne dépassant pas 5° en *plus* ou en *moins, maximum* de la *tolérance* ci-dessus indiquée :

1ᵉʳ *Carré en façade*, comme au 3ᵉ genre ci-dessus.

2ᵉ *Carré*, ou portion de carré en *retraite* et *au fond*, contigu au carré de face............ MOINS-VALUE de 20 à 30 p. 100.

3ᵉ *Carré* ou portion de carré, *au fond*, contigu au 2ᵉ carré en retraite................ MOINS-VALUE de 30 à 40 p. 100.

4ᵉ *Carré* ou portion de carré, au *fond*, contigu au 3ᵉ carré de fond...................... MOINS-VALUE de 40 à 50 p. 100.

5ᵉ *Carré et suivants*, ou portions de carrés au *fond*, contigus au 4ᵉ carré................. MOINS-VALUE de 50 à 60 p. 100.

DEUXIÈME ESPÈCE. — Dans l'hypothèse où les *limites latérales* du terrain à acquérir seraient *obliques* relativement à la voie publique au delà de la tolérance de 5° mentionnée comme *maximum* à la première espèce, on commencerait par décrire un *triangle* en façade sur la rue, afin que le surplus du terrain formât un ou plusieurs carrés réguliers (sauf la tolérance indiquée plus haut), le *triangle de face* ne serait évalué que comme *terrain de fond*, à cause de la difficulté qu'on éprouve à y construire un bâtiment régulier, tandis que le surplus du quadrilatère serait subdivisé, comme à la 1ʳᵉ espèce, en un ou plusieurs carrés ou portions de carrés, évalués proportionnellement à leur éloignement de la voie publique, en considérant le premier de ces carrés comme terrain de face et le triangle comme dépendant du dernier carré du fond. On appliquerait alors la formule de la première espèce, avec une *augmentation* de *moins-value* pour compenser le *biais* de la façade. Cette manière de procéder rappelle celle adoptée par la Ville de Paris pour les alignements par voie administrative. Elle offre l'avantage de simplifier beaucoup le travail d'évaluation, en dispensant l'inscription de carrés réguliers dans une figure irrégulière et le calcul des aires des portions retranchées. Nous estimerons le supplément de.... ᴍᴏɪɴs-ᴠᴀʟᴜᴇ de 1 à 5 p. 100.

5ᵉ GENRE. — Façade insuffisante pour construire.

Dans le cas où le *petit côté* du *rectangle allongé*, qui se trouve en façade sur la rue, n'aurait qu'une largeur insuffisante pour y construire une maison d'habitation en façade, dans les conditions ordinaires, avec un passage pour pénétrer jusqu'aux terrains de fond, ce terrain de *face*, aussi bien que les terrains *de fond*, qui dépendent du même rectangle allongé, éprouveraient une nouvelle *moins-value* proportionnelle à l'exiguïté de la façade.

On peut calculer que les moindres maisons construites dans des conditions normales, exigent cinq croisées de face, c'est-à-dire une façade d'au moins 11 mètres, y compris les trumeaux, les écoinçons et la demi-épaisseur des murs mitoyens. Avec cette dimension, on peut établir une porte cochère, et la construction d'un escalier n'exige pas une dépense en disproportion avec le produit de l'immeuble. — Si la façade n'a que 10 mètres et au-dessous, il faut réduire le nombre des croisées à quatre ou même à trois, et remplacer la porte cochère par une allée, sous peine de n'avoir plus de boutiques ; alors la construction de l'escalier commence à devenir hors de proportion avec le produit de la maison.— Si vous n'avez que 6 mètres de façade, y compris la demi-épaisseur des murs mitoyens, vous pouvez difficilement avoir deux petites pièces en façade et, à rez-de-chaussée, une boutique et un passage d'allée très-étroit. Avec 4 mètres seulement, ce ne serait plus qu'un cabinet en façade avec une seule croisée, un passage d'allée étroit, et une échoppe au lieu de boutique ; cette petite construction exigerait néanmoins un escalier comme pour une plus grande et deux mitoyennetés de murs, dont la dépense serait disproportionnée avec le produit du bâtiment.— Au-dessous de 4 mètres, ce ne serait, à vrai dire, qu'un passage presque sans valeur, et l'on n'en tirerait un parti avantageux qu'en le réunissant à l'une des propriétés voisines, hypothèse fort incertaine.

En raison de ces diverses considérations, nous formulerons de la manière suivante le désavantage d'une façade trop étroite, proportionnellement à la diminution de sa largeur :

De 10 mètres et au-dessus, conditions normales. prix de base.

De 9 à 10 mètres............	moins-value	de 1 à 5 p. 100.
De 8 à 9 —	—	6 à 10 p. 100.
De 7 à 8 —	—	11 à 15 p. 100.
De 6 à 7 —	—	16 à 20 p. 100.
De 5 à 6 —	—	21 à 25 p. 100.
De 4 à 5 —	—	26 à 30 p. 100.
De 3 à 4 —	—	31 à 40 p. 100.
De 2 à 3 —	—	41 à 50 p. 100.
De 1 à 2 —	—	51 à 60 p. 100.
De 1 mètre et au-dessous	—	61 à 70 p. 100.

Comme le désavantage du terrain *de face* est au moins aussi grand pour le terrain *de fond*, les *moins-values* que nous venons de formuler, frapperont les uns et les autres, et viendront s'ajouter à celles déjà mentionnées au 4ᵉ genre ci-dessus, c'est-à-dire qu'*après avoir retranché* les moins-values chiffrées au 4ᵉ genre, on calculera sur *le reste*, celles évaluées au 5ᵉ genre, et on les soustraira de nouveau de ce *reste;* si l'on opérait en *additionnant* les moins-values et en retranchant leur *total du prix de base*, on pourrait arriver à un résultat absurde ; en effet, si l'on ajoutait 60 p. **100,** *maximum* du 4ᵉ genre, à **70** p. **100,** *maximum* du 5ᵉ genre, et qu'on voulut retrancher le *total* 130 p. 100 du *prix de base*, qui n'est que de 100 p. 100, on arriverait à un *résultat négatif*, c'est-à-dire que le vendeur devrait donner son terrain *gratis*, plus une *indemnité* de **30** p. **100.** Tandis qu'en retranchant d'abord 60 p. 100 de 100 p. 100, il *reste* 40 p. **100,** dont **70** p. **100** s'élèvent à 28 p. **100,** qui peuvent se retrancher du *reste* montant à 40 p. 100, et le *résultat final* de 12 p. 100 est encore un *résultat positif.*

Ajoutons que s'il arrivait qu'en opérant ainsi, le résultat fût un chiffre évidemment trop élevé, il ne faudrait pas s'y arrêter rigoureusement, car il prouverait qu'on a commis quelque *erreur* ou quelque *omission.* Même dans une faillite où le passif est de beaucoup supérieur à l'actif, on prélève encore une provision pour l'existence du failli et de sa famille, avant de réduire les dettes au marc le franc. Ici le terrain, malgré tous ses désavantages, aurait encore une certaine valeur à prélever sur le prix de base et les *moins-values*, compensation faite des *plus-values*, subiraient une réduction au marc le franc.

Cette observation spéciale s'applique non-seulement aux *moins-values*, mais aussi aux *plus-values*, toutes les fois qu'il y a lieu d'en appliquer plusieurs au même terrain. OBSERVATION.

3ᵉ CLASSE. — Trapèze, losange, triangle et polygones irréguliers.

Toutes ces figures sont très-incommodes pour y construire, et elles occasionnent toujours une perte de terrain. En effet, ce n'est que dans la superficie formant un carré appuyé sur la rue, que l'on peut faire une distribution régulière de pièces de ré-

.ception et d'habitation; tout ce qui reste en dehors de ce carré ne peut être utilisé qu'en y plaçant des cabinets irréguliers qui, ordinairement sont relégués dans les coins les moins bien éclairés et sur les cours de service. Pour apprécier ces diverses figures, nous opérerons comme il suit :

1ᵉʳ GENRE. — Figures ayant leur plus grand côté en façade sur la rue.

On commencera par y *inscrire* un *carré* ou un *rectangle allongé* dont on fera l'évaluation d'après les principes posés à la première et à la deuxième classe ci-dessus, pour chacune de ces deux figures régulières. Quant aux portions de terrain de forme irrégulière qui resteront en dehors du plus grand carré ou du plus grand rectangle allongé qu'il sera possible d'y inscrire, on les évaluera comme *terrain de fond* ajouté au *dernier carré de fond*, ainsi qu'il a été expliqué ci-dessus (2ᵉ espèce, 4ᵉ genre, 2ᵉ classe) pour un *triangle* en façade masquant un quadrilatère régulier.................... OBSERVATION.

2ᵉ GENRE. — Figures n'ayant que de petits côtés en façade sur la rue.

Tous les polygones pouvant se décomposer en *triangles*, il sera toujours possible de ramener à cette dernière figure les autres le plus compliquées, et, en évaluant isolément chaque triangle, d'obtenir une estimation générale. Néanmoins, ce procédé peut devenir long et compliqué, et l'on n'y aura recours que s'il est impossible d'opérer d'une manière plus simple. En tout cas, c'est le côté sur la rue qui peut servir de point de départ, et il y aura lieu d'examiner si la façade est assez large pour permettre d'y construire, d'après la formule indiquée (5ᵉ genre, 2ᵉ classe) pour les façades insuffisantes. Sur cette façade on pourra construire un rectangle jusqu'au fond du terrain; ce rectangle sera évalué d'après les principes établis à la 2ᵉ classe; quant aux parcelles latérales, à droite et à gauche, elles seront évaluées comme terrain de fond, relativement à la figure rectangulaire. Pareillement, s'il est possible de régulariser le surplus du terrain en retranchant fictivement un triangle, ou un trapèze en façade, on attribuera à ces parcelles l'évaluation des terrains de fond, comme on l'a vu plus haut pour un triangle (2ᵉ espèce, 4ᵉ genre, 2ᵉ classe).

Toutes ces irrégularités, avec un côté en façade assez large pour y construire, peuvent ensemble entraîner en moyenne une...................... MOINS-VALUE de 20 à 30 p. 100.

3ᵉ GENRE. — Triangle n'ayant qu'un angle appuyé sur la voie publique.

Le sommet d'un *angle* n'étant point une *issue*, si le *triangle* ainsi situé formait la *totalité* du terrain à acquérir, ce serait un héritage *enclavé* ayant le droit d'obtenir un passage à ses frais, hypothèse que nous examinerons à la seconde espèce. — Mais nous supposons d'abord que le triangle ainsi placé, n'est qu'une parcelle d'une figure plus grande, décomposée en plusieurs autres, ainsi que nous l'avons prévu au 2ᵉ genre qui précède ; son étude sera l'objet de la première espèce.

PREMIÈRE ESPÈCE. — Si le triangle ainsi placé touche par un de ses côtés au rectangle que nous avons supposé appuyé sur la voie publique (2ᵉ genre), il sera considéré relativement à ce triangle comme du terrain *de fond*, n'ayant d'*issue* que de second, troisième ou quatrième ordre, en raison de son éloignement de la voie publique, et son évaluation sera déduite de celles indiquées (à la première espèce, 4ᵉ genre, 2ᵉ classe) ci-dessus). En moyenne on pourra compter sur une...........
.... MOINS-VALUE de 30 à 40 p. 100.

2ᵉ Espèce. — *Terrain enclavé.*

L'article 682 du code Napoléon accorde au propriétaire dont les fonds sont enclavés et qui n'a aucune issue sur la voie publique, la faculté de réclamer un passage sur les fonds de ses voisins pour l'exploitation de son héritage, à la charge d'une indemnité proportionnée au dommage qu'il peut occasionner. Mais ce droit ne peut s'entendre que d'une situation indépendante du fait et de la volonté du propriétaire dont les fonds sont enclavés. Il est évident que si, ayant une issue, je divise mon champ sans me réserver un droit de passage sur la partie que j'aliène, je me serai volontairement enclavé, et que mes voisins ne devront pas éprouver un préjudice d'une opération qui m'a paru avantageuse et où j'ai pu réaliser un bénéfice. Nous supposerons donc ici que le propriétaire des fonds enclavés a légalement le droit de demander passage, et nous évaluerons son terrain comme il suit :

1° Combien devra-t-il payer aux voisins pour l'obtenir? Cette première estimation faite, d'après les circonstances particulières au terrain enclavé, sera une première *moins-value.*

2° Le passage une fois obtenu, le terrain aurait un accès indirect ou de second ordre, et jouirait d'une *servitude active* de passage. Son évaluation se ferait comme il a été expliqué plus haut (4ᵉ et 5ᵉ catégories, 1ʳᵉ espèce, 2ᵉ genre, 2ᵉ classe, 1ʳᵉ subdivision, 1ʳᵉ section)........................ OBSERVATION.

4ᵉ GENRE. — Parcelles irrégulières.

Après avoir décomposé les terrains de formes irrégulières en *rectangles allongés* et en *carrés,* ainsi que nous venons de l'exposer aux articles précédents, il y aura lieu d'évaluer les *parcelles irrégulières* qui se trouveront en dehors de ces rectangles et carrés. Elles seront toutes considérées comme *terrain de fond,* en y appliquant non-seulement la moins-value relative à leur *éloignement direct* de la voie publique, d'après le nombre de carrés qui les en séparera, ainsi qu'il est exprimé à la 1ʳᵉ espèce, 4ᵉ genre de la 2ᵉ classe, mais encore une moins-value relative à leur *éloignement latéral.* La formule dont nous parlons, faite pour des figures régulières, serait trop favorable si elle servait à l'évaluation des parcelles irrégulières. Il paraît donc juste de *reculer d'un rang* la moins-value à leur appliquer, puisqu'en effet, outre la distance *directe* de la voie publique, il faut calculer encore la distance *collatérale* pour parvenir aux parcelles dont il s'agit, distance qu'on peut estimer à un carré de plus. D'après ce principe, les *moins-values* applicables à ces parcelles seront les suivantes :

Parcelles latérales éloignées comme le 1ᵉʳ carré de 20 à 30 p. 100.

—	—	—	2ᵉ —	de 30 à 40	—
—	—	—	3ᵉ —	de 40 à 50	—
—	—	—	4ᵉ —	de 50 à 60	—
—	—	—	5ᵉ —	de 60 à 70	—

2ᵉ SUBDIVISION. — L'Alignement.

Nous avons déjà parlé (1ʳᵉ section, 1ʳᵉ subdivision, 1ʳᵉ classe, 2ᵉ genre), au point de vue général des abords, de l'*alignement* de la rue où se trouve situé le terrain qu'on veut acquérir ; il ne s'agira ici que de l'*alignement du terrain lui-même*, et nous allons parcourir les diverses circonstances qui pourront se présenter.

PREMIÈRE CLASSE. — Si le terrain est *déjà aligné* conformément à la décision relative à l'alignement de toute la rue, ce sera l'*état normal* donnant lieu à l'application du PRIX DE BASE.

DEUXIÈME CLASSE. — Si le terrain est *soumis à un retranchement*, il y aura lieu de décomposer sa surface en deux portions, dont la première, comprenant toute la *partie à retrancher*, ne sera évaluée, quoique en façade, que comme *terrain de fond*, mode d'appréciation adopté par la Ville de Paris, d'après cette considération, qu'après le retranchement opéré, il restera toujours une façade sur une rue améliorée, et que la perte de terrain ne se fera sentir qu'au fond de la propriété. Le prix du terrain de fond a été l'objet d'une appréciation (1ʳᵉ subdivision, 2ᵉ classe, 4ᵉ genre)................... OBSERVATION.

TROISIÈME CLASSE. — Après le retranchement prévu au précédent alinéa (2ᵉ classe), le *surplus du terrain* deviendra *terrain de face* aligné, et on lui appliquera les règles que nous avons formulées plus haut pour les terrains de *face* (1ʳᵉ classe) et pour les terrains de *fond* (2ᵉ classe), en se reportant également aux principes relatifs à leur conformation (2ᵉ section, 1ʳᵉ subdivision)............................. OBSERVATION.

QUATRIÈME CLASSE. — Si l'*alignement* de la rue n'a pas été fixé par une décision administrative, il en résultera pour le terrain à acquérir une *incertitude*, qui pourra faire suspendre la construction d'un édifice important. En effet, si, après cette bâtisse terminée, il survenait une décision qui modifiât sensiblement le plan de la rue, ce bâtiment deviendrait immédiatement soumis à une servitude fort dure, celle de ne pouvoir en réparer la façade, ou de n'y pouvoir faire des travaux de consolidation. La conséquence serait un dommage sérieux que nous croyons devoir traduire par une......................
.... MOINS-VALUE de 1 à 10 p. 100.

CINQUIÈME CLASSE. — Si le terrain se trouve *en retraite* du nouvel alignement projeté, la question deviendra plus complexe. En effet, ou bien l'*écart* sera presque insensible, et alors il n'y aura qu'une faible indemnité à payer à la Ville pour obtenir l'alignément, et il ne restera que l'inconvénient de l'*incertitude*, mentionné plus haut ; ou bien l'*écart* sera considérable et pourra devenir l'objet d'une importante acquisition à faire de terrain en bordure. Dans cette dernière hypothèse, à quel prix aura lieu cette vente ? La Ville sera-t-elle fidèle au principe qu'elle s'est invariablement posé dans les expropriations, de considérer le terrain *de face retranché par l'alignement,* comme simple terrain de *fond,* quant à la fixation de son prix ? Par une juste et équitable réciprocité , ne devrait-elle pas également considérer comme *terrain de fond* , le terrain *ajouté,* pour cause d'*alignement,* à une propriété qui, avant cette addition, possédait déjà une façade alors qu'on sera obligé à de coûteux déplacements pour la faire avancer au nouvel alignement, et qui, en définitive, n'aura profité *qu'en profondeur et n'aura acquis que du terrain de fond ?*—Le propriétaire riverain aura-t-il et pourra-t-il conserver un droit de préférence, conformément aux principes posés par le titre VII de la loi du 16 septembre 1807? — L'avantage qui résulterait pour lui d'un agrandissement de son terrain, compensera-t-il la charge que lui occasionnera le payement d'une somme importante, dans des circonstances peut-être inopportunes? — Aura-t-il ces fonds à sa disposition ?—S'il ne les a pas, trouvera-t-il facilement à les emprunter ? — Aura-t-il un gage libre d'hypothèques à offrir au prêteur ? On voit tout de suite les inconvénients que cette situation peut entraîner, et nous les répartirons en deux genres.

1ᵉʳ GENRE. — Annexion à un terrain trop peu profond.

Cet état de choses n'occasionnerait *un avantage* certain qu'à *deux conditions :* la *première*, dans le cas où votre terrain aurait trop peu de profondeur pour y construire, car alors une nouvelle acquisition pourrait vous procurer un moyen de parer à cet inconvénient ; la *seconde*, dans le cas où le terrain à acquérir aurait assez de profondeur pour que, ajouté au vôtre, il lui donnât une profondeur totale assez grande pour le rendre propre à y élever une construction ; dans la réunion de ces deux suppositions, la nouvelle acquisition pourrait compenser l'inconvénient que présentait primitivement la forme *étroite* de votre terrain.

Dans cette hypothèse, il y aurait lieu à évaluer, d'une part, la dépense à faire pour acquérir la portion qu'ajouterait l'alignement, et d'autre part la dépréciation qu'éprouvait votre terrain, pour insuffisance de profondeur, avant cet alignement. La différence déterminerait, suivant les circonstances, l'avantage procuré par cette annexion, les deux points de comparaison étant, d'une part, l'*état normal* obtenu, et, d'autre part, la

moins-value calculée pour une *bande de terrain* (1ʳᵉ subdivision, 2ᵉ classe, 2ᵉ genre), ci................. OBSERVATION.

2ᵉ GENRE. — Annexion à un terrain assez profond.

Dans toutes les autres hypothèses que celle prévue à l'alinéa
précédent, il y aura une....... MOINS-VALUE de 1 à 10 p. 100.

3ᵉ SUBDIVISION. — Le Nivellement.

1ʳᵉ CLASSE. — Comparaison avec la voie publique.

Nous avons parlé (1ʳᵉ section, 1ʳᵉ subdivision, 1ʳᵉ classe,
3ᵉ genre) du *nivellement* des voies publiques, uniquement au
point de vue des abords ; il s'agira ici du nivellement du terrain à acquérir, envisagé isolément, mais en ayant égard néanmoins à la hauteur que celui de la voie publique devra lui imposer, ce qui présentera les hypothèses suivantes : — 1° cette
hauteur de la voie publique peut être *décidée et mise à exécution ;* 2° elle peut être déjà l'objet d'une *décision non encore
exécutée ;* 3° elle peut être encore *incertaine,* sans réglementa-
tion ; ou bien elle peut se trouver l'objet d'une *ancienne décision,* que de nouvelles circonstances doivent faire *modifier.*

Quant au terrain en lui-même, il peut se trouver : 1° ou de
niveau ; 2° ou en *contre-haut ;* 3° ou en *contre-bas* du point
fixé pour le nivellement de la rue, d'après chacune des quatre
circonstances que nous venons d'énumérer au précédent alinéa,
ce qui donnerait douze hypothèses différentes à prévoir, afin
de préciser toutes celles applicables au terrain à acquérir. Sans
entrer dans un examen aussi détaillé, nous nous bornerons à
envisager les principales circonstances ; et les solutions, que
nous donnerons comme exemples, serviront à décider par analogie dans les autres hypothèses.

1ᵉʳ GENRE. — Terrain au niveau de la rue.

PREMIÈRE ESPÈCE. — Si le milieu de la façade du terrain à

acquérir est *de niveau* avec la rue, dont le *nivellement* est *définitif*, et si le terrain *tout entier* est lui-même *nivelé*; enfin, si la rue n'a qu'une pente insensible, le tout avec une tolérance de 5 p. 100 dans l'ensemble du nivellement du terrain, ce sera la *condition normale*, et l'on appliquera le..... PRIX DE BASE.

DEUXIÈME ESPÈCE. — Si la *pente* de la rue est *sensible*, et que le terrain se trouve au niveau de la rue, au milieu de sa façade, il en résultera que les deux extrémités du terrain seront hors de niveau, l'une en contre-haut et l'autre en contrebas; un inconvénient analogue aurait lieu si, dans la même hypothèse, la partie qui est de niveau avec la rue se trouvait à l'une des deux extrémités de la façade du terrain. En tout cas, cette disposition est désavantageuse, car elle peut nuire à l'écoulement des eaux du terrain sur la voie publique, gêner dans la fixation de hauteur légale à donner au bâtiment qu'on se propose d'élever en façade sur la rue et parfois faire perdre une portion notable de la hauteur permise ordinairement, puisque la voirie la calcule à partir de la partie en *aval* de la rue. Il y aura une.................... MOINS-VALUE de 1 à 5 p. 100.

TROISIÈME ESPÈCE. — Si le nivellement de la rue n'est *pas définitif*, cette incertitude gênera dans la construction qu'on se propose de faire, et qui pourra un jour se trouver *trop remblayée* ou *trop déchaussée*, de manière à en rendre l'habitation incommode, ou à exiger des modifications très-coûteuses. En effet, si vos cours, jardins, caves et rez-de-chaussées se trouvent un jour enterrés par suite de l'exhaussement de la chaussée, l'écoulement des eaux deviendra impossible, vos soupiraux de cave seront bouchés, les caves privées d'air, vos seuils de boutique et de rez-de-chaussée remblayés et exposés à l'inondation les jours d'orage.

Enfin, vos soubassements en pierre de roche seront enterrés et la pierre tendre, qui était excellente en *contre-haut*, se trouvera en *contre-bas*, où elle absorbera l'humidité et le salpêtre.

Dans le cas contraire, vos fondations seraient déchaussées, et il faudrait établir des escaliers pour parvenir aux boutiques et au rez-de-chaussée. — Ces graves inconvénients doivent se traduire par une............. MOINS-VALUE de 5 à 10 p. 100.

2ᵉ GENRE. — Terrain en contre-bas de la rue.

On a inventé un mot nouveau pour désigner ce qu'on appelait autrefois des caves ; aujourd'hui on habite le *sous-sol*, éclairé par des soupiraux. Jadis on citait *le greffier de Vaugirard*, comme le type des gens qui ne peuvent pas écrire quand on les regarde, et l'on s'étonnait d'un pareil excès de timidité de la part d'un greffier ; mais la timidité n'y était pour rien, et la localité seule en était la cause, car il écrivait dans une cave, et on lui bouchait le jour en le regardant par le soupirail. — Aujourd'hui le malheureux greffier aurait de plus à se défendre des bouts de cigares allumés et des allumettes chimiques enflammées que les fumeurs ne craignent pas de jeter partout, avec un majestueux dédain. Périssent tous les greffiers et même toutes les femmes portant crinoline, plutôt qu'un principe, celui de ne pas gêner les fumeurs.

PREMIÈRE ESPÈCE. — Si le terrain n'est en contre-bas de la rue que jusqu'à la hauteur ordinaire du *sol des caves*, cela ne sera pas généralement un inconvénient, parfois même il en résultera l'avantage d'économiser une partie de la dépense qu'occasionne la *terrasse* nécessaire à la fouille des caves et des fondations. On appliquera le.................... PRIX DE BASE.

DEUXIÈME ESPÈCE. — Si le terrain se trouvait *plus en contre-bas que le sol ordinaire des caves*, ce serait une circonstance désavantageuse qui obligerait à remblayer ou à faire double étage de caves avec des fondations plus profondes, et occasionnerait de plus grands frais de construction, sans avantage sérieux. Il y aurait lieu à une.... MOINS-VALUE de 5 à 10 p. 100.

3ᵉ GENRE. — Terrain en contre-haut de la rue.

Si le sol du terrain dépasse celui de la rue, il faudra nécessairement ou *déblayer* pour entrer de plain-pied, ou bien construire des *murs de terrasse* de plus et des *escaliers* pour arriver au sommet du terrain; à moins que les habitants ne préfèrent se fortifier chez eux, pour interdire l'entrée de la maison à leurs créanciers et à ces gueux d'huissiers, comme Arnal les appelle; aux artistes ambulants et aux tambours de la garde nationale; aux dames patronnesses chargées de placer des billets de loterie, et autres porteurs de contrainte, pour le recouvrement des contributions directes; c'est à peu près ainsi que Balzac avait facilité les abords des *Jardies*, sans réussir complétement à éloigner les parasites et les importuns; mais le bâtiment à construire en contre-haut et en façade ne pouvant jamais dépasser la hauteur légale, sans égard à l'élévation du sol, on perdrait le droit de construire autant d'étages ou de portions d'étages qu'il en entrerait dans une hauteur pareille à celle du terrain. Cette privation de la faculté de construire autant d'étages qu'à l'ordinaire en façade sur la rue, peut dépasser la dépense du déblai; comme nous supposons que rien ne s'oppose au déblayement, la *moins-value* sera proportionnelle à la hauteur de la terre à enlever. En réunissant le prix de la *terrasse* à celui du *transport* des terres jusqu'aux décharges publiques, aujourd'hui rares et éloignées, et en ayant égard au *foisonnement* de la terre, à la *nature* incommode du *sol*, au plus ou moins de *facilité d'extraction* et aux circonstances imprévues, nous ne croyons pas exagérer l'estimation pour *chaque mètre cube* de terrain à enlever, mesuré *avant la fouille*, à une........................ MOINS-VALUE de 6 à 12 francs.

2ᵉ CLASSE. — Comparaison avec les terrains voisins.

Il ne suffit pas de considérer seulement le rapport de niveau du terrain à acquérir avec celui de la voie publique, comme nous venons de le faire à la 1ʳᵉ classe, il faut encore le comparer avec le niveau des *terrains voisins,* qui peuvent être tous en *contre-haut* ou en *contre-bas* du terrain à acquérir, ou dont une portion seulement peut se trouver en *contre-haut* et l'autre en *contre-bas,* ou bien encore qui peuvent être aujourd'hui *de niveau,* avec le terrain à acquérir, mais qui *deviendront* un jour en *contre-haut* ou en *contre-bas,*lorsqu'on aura *déblayé*ou *remblayé* pour être au niveau de la voie publique; car il faudra presque toujours construire des *murs de terrasse* ou des *contre-murs* qui ne garantiront jamais de tous les inconvénients que cet état de choses peut entraîner, et coûteront plus cher que des murs ordinaires.

Pour se bien rendre compte des conséquences de cette situation, il n'est pas hors de propos de remonter aux principes qui régissent les servitudes légales et qui sont puisés dans le droit naturel. La loi a prévu les droits de passage, de vue, d'écoulement des eaux, qui dérivent de la situation des lieux; mais il est une condition antérieure à ces droits accessoires, et qui, si elle parlait latin, pourrait dire comme Junon :

Ast ego quæ divum incedo regina;

c'est la *stabilité du sol.* A quoi serviraient toutes ces servitudes sur le terrain voisin, si le fonds dominant était menacé de ruine ?

1ᵉʳ GENRE. — Tranchée à faire.

PREMIÈRE ESPÈCE. — Qu'on examine avec attention l'une de ces immenses tranchées qu'on rencontre aujourd'hui si fréquemment dans Paris, et l'on y verra une foule de couches superposées, indiquant bien quelques remblais, mais presque toujours des dépôts naturels, remontant aux divers âges du globe terrestre et que la géologie a classés, suivant des catégories qui se retrouvent dans le même ordre, en des pays souvent fort éloignés les uns des autres. Cet ensemble de couches, bien tassées, offre, sauf de très-rares exceptions, beaucoup de consistance, aussi longtemps qu'on les laisse dans leur état primitif, qui profite à tous les propriétaires de la superficie du sol ; mais, si l'on vient à pratiquer une tranchée profonde, l'équilibre des forces est rompu, la résistance diminuée, et l'action du vent, de la pluie, de la gelée, de la sécheresse, combinée avec la pression de l'atmosphère, peut entraîner une partie du terrain resté debout, occasionner des éboulements, ruiner la propriété voisine et causer encore de plus grands malheurs dans celle où les décombres sont précipités.

Celui qui fait une pareille tranchée doit donc prendre toutes les précautions nécessaires pour empêcher les éboulements ; il devra d'abord *étayer* et ensuite construire à *ses frais*, dans *l'embarras des étais*, un *mur de terrasse* assez fort pour résister à la poussée des terres du voisin, en *fournissant le terrain* nécessaire à la construction du mur et en observant les règles relatives au *mur mitoyen*. Cette dépense, proportionnelle à la hauteur de la tranchée, peut donner lieu à une.................
.... MOINS-VALUE de 10 à 20 p. 100.

DEUXIÈME ESPÈCE. — Ce mur aura d'autres inconvénients que celui d'un surcroît de dépense ; il sera toujours humide, parfois salpêtré, et exigera de fréquentes réparations. En outre, le voisin, qui n'a pas changé la nature primitive de son terrain, a le droit d'en jouir comme s'il était encore de niveau avec votre terrain aujourd'hui déblayé. Il pourra donc continuer, après comme avant le déblai, d'y avoir des arbres ou des cultures maraîchères qu'on arrose et où l'on apporte des fumiers pour engrais; à y faire des lessivages et travaux engendrant l'humidité et la mauvaise odeur ; à y faire entrer des chevaux et des voitures, à y entretenir des écuries, des étables, ou des corps d'état à marteau (voire même des pianos et annexes-pianos), correspondant à la hauteur du premier ou du second étage de la maison que vous aurez nouvellement construite, adossée au mur de terrasse; jour et nuit vous entendrez un bruit très-incommode dont vous n'aurez pas le droit de vous plaindre, puisque c'est vous-même qui aurez choisi cette situation : *patere leges quas ipse fecisti.*

Pour faire cesser le bruit du piano qu'un voisin touchait très-bien mais trop souvent, suivant elle, une dame très-âgée imagina d'acheter un orgue de barbarie et d'en jouer dès que le voisin commençait à préluder. Le moyen eût été merveilleux, s'il n'eût constitué une voie de fait préméditée et un attentat contre l'harmonie locative, car le preneur doit user de la chose louée en bon père de famille, même à l'égard des pianistes (art. 1728 Code Napoléon).

Mais si le piano est considéré comme un inconvénient, jugez des autres ! Nous croyons qu'outre les frais de construction du mur de terrasse, évalués à la 1ʳᵉ espèce, l'inconvénient que nous signalons à la seconde, entraîne une nouvelle..........

.... MOINS-VALUE de **10 à 20 p. 100.**

2ᵉ GENRE. Remblai à faire.

Si, pour faciliter l'écoulement des eaux sur la voie publique, vous vous décidez à *remblayer* le terrain que vous venez d'acquérir, et qu'un ou plusieurs voisins qui ont maintenu leur ancienne situation se trouvent, après votre remblai opéré, *en contre-bas* de votre nouveau sol, vous serez obligé, ou bien de ne pas pousser votre remblai jusqu'à la limite des deux héritages, de le terminer par un talus, et de perdre ainsi beaucoup de terrain, ou bien de construire à vos frais un *mur de terrasse* et un *contre-mur*, pour empêcher les éboulements chez le voisin, et de prendre toutes les précautions nécessaires, afin de préserver le voisin de tous les inconvénients que nous venons de signaler à l'alinéa précédent. En effet, si le voisin n'a pas changé le niveau de son sol et l'a laissé dans l'état où il était à la création, ou lorsque les deux héritages, aujourd'hui divisés, sont sortis de la main du père de famille, il ne doit pas voir sa position aggravée parce qu'il vous a convenu de changer cette situation naturelle des lieux. Vous ne pouvez donc pas établir sur votre sol remblayé qui dominera le sien, des écuries, des corps d'état à marteau, des métiers entraînant des écoulements d'eau anormaux, parce que ces établissements incommodes, au lieu de correspondre au rez-de-chaussée du voisin, où le principe de la réciprocité l'obligerait à les souffrir, correspondraient aux étages de la maison qu'il pourrait vouloir y construire, et y occasionneraient une incommodité exceptionnelle. On voit qu'ici le droit est inverse de celui prévu à la 2ᵉ espèce du 1ᵉʳ genre ci-dessus, mais que le principe d'équité reste le même.

Les frais de ce *mur de terrasse* et du *contre-mur* étant évalués de 10 à 20 p. 100, et le préjudice de la *prohibition* de faire chez soi ce que l'on veut de 5 à 10 p. 100, leur réunion donnera lieu à une............... MOINS-VALUE de 15 à 30 p. 100.

3ᵉ **CLASSE**. — Indemnité de nivellement.

Les changements opérés par l'Administration dans le niveau des rues et autres voies publiques, et qui pour les riverains ont l'inconvénient d'enterrer leurs maisons ou de les déchausser, donnent-ils lieu à une indemnité?

Cette indemnité, sans se borner au terrain riverain, s'étendrait-elle à celui qui vient en seconde ligne, si ce dernier éprouvait un dommage par suite du déblai ou du remblai du terrain de face?

La même indemnité n'est-elle pas due pour la suppression, à une distance rapprochée, du parcours d'une ancienne voie publique et d'un débouché, par suite d'une tranchée ou d'un remblai, qui dénature la faculté de circulation et enlève la jouissance de tout ou partie des abords?

En droit naturel et d'après les principes de la justice et de l'équité, l'affirmative n'est pas douteuse dans ces trois hypothèses.

En effet, l'administration publique représente l'*État*, le *Département* ou la *Commune*, êtres fictifs et collectifs qui ont les mêmes droits et les mêmes charges que les simples particuliers lorsqu'ils se trouvent en contact avec ceux-ci.

L'utilité publique donne à l'Administration un droit que n'ont pas les simples particuliers, le droit exorbitant *d'expropriation*, mais à la charge d'une juste et préalable *indemnité*.

En *principe*, il n'y a aucune différence entre prendre votre propriété tout entière ou ne prendre qu'une partie de sa surface, ou vous laisser toute la surface et vous prendre le droit naturel d'accès, de passage à niveau, de rue et d'écoulement des eaux sur la voie publique ; et la différence de *fait* n'est qu'une question de *plus* ou de *moins* dans le préjudice éprouvé.

Pourquoi la loi vous accorde-t-elle une *indemnité?* — C'est parce que le législateur n'a pas voulu que des travaux qui doivent profiter à tous les membres de la communauté fussent exécutés en causant à *un seul* de ses membres un préjudice sérieux, et l'*indemnité* doit être la représentation exacte du *dommage* que les travaux lui ont causé ; elle doit le rendre entièrement *indemne*, mot qui signifie *exempt de dommage*.

Pourquoi donc ferait-on une distinction entre le *dommage* causé par la privation d'*accès*, par le *déchaussement* ou *l'enterrement*, et celui occasionné par une diminution de la *superficie* du terrain ?

Dira-t-on qu'il est juste d'admettre une *compensation* entre le *dommage* éprouvé et la *plus-value* que les travaux procurent? Sans aucun doute, cette compensation serait juste, équitable, légitime, si le propriétaire, exproprié partiellement, devait *seul* jouir de l'amélioration résultant des travaux accomplis. Mais alors ces travaux ne seraient plus d'*utilité publique*, ils seraient rabaissés au rôle de travaux d'*utilité privée*.

Qui dit *utilité publique*, suppose des ouvrages profitant à la *généralité* des membres de la communauté. Si tous mes voisins profitent du nivellement de la voie publique, pourquoi devrais-je *seul* en faire les frais, en subissant le *déblaiement* ou le *remblai* de ma propriété et la suppression des voies de communication, sans recevoir la juste et préalable indemnité qui m'est due, en raison du *dommage* que j'éprouve *seul*, quand je contribue d'ailleurs comme les autres aux charges publiques, et quand j'ai précédemment contribué à l'établissement des rues que vous modifiez ou supprimez aujourd'hui ?

Ces principes nous paraissent à l'abri de toute discussion ; mais la justice est rendue par des hommes, et l'erreur domine l'humanité. Les questions d'indemnité sont ordinairement soumises à un *jury*, qui peut avoir parmi ses membres des hommes spéciaux, mais dont la majorité peut se composer de personnes étrangères à l'examen des graves et difficiles questions que nous venons de poser.

Le système d'un *jury d'expropriation* a, comme toutes les inventions humaines, son bon et son mauvais côté. On se demande qui le désigne? — C'est le Conseil Général, nommé lui-même, à Paris du moins, par l'Autorité, ce qui fait qu'en définitive la désignation du jury d'expropriation est le fait de l'Autorité, qui devient ainsi *juge* et *partie*.

Tant que ce jury alloue des indemnités largement calculées, tout va bien, et personne ne trouve mauvais que les expropriés soient complétement désintéressés ; mais quand il opère en sens inverse, alors les expropriés, qui ont reçu moins qu'il ne leur était légitimement dû, sont tentés, quoique bien à tort, de faire remonter jusqu'à l'Autorité elle-même, qui désigne les jurés d'expropriation, la cause du préjudice qu'ils viennent d'éprouver. — Quel avantage en résulte-t-il pour le Gouvernement? Au lieu d'un avantage, nous n'y apercevons que des inconvénients sans compensation, quand il serait si facile d'agir autrement.

Nous pensons donc que l'institution du jury d'expropriation, destiné à supporter la responsabilité pour l'ôter au Gouvernement, ne remplit pas complétement, sous ce rapport, la mission qui lui est confiée.

Au surplus, le droit naturel et les principes généraux de la justice et de l'équité ne sont pas seuls à considérer dans ces sortes d'affaires : à côté du jury, qui ne doit compte des motifs de son verdict qu'à Dieu et à sa conscience, il y a des administrateurs et des juges qui sont liés par des textes écrits et qu'on blâmerait s'ils s'en écartaient.

En effet, pendant longtemps, les indemnités de nivellement pour déchaussement ou remblai, ont été systématiquement refusées par l'Administration, qui, s'appuyant sur la lettre plus que sur l'esprit de la loi spéciale, prétendait qu'il n'était dû aucune indemnité, tant que la propriété privée restait matériellement intacte et qu'on ne touchait qu'à ses abords ; tant que, la superficie privée étant respectée, l'accès seul se trouvait modifié. Mais *le Moniteur* du 11 avril 1861 mentionne un arrêt du Conseil d'État rendu au contentieux, annulant un arrêté du Conseil de Préfecture de la Seine du 21 décembre 1859, qui avait refusé toute indemnité à MM. Cluzel et Leroy, tenant un magasin de nouveautés, pour travaux d'abaissement de la rue au pourtour Saint-Gervais.

Le Conseil d'État leur a alloué 10,000 fr. d'indemnité, en reconnaissant, contrairement aux considérants du Conseil de Préfecture, qui s'appuyait sur la lettre de la loi, que l'abaissement du niveau de la rue, malgré les marches construites, avait eu pour effet de modifier l'accès du magasin de nouveautés, et avait causé aux réclamants un dommage direct et matériel.

Il ne faut pas perdre de vue que souvent des circonstances nouvelles, survenues depuis la promulgation d'une loi, la rendent inapplicable.

C'est ainsi que, malgré l'art. 105 du Code de commerce, portant : « La réception des effets transportés et le payement du » prix de la voiture éteignent toute action contre le voiturier, » les tribunaux condamnent journellement les chemins de fer à supporter les avaries arrivées à des marchandises déjà reçues et dont le port est déjà payé, parce que le législateur de **1807** n'avait pas pu prévoir les usages nouveaux que la construction des chemins de fer a dû rendre inévitables.

De même la législation spéciale sur les travaux publics, qui remonte déjà à une époque assez éloignée, où l'on se conformait, pour le percement des rues nouvelles, aux pentes naturelles des terrains traversés, n'a pu prévoir les fabuleux travaux de déblai qui, de nos jours, sont devenus la règle générale quand il s'agit d'ouvrir des voies publiques nouvelles. On peut donc soutenir, sans aucune exagération, que cette législation spéciale des travaux publics ne saurait être applicable à des hypothèses que le législateur d'alors n'avait pas pu prévoir; que la loi n'ayant pas d'effet rétroactif, pareillement des faits non prévus par le législateur ne peuvent, par un effet rétroactif, venir tomber sous le coup d'une loi spéciale déjà ancienne qui ne les avait pas prévus; qu'il faut alors abandonner cette législation exceptionnelle comme inapplicable, et régler ses décisions sur les grands principes de l'éternelle justice : « *Alterum non lœdere, suum cuique tribuere.* » *Ne léser personne et rendre à chacun ce qui lui appartient.* (*Institutes* de Justinien.)

En résumé, de même qu'il est de principe qu'on n'achète pas un procès, de même nous persistons à penser que les terrains où l'intervention du jury d'expropriation, du Conseil de Préfecture ou du Conseil d'État est nécessaire pour obtenir justice, subissent par cela même une dépréciation qui, suivant les circonstances de fait, se traduit par l'une des *moins-values* que nous avons formulées plus haut, et que la chance d'obtenir une *indemnité de nivellement* est trop incertaine pour entrer en compensation . . . . OBSERVATION.

4ᵉ CLASSE. — Inondation.

La question des inondations a déjà été traitée, sous le rap-

port de l'*accès* et de l'*exposition* des terrains (1ʳᵉ sect., 3ᵉ subdivision, 4ᵉ classe) en parlant des circonstances météorologi-
ques ; mais, au point de vue du *nivellement* du terrain, la hauteur relative du sol, le voisinage de puits, de sources, d'égouts,
ou de cours d'eau, peuvent augmenter les chances d'inondation. Il y aura donc lieu d'examiner si toutes ces circonstances
spéciales modifient nos précédentes appréciations, et si la *moins-
value* de 5 à 10 p. 100 déjà mentionnée satisfait à l'indemnité
du dommage que l'inondation peut occasionner... OBSERVATION.

4ᵉ SUBDIVISION. — La nature du sol.

Sans avoir la prétention de faire ici un traité de géologie, et
au contraire, en renvoyant à Cuvier et à Brongniard ceux de
nos lecteurs qui voudraient connaître la disposition géologique
du bassin de Paris, nous nous trouvons amené à examiner le
sol de la Capitale jusqu'à une certaine profondeur. Peut-être
dans un avenir plus rapproché que nous ne le supposons, les
progrès des sciences feront-ils découvrir le moyen d'utiliser le
sous-sol en contre-bas de nos caves, et comme en achetant un
terrain on acquiert le *fonds* et le *tréfonds*, le propriétaire du
sous-sol, lui trouvant alors plus de valeur qu'il n'en a aujour-
d'hui, pourra-t-il juger intéressant d'étudier sa composition ?
Quant à présent, cette connaissance ne peut nous être utile que
pour percer un *puits* et pour asseoir solidement les fondations
de nos bâtiments ou assainir nos caves, et elle ne nous oblige
pas à descendre jusqu'à une grande profondeur. Rien n'annonce qu'on y découvre jamais des mines précieuses, et quant
aux mines qu'on remarque hors de terre, elles sont étrangères
à notre sujet.

La surface du sol parisien est un mélange de *buttes* et de *bas-
fonds*, dû principalement, ainsi qu'on le suppose, à l'action
incessante des eaux fluviales qui ont creusé le lit de la Seine ;
et si la superficie paraît nivelée sur un grand nombre de points,

il faut l'attribuer, du moins pour beaucoup, au travail manuel des Parisiens, qui a eu pour résultat d'abaisser des buttes et de combler des bas-fonds, ouvrage plus actif que jamais en ce moment.

On retrouve sur les buttes de Chaillot, de Passy, de l'Étoile, du Roule, de Monceau, de Clichy, etc., des parties saillantes, avec des couches crayeuses, rocheuses, des terrains appelés jurassiques et d'anciennes carrières à pierre ; la butte Montmartre contient la pierre à plâtre ; la butte Chaumont est composée des mêmes éléments ; la crête des faubourgs Saint-Denis et Saint-Martin a de la glaise ; la montagne Sainte-Geneviève renferme d'anciennes carrières à pierre qui se prolongent jusqu'à Montrouge. Les géologues donnent des noms scientifiques à ces divers éléments, mais nous voulons nous faire mieux comprendre en employant le langage ordinaire.

Si nous examinons les versants de ces coteaux vers le centre de la ville, nous n'y trouvons plus les mêmes croûtes supérieures ; au-dessous de la terre végétale, on rencontre une espèce de sable brun, qu'à la simple vue on considérerait comme une terre végétale, mais qui n'en a pas les qualités fécondantes ; il a un mètre au moins et deux mètres au plus d'épaisseur ; au-dessous l'on trouve une imitation de terre franche, ressemblant beaucoup à la terre à poêle qu'emploient les fumistes, mais qui est plus sablonneuse et glaiseuse en même temps ; cette couche varie entre deux ou six mètres d'épaisseur ; enfin, immédiatement au-dessous, on voit un sable jaune clair de plaine, qui peut servir à faire un assez bon mortier de chaux, pour fondations, murs de clôture et autres ouvrages où le sable de rivière n'est pas de rigueur. Cette couche de sable est assez profonde et précède celle où l'on trouve ordinairement l'eau qui alimente la plupart des puits. — Voilà ce qu'on rencontre, sinon partout, au moins dans beaucoup de localités, en pratiquant des fouilles.

En général, on considère les trois couches sablonneuses dont nous venons de parler, comme favorables pour y asseoir les fondations d'un bâtiment ordinaire.

Au pied de ces versants, jusqu'à la Seine, les terrains sont remblayés presque partout. Ici c'est le lit d'un ancien ruisseau, canalisé et remplacé par un égout ; là ce sont d'anciens marais, qui avaient été desséchés et livrés à la culture maraîchère ; plus loin, d'anciens bois desséchés ; ailleurs, d'anciens cloaques, comblés avec les détritus et les immondices de la ville, ou bien avec les terres provenant des fouilles nécessaires aux fondations et caves des bâtiments. Ce n'est qu'à une grande profondeur qu'on rencontre les mêmes éléments que ceux des versants et des buttes, ce qui semble indiquer une dépression lente et continuelle du sol auprès des rives du fleuve. En général, ces terres rapportées n'ont pas assez de solidité pour y asseoir les fondations d'un bâtiment, et elles doivent être enlevées.

Au moment où nous terminons cet alinéa, nous trouvons l'annonce d'une carte géologique de Paris, dressée par M. Delesse, ingénieur des mines, inspecteur des carrières du département de la Seine, avec les courbes de niveau des différentes couches, les cotes des hauteurs des terrains, la nature du sol et la puissance de chaque couche. Le diluvium supposé enlevé, on y a teinté les terrains qu'il cachait et qui constituent le bassin parisien. Si cette carte réunit le degré d'authenticité qu'elle annonce à l'avantage de sa récente publication, elle peut devenir d'un grand secours dans les acquisitions de terrains destinés à des constructions.

Après cet exposé sommaire, nous allons chercher à apprécier les terrains, sous le rapport de la nature du *sous-sol*, jusqu'à la profondeur ordinaire que l'on donne aux fondations d'un bâtiment.

1ʳᵉ CLASSE. — Terrains plantés et boisés.

Si le terrain est recouvert de terre végétale et renferme des plantations d'arbres de haute futaie, c'est un avantage, soit pour le conserver en jardin, soit pour abattre le bois et le vendre. Cette circonstance ne pouvant plus se rencontrer que dans les quartiers déjà éloignés où les terrains sont moins chers qu'au centre, l'avantage proportionnel qui en résultera s'exprimera par un rapport plus élevé que s'il s'agissait de terrains très-chers. Nous estimerons la PLUS-VALUE de 10 à 20 p. 100.

2ᵉ CLASSE.—Terrains nus dont la superficie offre une base solide.

Si, au-dessous d'une couche de terre végétale d'un mètre au plus en moyenne, on rencontre les sables dont nous avons parlé plus haut, bruns, imitation de terre à poêle et jaunes propres au mortier, qui passent pour offrir une base convenable aux fondations d'un bâtiment ordinaire, ou bien d'autres espèces de terrains, aussi solides et aussi faciles à déblayer, nous considérerons ces terrains comme se trouvant à l'*état normal*, et nous appliquerons le...................... PRIX DE BASE.

3ᵉ CLASSE. — Terres rapportées.

Si le sol n'a été nivelé qu'au moyen d'un *remblai considérable*, ou s'il est naturellement *mouvant* ou *glaiseux*, il faudra creuser à de très-grandes profondeurs, avant de rencontrer un fond solide, propre à recevoir les fondations d'un bâtiment. Ces déblais entraîneront des lenteurs, des frais considérables de fouille, terrasse, enlèvement et transport de terres, étais, fondations et parfois double étage de caves. Ce désavantage s'exprimera par une............. MOINS-VALUE de 10 à 20 p. 100.

4ᵉ CLASSE. — Sol perméable à l'eau.

Indépendamment de la question des inondations déjà traitée, si l'on rencontre un sol perméable à l'eau, il faudra, pour y construire un bâtiment, commencer par établir des pompes d'épuisement, employer des étais plus solides pour empêcher les

éboulements, recourir au béton, au ciment romain, au bitume, à la glaise, aux madriers de chêne, peut-être même aux pilotis, sans être certain de réussir à empêcher l'inondation des caves et la destruction des fondations, malgré l'exagération de la dépense. Ce préjudice donnera lieu à une..................
.... MOINS-VALUE de 20 à 30 p. 100.

5ᵉ CLASSE. — Anciennes carrières abandonnées.

. Certains quartiers, notamment la plaine de Passy, Chaillot, Montmartre, la Montagne-Sainte-Geneviève, Montrouge, etc., sont percés en sous-œuvre par des carrières dont une partie a été comblée et dont l'autre est encore vide ou consacrée aux catacombes. On a vu des maisons s'abîmer, par suite d'éboulements souterrains, et, pour s'en préserver, il faut y faire des travaux de consolidation et d'entretien dispendieux, et s'astreindre aux perpétuelles visites des hommes de l'art. C'est une cause de.................. MOINS-VALUE de 20 à 30 p. 100.

6ᵉ CLASSE. — Carrières exploitables.

Si le terrain contient de la *pierre bonne à bâtir* et qu'il soit possible de mettre cette carrière en exploitation, ce serait là un avantage donnant lieu à une PLUS-VALUE de 20 à 100 p. 100.

7ᵉ CLASSE. — Mauvaise pierre.

Si, au contraire, le terrain renferme, à la profondeur ordinaire des caves et fondations, un banc de mauvaise pierre, impropre à la construction, mais difficile à extraire, c'est un désavantage causant une........ MOINS-VALUE de 5 à 10 p. 100.

5ᵉ SUBDIVISION. — Clôtures.

Dans l'acquisition d'un terrain, la question des clôtures a une certaine gravité. D'une part, si le terrain n'a aucune clôture, l'autorité municipale et les voisins peuvent vous contraindre à vous enclore sous diverses conditions que nous examinerons plus loin, et la dépense que vous aurez faite pourra devenir tout à fait inutile, si vous ou les voisins élevez un bâtiment à la place d'un simple mur de clôture. D'autre part, si le terrain est clos de murs, on vous fera payer la totalité ou la mitoyenneté, qui pourront vous devenir également inutiles en cas de construction. Ou bien ces clôtures vous priveront de la vue et du soleil, si vous voulez conserver un jardin.

Enfin, la clôture peut être formée par les murs pignons de maisons voisines, trop bas ou trop élevés, ou trop faibles pour supporter le bâtiment que vous proposez d'édifier.

Nous allons parcourir quelques-unes des hypothèses qui peuvent se présenter, en remettant ce qui concerne les *servitudes* à l'article où nous traiterons cette question spéciale.

1ʳᵉ CLASSE. — Terrains sans clôture ou avec une clôture insuffisante.

PREMIER GENRE. — Le terrain peut n'avoir *aucune espèce de clôture* ou n'être entouré que d'un *fossé :* c'est une cause de...................... MOINS-VALUE de 10 à 15 p. 100.

DEUXIÈME GENRE.—Il peut n'être clos que par une *haie vive*, par un *palis en échalas* ou par une *palissade en planches;* c'est encore une cause de......... MOINS-VALUE de 5 à 10 p. 100.

TROISIÈME GENRE. — Il peut être clos en partie comme au deuxième genre et en partie de *murs en mauvais état*, ou *trop peu élevés*. Il y aura une....... MOINS-VALUE de 1 à 5 p. 100.

QUATRIÈME GENRE. — Enfin, le terrain peut être entièrement *clos de murs*, mais *mal construits*, *trop bas*, et qui cependant peuvent épargner la dépense d'une clôture à établir. Nous considérerons cette *situation* comme *normale*, et nous appliquerons le.............................. PRIX DE BASE.

2ᵉ CLASSE. — Terrains ayant une bonne clôture.

Si le terrain est entièrement clos de *murs* en *moellons* et plâtre, bien établis, ayant une bonne fondation et élevés jusqu'à la hauteur légale, avec *porte charretière* sur la rue, il y aura lieu de vérifier, tant par les titres que par les signes extérieurs, si les murs et le terrain sur lequel ils sont construits appartiennent au propriétaire du terrain à acquérir, ou bien s'ils sont en partie *mitoyens* avec les voisins.

PREMIER GENRE. — Pour la *simple mitoyenneté* des murs il y aura.................... PLUS-VALUE de **10** à **15** p. **100**.

DEUXIÈME GENRE. — Pour la *toute propriété des murs*, il y aura..................... PLUS-VALUE de **15** à **25** p. **100**.

3ᵉ CLASSE. — Clôture fermée par des bâtiments voisins.

Si le terrain à acquérir se trouve clos ou bordé, en partie, par des bâtiments appartenant aux voisins, ou en partie par des murs de clôture, on pourra utiliser les murs des voisins, en acquérant la *mitoyenneté*, conformément à l'article **661** du *Code Napoléon*, si elle n'a pas été vendue en bloc avec le terrain. Il y aura alors à examiner la *qualité* des murs mitoyens, ou appartenant aux voisins, s'ils sont bien établis en bons matériaux, solidement fondés en contre-bas de l'étage souterrain, et si l'on peut s'en servir pour y appuyer un bâtiment neuf; ou bien, au contraire, s'ils ne réunissent pas ces bonnes conditions, et s'il faut étayer le bâtiment voisin et reconstruire en entier le mur, même en augmenter l'épaisseur, en fournissant un supplément de terrain. On comprend que, dans la première hypothèse, on jouira d'un avantage, puisqu'il ne faudra débourser que le *prix de la mitoyenneté*, tandis que, dans la seconde, l'existence de ces murs pourra devenir un inconvénient, car l'étayement du bâtiment voisin, la clôture provisoire en planches à chaque étage, la démolition de l'ancien mur et la recon-

struction du nouveau, *dans l'embarras des étais*, expressions
consacrées, seront une cause d'augmentation de dépense et de
retard dans le travail. Pour formuler notre pensée à ce sujet,
nous établissons les distinctions suivantes :

PREMIER GENRE. — La *mitoyenneté* de *bons murs voisins,
vendue avec le terrain*, donnera lieu à une................
.... PLUS-VALUE de 5 à 10 p. 100.

DEUXIÈME GENRE. — L'existence de *bons murs voisins*, dont
la *mitoyenneté* n'est *pas vendue* avec le terrain, mais peut s'acquérir isolément, procurera une... PLUS VALUE de 1 à 5 p. 100.

TROISIÈME GENRE.—La *mitoyenneté, vendue avec le terrain,
de murs mal établis et à démolir*, se *compensera* avec les inconvénients signalés plus haut.............. PRIX DE BASE.

Avant d'appliquer les *plus-values* et les *moins-values*, que
nous ne donnons que comme des exemples, il est indispensable
de mesurer exactement les dimensions des murs et de faire le
devis de ce qu'ils coûteraient à construire, ou de ce qu'on obtiendrait en vendant, comme démolition, les matériaux dont ils
se composent; enfin d'évaluer le terrain qu'ils occupent. L'ensemble des résultats obtenus peut seul conduire à une appréciation exacte, relativement aux clôtures....... OBSERVATION.

6ᵉ SUBDIVISION. — Servitudes.

Nous avons déjà dit quelques mots de la servitude de *passage*, à l'occasion du voisinage (1ʳᵉ section, 1ʳᵉ subdivision,
2ᵉ classe, 2ᵉ genre); de celle relative à l'*interdiction* ou à la *res-
triction* du droit de *bâtir*, à l'occasion de l'exposition des terrains (1ʳᵉ section, 3ᵉ subdivision, 3ᵉ classe); des *servitudes naturelles*, à l'occasion du nivellement (2ᵉ section, 3ᵉ subdivision,
2ᵉ classe), et du *mur mitoyen*, à l'occasion des clôtures (2ᵉ section, 5ᵉ subdivision, 2ᵉ et 3ᵉ classes) ; mais il nous reste à

examiner les *servitudes* d'une manière générale et qui embrasse toute la question.

Depuis Justinien, qui a compilé dans le *Digeste* les œuvres des jurisconsultes romains, jusqu'à nos jours, on a écrit de nombreux volumes et rendu des multitudes de jugements et arrêts sur les différentes espèces de *servitudes;* on ne nous supposera donc pas la pensée de faire ici, avec le peu d'espace dont nous disposons, un traité spécial de cette matière difficile et compliquée, dont les règles sont exposées au livre II, titre IV du *Code Napoléon* : nous nous proposons uniquement d'appeler l'attention des acquéreurs sur les *servitudes actives* et *passives*, qui peuvent profiter au terrain dont ils s'occupent, ou qui peuvent le grever.

On sait que les Servitudes se divisent en trois catégories, dont chacune occupe un chapitre au *Code Napoléon*. Les premières *dérivent de la situation des lieux* : les secondes sont *établies par la loi*, et les troisièmes par *le fait de l'homme*.

Dans les servitudes qui *dérivent de la situation des lieux*, on peut distinguer l'obligation imposée aux *fonds inférieurs de recevoir les eaux qui découlent naturellement des fonds supérieurs*, comme les eaux *pluviales*, les *eaux de source*, et ce qui concerne les *sources* et les *eaux courantes*.

Parmi les servitudes *établies par la loi,* on trouve les règles relatives au *mur* et au *fossé mitoyens ; la distance* et *les ouvrages intermédiaires* requis pour certaines constructions ; *les vues sur la propriété de son voisin, l'égout des toits,* les droits de *passage.*

En général, les servitudes de ces deux catégories peuvent se reconnaître à l'inspection du sol et des constructions qui le couvrent ou l'entourent, car elles se manifestent ordinairement par des signes extérieurs qui peuvent servir à les constater.

Il n'en est pas de même des Servitudes *établies par le fait de l'homme,* qui sont *urbaines* ou *rurales, continues* ou *discontinues, apparentes* ou *non apparentes,* et qui *s'établissent* par *titres*, ou par la *possession trentenaire* et par la *destination du père de famille*, et qui *s'éteignent* de différentes manières prévues par la loi, notamment par une *nouvelle disposition des lieux*, par la *réunion des deux fonds* en une seule main, par le *non-usage pendant trente ans.*

La gravité de certaines servitudes entraîne avec elle l'obligation de ne pas se borner à la simple inspection des lieux, mais de recourir aux *titres de propriété.* Une disposition favorable de la dernière loi sur les hypothèques impose la formalité de la *transcription* des nouvelles conventions créant des servitudes conventionnelles ; mais elle ne pouvait détruire les droits acquis, et les bureaux des hypothèques ne donneraient à cet égard que des notions incomplètes. Il faut alors s'en rapporter à la déclaration du vendeur, contre qui, en cas de fausse déclaration ou de réticence frauduleuse, on aurait *l'action personnelle*, à défaut de l'action *réelle* ou immobilière. Le vendeur a le plus grand intérêt à déclarer les servitudes non apparentes, car l'acquéreur ne possède aucun moyen de les connaître, et pourrait se plaindre d'une réticence coupable. On nous a cité un contrat récent, dans lequel le vendeur avait omis de mentionner qu'un égout public, voûté, traversait l'immeuble vendu : l'acquéreur a obtenu, comme indemnité, une réduction de 200,000 francs sur le prix, qui était d'un million !

Ces principes généraux rappelés, comment formuler les avantages résultant des servitudes *actives* et les inconvénients qu'entraînent les servitudes *passives* pour le terrain qu'on se propose d'acquérir ? On comprend notre impuissance à prévoir tous les cas qui peuvent se présenter, et nous ne saurions que renvoyer nos lecteurs aux *exemples* que nous avons déjà donnés relativement au droit de *passage*, à *l'interdiction de bâtir*, au *nivellement*, au *mur mitoyen.* Toutefois nous indiquerons ici, dans de larges proportions, l'opinion que nous avons sur les servitudes en général, en disant ce qui suit :

Pʀᴇᴍɪᴇ̀ʀᴇ ᴄʟᴀꜱꜱᴇ. — Les servitudes actives, c'est-à-dire les droits qui profitent au terrain à acquérir et qui grèvent d'autres propriétés du voisinage, ne nous paraissent pas pouvoir procurer des avantages dépassant une... PLUS-VALUE de 1 à 10 p. 100.

DEUXIÈME CLASSE. — En sens inverse, les servitudes *passives*, c'est-à-dire les droits qui grèvent le terrain à acquérir et qui profitent à d'autres propriétés voisines, peuvent devenir tellement onéreux et nuisibles, que ce ne soit pas assez de les exprimer par une................ MOINS-VALUE de 1 à 50 p. 100.

TROISIÈME CLASSE. — Il est une autre espèce de *servitudes*, dont les acquéreurs devront se préoccuper ; nous les appellerons *administratives* : on peut les diviser en *interdictions* et en *prescriptions*.

1ᵉʳ GENRE. — Interdictions.

Ce sont d'abord les *interdictions* qui grèvent certaines voies publiques, ou le voisinage de certains monuments et établissements publics. Ainsi, par exemple, dans *certaines avenues*, comme celle des Champs-Élysées, les grosses voitures ne peuvent circuler, et ce serait une grande gêne pour les établissements qu'on y voudrait créer, s'ils exigeaient le transport de lourds fardeaux. — Aux environs des *cimetières*, il est interdit de creuser des puits et d'élever certaines constructions.

2ᵉ GENRE. — Prescriptions.

Certains terrains ont été vendus, notamment par la ville de Paris, à la condition d'y élever un bâtiment dans un délai déterminé, à une certaine hauteur, et après en avoir soumis le plan à l'administration, et l'inexécution de cette clause a entraîné contre les acquéreurs des condamnations à des dommages-intérêts qui se sont élevés jusqu'à 500 francs. D'autres fois on a imposé une façade uniforme, et nous apprécierons la charge qui en résulte (chap. XII, § 2, 2ᵉ section).

3ᵉ GENRE. — Servitudes militaires.

Enfin ce sont les *servitudes militaires* qui défendent de

construire à une certaine distance des fortifications et ouvrages militaires.

Il y aura lieu de s'enquérir avec soin de toutes les circonstances spéciales qui peuvent donner lieu à une *servitude passive*, car il en résulterait une *moins-value*, comprise dans les limites ci-dessus fixées...................... OBSERVATION.

7ᵉ SUBDIVISION.—Constructions existant sur le terrain à acquérir.

1ʳᵉ CLASSE. — Si le terrain a plus d'importance que les constructions.

Il n'est pas rare de rencontrer, dans les rues de Paris, des *terrains* plantés d'arbres de *haute futaie*, se promenant comme en tilbury; nous avons vu l'obélisque de Louqsor et la colonne de la place du Châtelet se livrer à des pérégrinations assez longues, et les journaux racontaient dernièrement le voyage fait en Amérique par une maison toute garnie de ses locataires : ne désespérons pas de voir bientôt, avec le progrès des arts et des expropriations pour cause d'utilité publique, se réaliser le projet de construire des maisons qui feront partie de votre mobilier, et qui seront à l'abri des hypothèques et de la contribution foncière, puisqu'elles reposeront sur des cylindres en fonte et pourront se transporter, à petites journées, d'un terrain dans un autre comme un énorme bloc de pierre, au moyen de rails, de pinces, de crics, de cabestans et même au besoin de machines à vapeur, ou de presses hydrauliques, après un simple emballage de précaution, pour échapper aux rigueurs du jury d'expropriation et au *marteau des démolisseurs*. Mais, en attendant que ce nouveau mode de construction soit généralement adopté, et que M. le Préfet de Police ait rendu une ordonnance pour réglementer le transport de cette nouvelle espèce de *colis,* nous sommes autorisé à prétendre que toute maison suppose un terrain, et que, pour rendre le terrain libre afin d'y élever un autre bâtiment, il faut commencer par démolir l'ancien, qui n'a plus que la valeur de matériaux de démoliton, c'est-à-dire la moitié, tout au plus, du prix de ces mêmes matériaux s'ils étaient neufs, et déduction faite des déchets, et des frais de démolition et de transport.

On opérera donc avec soin le métrage des murs, planchers, combles, boiseries, etc., et l'on arrivera à la fixation de la *plus-value* que peut produire la vente des matériaux provenant des constructions s'il en existe sur le terrain.... OBSERVATION.

2ᵉ CLASSE. — Si les constructions ont plus d'importance que le terrain.

Mais si les constructions existantes ont plus d'importance que le terrain lui-même, ce ne sera pas un *terrain* qu'on se proposera d'acheter, mais bien une *maison* dont l'estimation sera plus élevée que dans l'hypothèse précédente, puisque nous supposons ici qu'on pourrait conserver le bâtiment pour l'habiter.

Voulant nous renfermer dans le cadre qui nous est tracé, nous remettrons l'examen de cette question à la seconde partie du présent ouvrage, au chapitre où nous nous occuperons de la valeur des bâtiments déjà construits........ OBSERVATION.

3ᵉ CLASSE. — Constructions et fonds de terre en dépendant, formant une seule et même propriété.

1ᵉʳ GENRE. — Équilibre existant entre l'importance des bâtiments et celle des fonds de terre.

Il est une considération qui intéresse beaucoup l'art de l'architecture, sans être tout à fait de son domaine, et qui ne peut rester étrangère aux notions sur les placements immobiliers, puisqu'elle a une grande influence dans l'évaluation des propriétés bâties : c'est la proportion juste, ou la disproportion entre l'importance de l'édifice et l'étendue du terrain qui lui est consacré. Si cette juste proportion a été heureusement trouvée par l'architecte, et s'il s'y est conformé dans sa construction, l'immeuble réunira les conditions normales : et en estimant séparément soit le terrain, soit les bâtiments à leurs justes valeurs distinctes, la réunion de ces deux estimations donnera une équitable évaluation de l'immeuble ; c'est ce que nous appelons le.......................... PRIX DE BASE.

2ᵉ GENRE. — Disproportion entre l'importance des bâtiments et celle des fonds de terre.

Mais si, au lieu d'observer cet équilibre entre l'étendue du terrain et l'importance des constructions que cette étendue peut comporter, eu égard à la situation et à l'éloignement de la propriété, on élève un bâtiment trop petit pour un grand terrain, évidemment on aura négligé de tirer tout le parti possible de la terre et il en résultera une dépréciation pour le sol, c'est-à-dire une *moins-value*.

Et, en sens inverse, si l'on a élevé des constructions trop considérables comparativement à la petite surface de terre dont on peut disposer, alors on manquera d'air, de jour, de soleil, de vue ; ou bien les abords, les accessoires, les dépendances ne présenteront pas les développements qu'exige le service d'une grande maison ; ou bien les jardins seront trop restreints, les promenades trop écourtées ; ou bien on n'y trouvera pas ces grandes cours d'honneur, avec de larges et longues avenues pour accéder à l'hôtel ; ou bien encore en dehors des grandes villes, on sera privé de ces vastes espaces distribués en faire-valoir, terres pour la chasse, longues allées pour la promenade, conditions indispensables pour la vie de château, et en un mot on n'aura pas cette étendue de terre, de prés, de bois, de vergers, de vignes, que les habitants des campagnes estiment à un prix bien supérieur à celui des plus beaux bâtiments, et qui n'est point étrangère à la considération qu'ils ont pour le propriétaire du château, ainsi qu'au degré d'influence qu'ils lui accordent. Cette grande construction se trouvant, en quelque sorte, déplacée dans ce petit espace, éprouvera une *moins-value*, et l'estimation totale de la propriété sera inférieure à la réunion des deux éléments dont elle se compose : le prix de revient du sol et le prix de revient des bâtiments.

Mais dans quelles proportions ces *moins-values* peuvent-elles se traduire en chiffres? Sur quelles bases sérieuses et fixes peut-on s'appuyer pour les calculer? A quels principes faut-il se rattacher pour définir et préciser la juste proportion entre la terre et les bâtiments? Quel rapport convient-il d'établir entre l'écart de ces deux termes et la moins-value qui en résulte? — C'est ce qui va faire l'objet de notre étude.

S'il s'agissait d'une ferme ou métairie, ce serait une question d'agriculture, déjà résolue dans les traités spéciaux relatifs à cet art; nous pourrions même dire à cette science; car on sait combien il faut de charrues pour cultiver cent hectares de terre et combien de places de chevaux ou de bœufs sont nécessaires dans les écuries ou les étables pour y loger les attelages de ces charrues; on n'ignore pas combien de moutons peuvent être nourris sur la même étendue de terre, et quelle surface doivent occuper les bergeries où ces troupeaux se réfugieront pendant l'hiver : le calcul de l'étendue des greniers et des granges nécessaires pour renfermer les récoltes est facile à faire, et la réunion de ces éléments fournira bien vite le nombre de mètres de bâtiments d'exploitation que cent hectares de terre rendraient nécessaires pour faire une bonne culture.

Mais comme nous ne nous occupons pas ici exclusivement d'une terre de produit, et que nous devons aussi faire entrer en ligne de compte la partie consacrée à l'agrément et les bâtiments principalement destinés à l'habitation, et que nous appliquons ces études aux maisons de ville aussi bien qu'aux maisons de campagne et aux châteaux, nous devons recourir à d'autres modes d'évaluation. Commençons d'abord par les bâtiments situés en ville.

1ᵉʳ ARGUMENT. — *Influence de l'éloignement progressif de la Capitale, et de la proximité des principales villes de province.*

Dans les grands centres de population et spécialement dans Paris, le mode de construction et la destination des maisons en hôtels, varient suivant l'éloignement du centre, c'est ainsi que, dans la figure centrale (n° 1), on peut très-bien bâtir des maisons sans cour, et en tirer un revenu d'autant plus élevé qu'il y aura moins de terrain non utilisé et non productif. Si nous nous éloignons du centre, de cinq cents mètres en cinq cents mètres, c'est-à-dire de zone en zone concentrique, on verra ménager d'abord une petite cour, ensuite une plus grande, puis un petit jardin, puis encore un plus grand jardin. La même progression se continuera hors des villes, mais avec un plus grand écart, de telle sorte qu'au lieu de marquer les degrés par des zones d'un demi-kilomètre de section, il faudra calculer l'accroissement de terrain d'abord de kilom. en kilom., ensuite de myriamètre en myriamètre, et même de dix myriamètres en dix myriamètres : en s'éloignant ainsi de la capitale, les fonds de terre devront être assez étendus pour fournir successivement des emplacements destinés à une cour d'honneur, à une cour des communs et à une basse-cour, à une avenue conduisant de la route publique à la cour d'honneur, à des potagers, à des jardins fleuristes, à des couches, à des serres, à des orangeries, à des vergers, à des pacages, à des vignes, à des bois taillis et à de haute futaie; à des parcs, des jardins anglais, des terrasses, des terres labourables et des prés ; en un mot, à toutes les dépendances qu'exige, suivant la localité, le service des chevaux, des voitures, des animaux de basse-cour, la récolte et la conservation des céréales, de légumes et de fruits, et toutes les dépendances d'une petite ou d'une grande maison.

Si nous voulions opérer avec une rigoureuse exactitude, il faudrait prendre pour terme de comparaison un bâtiment de

100 mètres, par exemple, de surface, considéré comme unité ; sa multiplication ou sa division pourrait correspondre aux habitations de toute nature, quelle que fût leur étendue, puisque la surface de la terre se multiplierait ou se diviserait dans la même proportion que l'unité de 100 mètres que nous aurions adoptée. Mais un pareil calcul serait mieux placé dans la partie de cet ouvrage qui traitera spécialement des constructions.

Ici, nous nous bornerons à prendre pour *unité* l'habitation nécessaire à une famille, composée ordinairement de quatre personnes , plus les domestiques, et nous aurons ainsi un terme de comparaison avec la population.

De même que l'influence de la proximité ou de l'éloignement du centre des affaires, dans la ville de Paris, se fait sentir jusqu'aux fortifications, pareillement la proximité ou l'éloignement de Paris exerce une influence proportionnelle jusqu'aux frontières de France. Mais, plus on s'éloigne de Paris, plus on se rapproche d'autres centres de population qui, à leur tour, viennent exercer, quoique dans de bien plus faibles proportions que la capitale, une certaine influence de proximité ou d'éloignement, de même nature que la première, mais d'une moindre intensité, car ces influences s'exercent proportionnellement à la population de chacun de ces centres d'habitation. Plus vous vous éloignez de Paris, plus vous désirez et plus vous pouvez vous procurer facilement de vastes espaces; mais en même temps, plus vous vous rapprochez des grandes villes de province, telles que Lyon, Bordeaux, Rouen, Lille ou Strasbourg, cette proximité de second ordre, en rendant le terrain un peu plus rare et en vous offrant certaines ressources qu'on rencontre dans une grande ville, vient atténuer, jusqu'à un certain point, le besoin de plus vastes dépendances que fait naître l'éloignement de la capitale. Il y a donc à consulter deux forces d'attraction d'inégale puissance et agissant en sens opposé.

2ᵉ ARGUMENT. — *Influence de la densité de population.*

Chaque parcelle de terre appartient en France à une commune et, comme la population des communes offre de grandes différences entre elles, le chiffre de la population communale doit être un des coefficients de nos calculs d'évaluation ; comparant ensuite la population communale avec l'étendue du territoire de la commune, nous en déduirons un rapport de *densité* reposant sur des données fixes, incontestables et à l'abri des appréciations arbitraires. En comparant ce rapport de la population et du territoire communal avec la proportion existante entre l'étendue de la propriété et le nombre d'habitants que peuvent loger ses bâtiments, nous saurons si cette proportion est supérieure ou inférieure à celle de la densité de la population communale.

3ᵉ ARGUMENT. — *Proportion entre le territoire et sa population.*

Nous ne reproduirons pas ici des détails statistiques consignés dans tous les annuaires et dans tous les ouvrages qui traitent de la géographie ; mais nous grouperons seulement quelques-uns de ces éléments, pour en tirer la loi de densité de population nécessaire à nos calculs.

Sous la première république, à la fin du dernier siècle, à l'époque où le territoire de la France n'était pas encore agrandi par les pays conquis, et où l'on ne comptait que 84 départements, parce que celui de Tarn-et-Garonne n'avait pas encore été formé aux dépens de ceux qui l'environnent, on évaluait ainsi qu'il suit la superficie du territoire continental de la France et sa population :

	Surface en hectares.	Population.
En 1799................	52,517,726	27,557,028

La densité de population pouvait alors s'exprimer par le terme de : 1 habitant pour 1 hectare, 90 ares, 57 centiares.

Au 1ᵉʳ janvier 1834, nous trouvons une légère différence de territoire et une augmentation de population de près d'un cinquième en un tiers de siècle (pour 86 départements, en y comprenant la Corse) 53,333,100 32,746,946

Ce qui nous donne : 1 habitant pour 1 h. 62 a. 86 c.

Au 1ᵉʳ janvier 1856, avant l'annexion de Nice et de la Savoie, on trouve (pour 86 départements, en y comprenant la Corse).......... 53,369,613 36,006,444

D'où il résulte la proportion de 1 habitant pour 1 hectare, 48 ares, 22 centiares.

Le dernier dénombrement fait en 1861 et publié par décret du 11 janvier 1862, présente une nouvelle augmentation dans le chiffre de la population, indépendamment de celle résultant de l'annexion de Nice et de la Savoie, répartie sur trois départements de la manière suivante :

Les Alpes-Maritimes....... 194,578 ⎫
La Savoie................ 275,039 ⎬ 737,113 habitants.
La Haute-Savoie.......... 267,496 ⎭

Les 86 anciens départements représentent 36,645,112 habitants.

Total égal au nouveau dénombrement.. 37,382,225 habitants.

Il y a eu sur l'ancien territoire une augmentation de population de 638,660 pendant les cinq dernières années, et la densité de population sur l'ancien territoire se trouve réduite, par terme moyen, à 1 habitant pour 1 hectare, 18 ares, 08 cent.

Cette moyenne générale doit se modifier suivant chaque lo-

calité : dans les villes il diminue beaucoup, tandis qu'il s'augmente dans les communes rurales. C'est ainsi qu'à Paris, dont
la population est d'environ 1,700,000 habitants, pour un territoire d'environ 7,800 hectares, chaque habitant n'a en moyenne
que 0 hectare 00 ares 45 centiares de terrain.

Dans le centre de la France, tel département ayant un territoire de 611,369 hectares, et une population de 323,572 habitants, chaque habitant a en moyenne 1 hectare 88 ares 94 cent.
de surface.

Dans telle ville, chef-lieu de département dont le territoire est
de 1,076 hectares, et la population d'environ 45,000 habitants,
chacun d'eux n'a que 0 hectare 02 ares 39 centiares. Dans telle
commune située à 6 kilomètres du chef-lieu du département
et dont le territoire est de 1,600 hectares pour une population
de 1,200 habitants, la moyenne remonte, et chaque habitant
a 1 hectare 23 ares 07 centiares de surface par terme moyen.

Si, dans cette même commune, on avait annoncé qu'une
propriété bâtie peut contenir trois familles, en se bornant à
considérer chaque famille comme composée du nombre ordinaire de quatre individus, sans y comprendre les domestiques, on trouverait, pour cette propriété, une population de
douze personnes dont chacune devrait avoir 1 hectare 23 ares
07 centiares, de même que les autres habitants de la commune,
ce qui, pour les douze personnes, composant les trois familles,
produirait un minimum de 14 hectares 76 ares 84 centiares,
compensation faite entre les plus riches et les plus pauvres habitants du pays. Si l'on ajoute deux domestiques par famille,
ou six domestiques pour les douze personnes, cela porterait la
population de cette propriété à dix-huit personnes et exigerait
une superficie d'au moins 22 hectares 15 ares 26 centiares, pour
se trouver dans les même conditions que celles des autres habitants du bourg dont nous parlons. Mais il y a lieu de faire, à
ce sujet, une distinction entre les divers genres de population

pour lesquels les constructions sont élevées et les dépendances agencées. C'est ce que nous allons essayer d'entreprendre.

4° Argument. — *Distinction entre les diverses catégories d'habitations auxquelles les propriétés sont destinées.*

I. La catégorie la plus nombreuse des habitants est celle qu'on appelait jadis les *prolétaires*, qui ne possèdent aucun fonds de terre, mais qui habitent la terre d'autrui, comme *locataires* ou comme *domestiques*. Ces derniers doivent être comptés dans la famille et ne peuvent faire l'objet d'une catégorie séparée : quant aux premiers, ne devant pas posséder de bien-fonds, ils peuvent être passés sous silence quand il s'agit d'acquérir une propriété.

II. Vient ensuite la catégorie des *cultivateurs* et nous avons déjà fait remarquer que les traités spéciaux d'agriculture contiennent, sur le sujet qui nous occupe. de longs développements, que nous ne pourrions reproduire ici, et nous nous bornons à y renvoyer le lecteur.

III. Nous avons aussi parlé des diverses *propriétés d'agrément*, et nous avons donné, en abrégé, la nomenclature des dépendances qu'on désire y trouver. Parmi ces nombreuses habitations de campagne, il est une espèce qui nous paraît devoir composer une catégorie distincte : ce sont les *châteaux*.

IV. Avant tout, *qu'est-ce qu'un château ?*
Sans discuter l'étymologie de l'ancien mot *castel*, qu'on fait venir de *castellum*, diminutif de *castrum*, camp, nous reconnaîtrons, avec les dictionnaires, que l'expression *château* a plusieurs acceptions : autrefois c'était une forteresse environnée de fossés et de gros murs, flanqués de tours ou de bastions; on appliqua ensuite cette dénomination aux habitations seigneuriales, et aujourd'hui qu'il n'y a plus de seigneurs féodaux en France, on appelle château, par extension, *toute maison de*

plaisance vaste et magnifique. Déjà, du temps de Voltaire, c'était un ridicule que d'attribuer le titre pompeux de château à un monument de médiocre importance, et dans son roman de *Candide*, il dit que « M. le baron de Tunder-ten-tronckh » était un des plus puissants seigneurs de Westphalie, car *son* » *château* avait une porte et des fenêtres » par exception à la règle admise dans cette contrée, probablement pour échapper à l'impôt des portes et fenêtres. Mais nous ne sommes point en ·Westphalie, pays plus célèbre pour ses jambons et ses traités que par ses châteaux. Nous devons nous préoccuper des habitudes françaises, et nous discuterons maintenant cette autre question : *Quelle proportion doit exister entre l'importance des constructions composant un château et l'étendue des domaines qui y sont nécessairement annexés ?*

Nous chercherons la solution de ce problème dans des éléments appartenant à deux ordres d'idées, la *théorie* et la *pratique*, la *doctrine* et les *faits accomplis.*

5ᵉ Argument. — *Bases théoriques du rapport entre l'étendue du domaine et les bâtiments d'habitation.*

En *théorie*, quel rapport doit exister entre la maison d'habitation. le logement proprement dit et le domaine productif ? N'est-ce pas le même que celui placé par la nature entre l'enfant à la mamelle et sa nourrice ? Le domaine doit évidemment fournir les revenus nécessaires pour faire vivre les habitants du château et l'importance des bâtiments doit être proportionnée à celle du domaine, aux produits du faire-valoir et au fermage des terres amodiées. Voilà bien la règle générale indiquée par la nature : tirons-en maintenant les conséquences rigoureuses.

Pour y parvenir, nous aurons d'abord à évaluer le *revenu moyen* d'un *hectare* de terre de toute nature, et la dépense de *construction* d'un *mètre superficiel* de bâtiment, qualifié château. Comparant ensuite le revenu du domaine avec la dépense occasionnée par la construction du manoir, nous en déduirons la formule indiquant le rapport qui doit exister entre l'importance de l'un et celle de l'autre.

Supposons que le revenu moyen annuel d'un hectare soit pour les meilleurs fonds de 100 fr., pour ceux de médiocre qualité de 60 fr. et pour les pires de 20 fr., nous arrivons à une moyenne générale de 60 fr. par hectare.

Admettons que les bâtiments des châteaux se composent ordinairement de trois catégories : l'habitation principale; les communs; les écuries, remises et dépendances ; que les premiers soient élevés, en général, de rez-de-chaussée, premier étage et mansardes; les seconds de rez-de-chaussée et greniers, et les troisièmes de rez-de-chaussée seulement; que chacune de ces trois catégories occupe un espace à peu près pareil et que la valeur du mètre superficiel de construction neuve soit de 150 fr., 70 fr. et 50 fr., il en résultera une moyenne de 90 fr. par mètre superficiel de construction. Nous n'entendons pas garantir l'exactitude de ce chiffre, qu'on pourra augmenter ou diminuer suivant les circonstances, mais nous le prenons parce qu'il en faut un pour nos calculs. Si, au lieu de bâtir, on employait ces 90 fr. à acheter de la terre rapportant une moyenne de 3 p. 100, ce capital de 90 fr. produirait 2 fr. 70 c. de revenu, dont on s'est privé en construisant un mètre superficiel de bâtiments. Il faut y ajouter les impôts, assurance, frais d'entretien, réparations et dépréciation des bâtiments qu'on ne peut pas évaluer à moins de 60 c. par an. La réunion de ces deux sommes représente un loyer annuel de 3 fr. 30 c. par mètre carré supperficiel de bâtiments d'habitation, non compris ceux d'exploitation, dont nous ne parlons pas ici.

Maintenant, si nous nous reportons aux anciennes traditions de la vie de château, les lettres de madame de Sévigné nous apprennent que, dans un budget bien ordonné, à l'usage des familles châtelaines, on ne doit consacrer que le *dixième* de son

revenu à la dépense de son logement, et que les neuf autres
dixièmes doivent être employés à subvenir à toutes les autres
dépenses d'habitation, de mobilier, de service, de table, d'équipages, d'entretien, de toilette, de santé et d'éducation des enfants.

Il résulte de ces diverses données que, pour chaque hectare
productif, rapportant en moyenne un revenu de 60 fr., on ne
doit pas consacrer à l'habitation plus de 6 fr. par année, et,
comme nous venons de voir qu'un mètre superficiel de construction coûte annuellement et en moyenne 3 fr. 30 c., ce
crédit annuel de 6 fr. ne permet d'avoir que 1 m. 81 $\frac{81}{100}$ superficiels de bâtiments d'habitation pour chaque hectare de
fonds productifs.

Mais, comme les conditions de la vie sont modifiées depuis
l'époque où madame de Sévigné écrivait ses inimitables lettres,
nous examinerons plus loin s'il y a lieu de modifier cette base
du dixième. Quant, à présent, nous devons la conserver et elle
nous indique qu'un château contenant 600 mètres de constructions supposerait un domaine contenant 330 hectares de terres
de moyenne valeur.

Pour bien préciser notre pensée, nous ajouterons que, si
nous voulions calculer rigoureusement, les cours, avenues, jardins d'agrément et parcs, ne devraient pas être compris dans le
nombre d'hectares productifs et devraient être ajoutés aux
330 hectares, dont nous venons de parler : mais, voulant faire
une large part au luxe des bâtiments, qui est devenu à la
mode, nous comprendrons ces dépendances, ordinairement en-
closes, dans la contenance générale du domaine dépendant du
château.

Nous venons d'établir des calculs basés sur cinq conditions
principales, qui sont :

90 fr. de dépense moyenne pour construire un mètre superficiel de bâtiments, dans les conditions moyennes d'un château ;

60 c. par an et par mètre pour assurance, impôts, réparations et dépréciations des bâtiments;

3 p. 100 comme revenu moyen servant à évaluer le prix d'acquisition des terres productives;

60 fr. par an et par hectare, pour le produit moyen des terres de moyenne qualité;

1/10 de revenu annuel, ou 6 fr. par hectare, à consacrer au loyer de l'habitation.

Il est évident, que si nous modifions, en plus ou en moins, chacune de ces cinq bases moyennes, notre résultat général sera modifié, dans la même proportion, en plus ou en moins : le tarif suivant sera la conséquence de ces modifications diverses.

6ᵉ Argument. — *Échelle progressive du revenu.*

En ce qui concerne le *revenu moyen* de la terre, que nous avons évalué à 60 fr. *par hectare*, il est incontestable que, pour certaines cultures exceptionnelles. telles que : la vigne, l'olivier, les colzas, les betteraves, le rendement peut s'augmenter beaucoup, tandis qu'il diminuera pour les bois, pour certaines terres labourables de qualité inférieure, les bruyères, les landes, etc. Nous laisserons aux hommes de l'art le soin de décider dans quelles circonstances il conviendra d'élever ou d'abaisser le chiffre de 60 fr., et nous nous bornerons à construire ici une table contenant une proportion croissante et décroissante de 10 en 10, ce qui apportera les changements suivants dans notre résultat, toutes les autres données étant supposées rester les mêmes.

Nous avons vu plus haut que 60 f. de revenu représentent 6 f. de loyer et supposent 1 m. 81 $\frac{81}{100}$ de constructions. 10 f. de revenu représenteront 1 fr. de loyer et supposeront 0 m. 30 $\frac{10}{100}$ de constructions. Nous aurons donc la série suivante :

Revenu par hectare.		Loyer.			Contenance.	
10 fr.,	représentent	1 fr. et	0 m.	30	30/100.	
20	—	2 —	0	60	60/100.	
30	—	3 —	0	90	90/100.	
40	—	4 —	1	21	20/100.	
50	—	5 —	1	51	50/100.	
60	—	6 —	1	81	81/100.	
70	—	7 —	2	12	12/100.	
80	—	8 —	2	42	42/100.	
90	—	9 —	2	72	72/100.	
100	—	10 —	3	03	03/100.	

Cette série permet de trouver facilement tous les termes intermédiaires.

7ᵉ Argument. — *Échelle progressive de la dépense de construction.*

En ce qui regarde la *dépense moyenne de construction,* que nous avons évaluée à 90 fr. par mètre superficiel, par terme moyen, elle augmentera dans les pays où la main-d'œuvre est chère et où les matériaux sont rares, comme aussi quand l'édifice aura plus d'étages et comportera une construction plus solide, plus ornée et plus élégante, que la moyenne adoptée par nous : en sens inverse, elle diminuera quand la main-d'œuvre et les matériaux baisseront de prix, suivant chaque localité et quand on restreindra la hauteur des bâtiments et leur degré d'élégance, d'ornementation et de solidité.

Nous devons nous borner à formuler, dans notre tarif, une série de termes exacts, en laissant l'application aux hommes compétents, pour chaque espèce particulière suivant les circonstances spéciales qui pourront se présenter.

Nous avons supposé plus haut que la moyenne du prix coûtant d'un mètre superficiel de constructions était de 90 fr., représentant, au taux de 3 p. 100, prix moyen d'acquisition des terres, un revenu annuel de de 2 fr. 70 c., lequel augmenté de 60 c. pour entretien, réparation et dépérissement annuel, portait la dépense annuelle du mètre de constructions moyennes à 3 fr. 30 c., qui, rapprochés d'un loyer annuel de 6 fr. par hectare de terre, offraient une proportion de 1 m. 81 81/100 de bâtiments pour un hectare. Si nous supposons que, toutes les autres données restant les mêmes, le changement porte seulement sur le prix moyen de la construction, évalué d'abord à 10 fr. seulement par mètre carré, nous arrivons à un revenu annuel de 30 c., qui, augmenté de 60 c., pour entretien, etc., donne 90 c., lesquels rapprochés des 6 fr. de loyer, par hectare de terre, offrent une proportion de 6 m. 66 66/100 de bâtiments pour un hectare de terre.

Si nous prenons ensuite 20 fr. de dépense par mètre carré, nous obtenons 60 c. de revenu, qui, augmentés de 60 c. de frais, donnent 1 fr. 20 c., lesquels rapprochés de 6 fr. de loyer annuel, produisent 5 m. de bâtiments par hectare.

Nous obtenons ainsi la table suivante, contenant huit termes au-dessus et huit termes au-dessous de la base de 1 m. 81 81/100 adoptée ci-dessus :

10 fr. de dépense de constructions représentent 30 c. de revenu, qui, augmentés de 60 c. de frais, donnent 90 c., produisant, en surface de bâtiments, pour chaque hectare de terre, 6 m. 66 66/100.

Dépense.	Revenu.		Augmentation.		Produit.		Total.		
fr.	fr.	c.	fr.	c.	fr.	c.	m.	c.	
20	»	60	»	60	1	20	5	»	
30	»	90	»	60	1	50	4	»	
40	1	20	»	60	1	80	3	33	33/100
50	1	50	»	60	2	10	2	85	71/100
60	1	80	»	60	2	40	2	50	
70	2	10	»	60	2	70	2	22	22/100
80	2	40	»	60	3	»	2	»	
90	2	70	»	60	3	30	1	81	81/100

Dépense.	Revenu.		Augmentation.		Produit.		Total.		
fr.	fr.	c.	fr.	c.	fr.	c.	m.	c.	
100	3	»	»	60	3	60	1	66	66/100
110	3	30	»	60	3	90	1	53	84/100
120	3	60	»	60	4	20	1	42	85/100
130	3	90	»	60	4	50	1	33	33/100
140	4	20	»	60	4	80	1	25	
150	4	50	»	60	5	10	1	17	64/100
160	4	80	»	60	5	40	1	11	11/100
170	5	10	»	60	5	70	1	05	26/100

8ᵉ ARGUMENT.—*Échelle progressive de la somme consacrée au loyer de l'habitation.*

Relativement à la *quotité du revenu annuel* consacrée au loyer de l'habitation, nous avons pris **1/10**, parce que cette proportion fut longtemps reconnue comme satisfaisant aux besoins de la vie de château, parmi ceux qui avaient coutume d'habiter ces manoirs seigneuriaux. Mais nous devons bien reconnaître que la vanité, qui s'est emparée de presque toutes les têtes, a maintenant modifié cette proportion : elle a voulu tout donner à l'apparence, sauf à se restreindre sur les choses qui constituent le véritable confort.

En laissant donc à chacun le soin d'apprécier la juste proportion qui doit exister entre ses revenus et le taux de son loyer, nous nous bornerons à indiquer une série de nouveaux termes, basés sur l'augmentation du taux de 1/10, ci-dessus mentionnée.

Tous nos calculs précédents reposant sur cette base de **1/10**, nous supposerons que les autres données ne sont pas modifiées et nous opérerons seulement en augmentant de **1/10** le taux du loyer, ce qui nous donnera la table suivante :

1/10 de 60 fr. égale 6 fr., lesquels comparés à 3 fr. 30 c., dépense annuelle de la construction , ne permettent d'a-

voir, en bâtiments, par chaque hectare de fonds de terre
productifs, que.................... ..... 1ᵐ 81 81/100

2/10 de 60 f. égalent 12 fr., idem........... 3 63 63/100

3/10 de 60   — 18   idem........... 5 45 45/100

4/10 de 60   — 24   idem........... 7 27 27/100

5/10 de 60   — 30   idem........ ... 9 09 09/100

9ᵉ Argument.—*Échelle progressive du rapport entre l'étendue
du domaine et celle des bâtiments d'habitation.*

Il nous resterait encore à étudier les modifications qui pourraient résulter des deux dernières bases, les charges et réparations annuelles que nous avons portées à 60 c. par mètre et le
taux du revenu, que nous avons indiqué comme étant de 3
p. 100 en fonds de terre; mais ces deux dernières données ne
nous paraissent guère susceptibles de modifications, et, d'ailleurs, il serait facile de les calculer en procédant, comme nous
venons de le faire, pour les trois autres : c'est, au surplus, ainsi
qu'il faudrait opérer si les modifications devaient porter à la
fois sur plusieurs de nos cinq données principales.

Après avoir ainsi indiqué le moyen de régler les calculs sur
les circonstances particulières qui peuvent se présenter, nous
en revenons à notre moyenne de 600 mètres de constructions
pour 330 hectares de contenance, elle nous permet de construire la table suivante :

100 m. de constructions pour			55 hect. de contenance.	
200	—	—	110	—
300	—	—	165	—
400	—	—	220	—
500	—	—	275	—
600	—	—	330	—
700	—	—	385	—
800	—	—	440	—
900	—	—	495	—
1000	—	—	550	—

10ᵉ ARGUMENT. — *Relevé des annonces de châteaux à vendre.*

Passant enfin de la *théorie* à l'*observation des faits accom-plis*, nous donnons ici les résultats d'un relevé que nous avons dressé de toutes les annonces de *châteaux à vendre*, insérées dans *le Moniteur* et dans *le Constitutionnel*, pendant une pé-riode de six semaines, du 26 mars au 11 mai 1862, jour où nous avons écrit cette copie pour la remettre à l'imprimerie : ils sont au nombre de 41.

Nous n'y trouvons pas la mesure des bâtiments, ni même pour trois châteaux la mesure du domaine : cette contenance, non indiquée, est remplacée par des explications annonçant une assez grande étendue, puisqu'il s'y trouve plusieurs fer-mes, des terres, des bois et autres dépendances : toutefois, nous n'avons pas voulu faire des évaluations hypothétiques dans un travail basé uniquement sur des faits constatés, mais nous serons forcés d'y avoir recours plus tard.

Le renseignement de la contenance est indiqué pour 38 châ-teaux, ce qui nous permet de donner le résumé suivant :

Surface des terrains.	Châteaux.	P. 100.	
1 à 5 hect.	4	10	53
5 à 10 —	2	5	26
11 à 20 —	3	7	90
21 à 30 —	3	7	90
31 à 40 —	2	5	26
41 à 50 —	»	»	»
51 à 60 —	2	5	26
61 à 70 —	2	5	26
71 à 80 —	1	2	63
81 à 90 —	1	2	63
91 à 100 —	2	5	26
Total jusqu'à 100 hect.	22 chât.	57	89

	Report..... 22	Report.... 57	89
101 à 200 hect. 4		10 53	
201 à 300 — 4		10 53	
301 à 400 — 3		7 89	
401 à 500 — 1		2 63	
501 à 600 — »		» »	
601 à 700 — 3		7 90	
701 à 800 — 1		2 63	

Au-dessus de
100 hect. et jus-
qu'à 1,450 hect..   16 chât.   16   42   11   42   11

Total........   38 chât.   Total...   100   »

11ᵉ Argument. — *Proportion entre l'éloignement de la Capitale et la contenance des châteaux mis en vente.*

Le relevé des annonces de châteaux à vendre, dont nous venons de parler, nous a fourni les moyens d'établir, d'une manière incontestable, puisqu'elle résulte de faits accomplis, la loi générale qui existe entre leur éloignement et l'étendue des terres qui en dépendent. Sauf un très-petit nombre d'exceptions, dont l'annotation vient confirmer la règle, cette loi repose sur une fraction de celle fondée sur la progression du carré des distances, en les groupant par zones d'une différence égale de rayons. Nous commencerons par donner ici le relevé de ces annonces, classées dans l'ordre des distances, mesurées en kilomètres, à partir du centre de la Capitale.

Premièrement, jusqu'à 100 kilomètres de distance.

kilomètres.		hectares	ares	cent.
4	Château de Cachan, contenant...	3	58	00
14	Château Louis XIV, sur les bords de la Marne (avec terres, prés, jardins, bois et communs, contenance non indiquée).			

kilomètres.		hectares.	ares.	cent.
	Report.......	3	58	00
17	Château et parc à Villeneuve-le-Roi....................	2	40	00
	Château de Villepinte..........	6	39	90
	Château de Louveciennes......	13	33	34
24	Château de Vaucluse, à Épinay-sur-Orge....................	112	00	00
26	Château et parc de Grégy (Seine-et-Marne)....................	22	00	00
30	Château style Louis XIII, près Brie-Comte-Robert.............	34	00	00
32	Petit château de Tigry, près Corbeil.....................	4	00	00
36	Château gothique de Vauréal, 4 kilomètres de Pontoise........	30	00	00
38	Château de Marolle, près Grosbois (Aisne)...................	17	00	00
40 (environ)	Château d'Ors, commune de Châteaufort (Seine-et-Oise).........	62	62	73
40	Château de Moulignon, entre Melun et Corbeil................	80	00	00
43	Château d'Hardricourt, station de Meulan.....................	2	57	67
47	Château du Breuil, canton de Montfort-l'Amaury.............	430	00	00
52	Château de la Mormaire, à Gronouvre (Seine-et-Oise)..........	52	76	60
60	Château de Septeuil, canton de Houdan (Seine-et-Oise.)........	26	04	08
62	Château de Fay, près Clermont (Oise).....................	51	12	58
72	Petit château, arrondissement de			
	A reporter........	949	84	90

kilomètres.		hectares.	ares.	cent.
	Report........	949	84	90
	Compiègne (Oise).............	100	00	00
76	Château de Foljuif, station de Ne-mours......................	12	00	00
82	Château de Montigny-sous-Va-lence (Seine-et-Marne).........	676	71	05
98	Château de Verdilly, près Château-Thierry (Aisne)...............	390	00	00

Total, 22 châteaux. — Distance totale 927 k.

		hectares	ares	cent
Contenance totale indiquée..............		2,128	55	95
Contenance non indiquée pour un château à 14 kilomètres qu'on peut évaluer, par approximation, à........................		7	00	00
Contenance totale indiquée et supputée....		2,135	55	95

D'où il résulterait les moyennes suivantes :

Distance moyenne pour 22 châteaux.....   42 kil 136 m.

Contenance moyenne pour 22 châteaux...   97 h. 07 a. 08 c.

Loi de contenance progressive, en raison des 927 kilomètres de distance totale : par chaque kilomètre d'éloignement..........   2 h. 30 a. 37 c.

Deuxièmement, de 100 à 200 kilomètres de distance :

Kil.		hectares	ares	cent.
129	Château d'Ourgues, cantᵒⁿ de Fismes (Marne)	250	00	00
140	Beau château { à 3 h. 1/2 de Paris. Parc. avec ferme de produit, contenance non indiquée.	15	00	00
166	Château de Rosières, près Troyes (Aube)..	94	60	96
176	Château en Touraine, près de la vallée du Loir (Blois)......................	377	00	00
193	Château style Louis XIII, près Alençon			
	A reporter........	736	60	96

kilomètres.   hectares. ares. cent.

Report...... 736   60   96

(Orne)............................... 120   00   00

Total, 5 châteaux. — Distance totale 804 kil.

Contenance totale indiquée pour 5 châteaux. 856   60   96

Contenance non indiquée : une ferme de produit à 140 kil., évaluée approximativement.... 70   00   00

Contenance totale indiquée et supputée..... 926   60   96

Ce qui donne les termes moyens ci-après :

Distance moyenne pour 5 châteaux...... 160ᵏ 800ᵐ.

Contenance moyenne pour 5 châteaux... 185 h. 32 a. 19 c.

Loi de contenance progressive en raison des 804 kilomètres de distance totale : pour chaque kilomètre d'éloignement.......... 1 h. 15 a. 24 c.

Troisièmement, de 200 à 300 kilomètres :

213 Château de Saulty, canton d'Avesne-le-Comte (Pas-de-Calais)................ 61   83   38

238 { Château de Montrésor............... 664   00   00

      Château de Quentilly, à 17 kilomètres de Bourges (Cher)................ 360   46   00

244 Château de Grand-Pré, canton de Lorme (Nièvre)............................ 253   70   88

271 Château de Bazoque, canton de Balleroy (Calvados), contenance non indiquée (avec trois fermes)........................

284 Château de Chalaines, à un kilomètre de Vaucouleurs (Marne)................. 9   00   00

Total, 6 châteaux. Distance totale, 1,250 kil.

Contenance totale indiquée pour 6 châteaux. 1,349   00   26

Contenance non indiquée : trois fermes à 271 kil., évaluées approximativement....... 135   50   00

Contenance totale indiquée et supputée... 1,584   50   26

Ce qui donne les termes moyens suivants :

Distance moyenne pour 6 châteaux........ 208 k. 333 m.

Contenance moyenne pour 6 châteaux..... 264ʰ 08ª 37ᶜ

Loi de contenance progressive en raison des 1,250 kilomètres de distance totale : pour chaque kilomètre d'éloignement............... 1ʰ 26ª 76ᶜ

Quatrièmement, de 300 à 400 kilomètres :

Kil.		hectares	ares	cent.
306	Château moderne à 18 kilomètres de Monlouis (Allier)................	700	00	00
323	Château et terre à 28 kilomètres de Carentan (Manche)................................	400	00	00
334	Château et parc de Montreuil, près Poitiers.	195	00	00
399	Château et terre en montagne, à 11 kil. de Besançon (Doubs).....................	300	00	00
	Total, 4 châteaux. Distance totale, 1,362 kil.			
	Contenance totale indiquée pour 4 châteaux	1,595	00	00

Ce qui donnne les termes moyens suivants :

Distance moyenne pour 4 châteaux...... 340 k. 500 m.

Contenance moyenne pour 4 châteaux..... 398ʰ 75ª 00ᵉ

Loi de contenance progressive en raison des 1,362 kilomètres de distance totale : pour chaque kilomètre d'éloignement.......... 1ʰ 17ª 17ᶜ

Cinquièmement, de 400 à 500 kilomètres :

Kil.		hectares	ares	cent.
442	Château le Logis-de-Pindray, commune d'Espagnac (Charente)................	35	00	00
476	Château et terre dans la Dordogne......	1,450	00	00
	Total, 2 châteaux. Distance totale, 918 kil.			
	Contenance totale indiquée pour 2 châteaux,	1,485	00	00

Ce qui donne les termes moyens suivants :

Distance moyenne pour 2 châteaux........   459 k.

Contenance moyenne pour 2 châteaux..... 742ʰ   50ᵃ   00ᶜ

Lot de contenance progressive en raison des

918 kilomètres de distance totale..........   1ʰ   61ᵃ   76ᶜ

Cinquièmement, de 500 à 600 kilomètres :

Kil.   hectares ares cent.

560 Château et terre de Montferrand, arrondis-

     sement de Bordeaux (Gironde)...........   88   32   00

576 Château de Vizille (Isère), avec ferme, usine

     et dépendances, d'un revenu de 35,000 fr.,

     (contenance non indiquée).

Supposant 50 fr. de revenu par hectare, cela

donnerait 700 hectares.

     Total, 2 châteaux. Distance totale, 1,136 kil.

Contenance totale indiquée pour 2 châteaux.   88   32   00

Contenance non indiquée, évaluée......... 700   00   00

Contenance totale indiquée et supputée..... 788   32   00

Ce qui donne les résultats suivants :

Distance moyenne pour 2 châteaux........   563 k.

Contenance moyenne pour 2 châteaux..... 394ʰ   16ᵃ   00ᵉ

Loi de contenance progressive, en raison de

1,136 kilomètres de distance totale..........   0ʰ   69ᵃ   39ᶜ

Les observations constatées ci-dessus et les termes moyens
que nous en avons déduits, sont la résultante de deux forces
agissant, en sens contraire, d'après les principes de la loi du
carré des distances, modifiés par la densité de population. Ces
deux forces sont d'une part, la distance de Paris, qui accroît
la contenance du domaine en raison directe de son éloignement de la Capitale ; d'autre part, la proximité des principales
villes de province, qui contribue à diminuer cette contenance

normale, en raison inverse de son éloignement local. A l'action de
ces deux forces, dont les bases sont officiellement connues, vient
se joindre une autre action, reposant sur des données également
authentiques : c'est celle de la densité de population, car il est
incontestable que Paris, d'une part, et les principales villes
de province, d'autre part, n'exercent leur influence qu'en proportion de leur population qui, elle-même, augmente ou diminue, suivant le degré d'importance de chaque ville, à tous
les titres et au point de vue gouvernemental, administratif, judiciaire, commercial, artistique, scientifique et récréatif , et,
quant à l'écart, que présente chaque observation particulière,
en la comparant aux termes moyens indiqués plus haut, il est
dû à une multitude de causes locales ou personnelles qui ont
amené, en fait, une disproportion en plus ou en moins, avec
les bases normales résultant des moyennes trouvées plus haut ;
toutes ces causes diverses, réunies et compensées, constituent
une troisième action qui, avec les deux premières, produit
l'ensemble des faits observés ci-dessus. Pour préciser l'importance particulière de chacun de ces trois coefficients, il faudrait
se livrer à des calculs assez compliqués, reposant sur des
équations à plusieurs inconnues ; nous n'en voyons pas la nécessité, parce que des résultats d'une rigoureuse exactitude
n'offriraient aucun avantage, et que les termes moyens, trouvés
ci-dessus, répondent à tous les besoins que l'usage peut faire
naître ; nous nous bornerons donc à les résumer dans le tableau
suivant.

TABLEAU

(Nᵒ 7)

RÉCAPITULATION DES TOTAUX ET TERMES MOYENS

DISTANCE MOYENNE EN KIL.	NOMBRE de CHAT. OBSERVÉS.	RAPPORT par MILLE.	ADDITION DES DISTANCES partielles.	CONTENANCE TOTALE des DOMAINES OBSERVÉS.			TERMES MOYEN résultant des OBSERVATIONS CI-CONTRE. Distance moyenne en kilomètres.	Contenance moyenne en hectares.			Contenance moyenne par chaque kilomètre de distance.		
» à 100 k.	22	536	027 k.	2.135 h.	55 a.	95 c.	42.136	97 h.	07 a.	08 c.	2 h.	30 a.	37 c.
100 à 200	5	122	804	926	60	96	160 800	185	32	19	1	15	24
200 à 300	6	146	1.250	1.584	50	26	208.333	264	08	37	1	26	76
300 à 400	4	98	1.362	1.595	»	»	340 500	398	75	»	1	17	17
400 à 500	2	49	018	1.485	»	»	459 000	742	50	»	1	61	76
500 à 600	2	49	1.136	788	32	»	563.000	394	16	»	»	69	39
	41	1.000	6.397 k.	8.514 h.	99 a.	17 c.	156.024	207	68	27	1	33	10

D'après la table précédente, supposons que l'on désire connaître la contenance normale que doit avoir un château, situé à 242 kilomètres de Paris : on n'aura qu'à multiplier cette distance par la contenance moyenne indiquée pour les châteaux situés de 200 à 300 kilomètres, laquelle est de 1 hectare 26 ares 76 centiares; le produit donnera 306 hectares 75 ares 92 centiares. Si l'on préférait employer la moyenne générale qui est de 1 hectare 33 ares 10 centiares, on trouverait 322 hectares 10 ares 20 centiares. La différence entre ces deux résultats a peu d'importance au point de vue pratique. Ils sont plus élevés que le chiffre porté à la colonne de la distance moyenne, parce que les 264 hectares 08 ares 37 centiares correspondent à la distance moyenne de 208 kilomètres 333 seulement au lieu de 242, que nous supposons.

12ᵉ Argument.—*Conclusion sur la disproportion entre l'importance des bâtiments et celle des fonds de terre.*

Pour évaluer cette disproportion, deux bases principales nous sont indiquées par les développements qui précèdent. La première consiste dans la comparaison de l'étendue du domaine à acquérir, avec celle qu'il devrait avoir, s'il était dans les conditions normales, telles qu'elles résultent de la table précédente n° 7 (11ᵉ argument).

Si cette étendue est égale à celle normale, avec une tolérance de 5 p. 100 en plus ou en moins, il n'y aura ni plus-value, ni moins value, et l'on appliquera le............ PRIX DE BASE.

Si le domaine à acquérir *excède* la contenance normale, il pourra en résulter une dépréciation, à cause de la difficulté de trouver un acquéreur, pour une propriété trop grande, si l'on voulait un jour l'aliéner, car on vend toujours mal ce qui excède les proportions moyennes et d'usage. Cette dépréciation pourra se traduire par une... MOINS-VALUE de 5 à 10 p. 100.

Si, au contraire, la contenance du domaine à *acquérir* est

moindre que l'étendue normale, il en résultera nécessairement une dépréciation, s'il s'agit d'une propriété d'agrément et de luxe, parce qu'on n'y trouvera pas toutes les dépendances que l'on recherche en pareille circonstance. Il y aura alors une....

.... MOINS-VALUE de 5 à 10 p. 100.

Mais s'il s'agissait uniquement d'une propriété de culture et de produit, la dépréciation serait moins forte, parce que la terre se divise sans cesse et que les petites cultures sont plus recherchées que les grandes. On ne calculerait alors qu'une........

.... MOINS-VALUE de 1 à 5 p. 100.

La seconde base à consulter est la proportion ou la disproportion entre l'importance de la terre, telle qu'on vient de la calculer à l'état normal et l'importance des bâtiments.

Nous avons cherché à préciser la proportion normale entre l'étendue du domaine et celle des bâtiments, dans les développements qui précèdent (2ᵉ à 9ᵉ arguments), en raison de la destination de ces constructions et selon qu'elles doivent être habitées par des locataires, des ouvriers, des domestiques et des cultivateurs, ou qu'elles doivent devenir des habitations de luxe ou d'agrément. La densité de la population d'une part, et de l'autre l'importance du revenu, ont été les principaux éléments qui nous ont servi à établir la proportion normale.

Si cette proportion normale existe, avec une tolérance de 5 p. 100 en plus ou en moins, entre l'importance du domaine et celle des constructions, il n'y aura ni plus-value ni moins-value, et l'on appliquera le .... PRIX DE BASE.

Si l'étendue des bâtiments est *inférieure* à cette juste proportion il en résultera une dépréciation, parce que l'exploitation sera plus difficile, ou, parce que les édifices consacrés à l'habitation, ne pouvant pas contenir tous les habitants que le domaine comporte, la propriété servira incomplétement à sa destination. Mais comme cette insuffisance pourra presque toujours être atténuée ou même détruite, en faisant de nouvelles constructions, la dépréciation ne sera pas fort élevée et l'on pourra se borner à appliquer une MOINS-VALUE de 5 à 10 p. 100.

Si, au contraire, l'étendue des bâtiments est *supérieure* à la surface normale, ci-dessus indiquée, la dépréciation existera puisque la contenance du domaine ne permettra pas de jouir des constructions, avec toutes les dépendances qui seraient nécessaires : on y sera trop à l'étroit, on n'y trouvera pas cette étendue de territoire, qui seule peut constituer une belle terre, une belle propriété. Ces bâtiments n'étant occupés que par un petit nombre d'habitants, une partie restera vide et n'en sera pas moins soumise à tous les mêmes frais d'entretien, de réparation, à la même dépréciation que si elle était bien occupée. Enfin, il n'y aura pas la même ressource que celle indiquée à l'alinéa précédent, où nous avons dit qu'on pourrait *construire* de nouveaux bâtiments pour compenser l'insuffisance de ceux existants. Dans l'hypothèse actuelle, il faudrait *démolir* les constructions qui sont de trop, et rarement on pourra le faire. D'ailleurs, les matériaux de démolition n'auraient presque aucune valeur. Nous pensons donc que, dans cette seconde hypothèse, la dépréciation pourra motiver une..............
.... MOINS-VALUE de 10 à 30 p. 100.

8e SUBDIVISION. — Mesure du Sol.

Sous ce titre nous avons à étudier les diverses opérations qui concourent à déterminer la mesure du sol, telles que l'arpentage, la levée du plan, le bornage; nous traiterons de la contenance résultant des titres de propriété, ou de la matrice cadastrale, de la prescription, de l'excédant ou de l'insuffisance de mesure, de la vente de la chose d'autrui et des conséquences qui en résultent, etc. ; chacun de ces points sera l'objet d'une classe spéciale.

1re CLASSE. — De la mesure en général.

L'exactitude de mesure de la chose vendue est la base fondamentale des transactions, et l'autorité poursuit maintenant, avec une louable rigueur, les différences de poids et de mesures dans les livraisons : qu'il manque un hectogramme sur un pain trop cuit, dix litres de charbon sur un sac, 50 centimètres sur une pièce d'étoffe, et l'on verra le boulanger, le charbonnier, ou le marchand d'étoffe condamnés à l'amende et parfois à la prison : il en sera de même si le marchand possède chez lui des poids ou des mesures, autres que ceux appartenant au système métrique, le seul permis aujourd'hui depuis que la loi du 4 juillet 1837 a complétement remis en vigueur celles des 18 germinal an III et 19 frimaire an VIII sur le système métrique.

La jurisprudence intermédiaire, qui avait admis une certaine tolérance à cet égard, ne peut donc plus être invoquée aujourd'hui, que l'on est revenu au principe rigoureux sur l'exactitude de la mesure.

Lorsque l'on voit cette persévérance de l'autorité à maintenir la régularité des livraisons, sur la vente journalière des provisions de ménage, qui se fait ordinairement par petites quantités, ne doit-on pas en conclure qu'à plus forte raison, elle regarde comme un devoir d'ordre public de veiller aussi à l'exactitude des livraisons quand il s'agit de la vente d'immeubles d'une valeur considérable?

Le principe général se trouve formulé en l'article 1616 du Code Napoléon, ainsi conçu : Lᴇ ᴠᴇɴᴅᴇᴜʀ ᴇsᴛ ᴛᴇɴᴜ ᴅᴇ ᴅᴇ́ʟɪᴠʀᴇʀ ʟᴀ ᴄᴏɴᴛᴇɴᴀɴᴄᴇ ᴛᴇʟʟᴇ Qᴜ'ᴇʟʟᴇ ᴇsᴛ ᴘᴏʀᴛᴇ́ᴇ ᴀᴜ ᴄᴏɴᴛʀᴀᴛ. Voilà la règle, et si les articles suivants contiennent des *exceptions*, il n'est pas permis de les étendre au delà des termes de la loi. Nous examinerons plus loin les conséquences qui en découlent.

1ᵉʳ GENRE. — Des mesures agraires.

La *mesure agraire* n'a pas été abandonnée à l'arbitraire du vendeur, ou à celui de l'acquéreur : elle est *une* pour tout le monde; c'est l'are, contenant *cent mètres* carrés, ou *cent cen-*

tiares. Elle ne serait pas uniforme et invariable, comme l'exige la loi, si *la manière de mesurer* était laissée aux fantaisies de chaque vendeur ou de chaque acheteur. Mais il n'en est pas ainsi. De même que, pour les livraisons au poids, la balance doit être de niveau ou en équilibre, le *trait* appartenant à l'acheteur; que pour les mesures de capacité, les grains se *raclent,* et les pommes de terre se mesurent *comble,* ou en forme de cône; de même, dans les mesures *agraires,* le mètre et la chaîne doivent être *tendus horizontalement,* ou de niveau, malgré la déclivité du terrain. On en donne souvent pour motif que les arbres et les plantes poussent verticalement, que les fondations d'un bâtiment se creusent à plomb, que le bâtiment s'élève hors de terre suivant une ligne verticale, ou à plomb, et que l'utilité de la terre se produisant verticalement, sa mesure doit être égale à la distance des lignes verticales entre elles, laquelle distance n'est autre que la longueur d'une ligne horizontale, perpendiculaire à ces lignes verticales. Mais comme cette question a une certaine importance, elle sera traitée dans le premier argument qui va suivre.

1ᵉʳ Argument. — Les limites du sol sont verticales.

« La propriété du sol emporte la propriété du dessus et du dessous. » Ainsi s'exprime l'article 552 du Code Napoléon, qui n'a fait que renouveler un principe de droit naturel des plus anciens, tellement évident qu'on peut le considérer comme un axiome. En effet, quand on vend un fonds de terre, on ne vend pas seulement la surface, mais on aliène aussi et le sous-sol, qu'on appelait autrefois le *tréfonds* et qui s'étend jusqu'au centre de la terre, et tout l'espace libre, qui s'élève au-dessus de la terre, jusqu'à la plus grande hauteur qu'on puisse atteindre. Comment pourrait-on concevoir les limites existant entre les propriétés foncières autrement qu'en les déterminant par des lignes verticales, qui s'étendent au-dessus jusqu'au zénith et au-dessous jusqu'au centre de la terre? Aussi n'a-t-on jamais songé à nier que le tréfonds ne doive être limité de cette manière. Si l'on agissait autrement, on arriverait aux résultats les plus absurdes. Supposez, par exemple, que, dans un terrain très-incliné, on voulût considérer sa surface oblique comme étant sa mesure, la conséquence serait que ses limites devraient être déterminées, au-dessus et au-dessous, par des lignes perpendiculaires à cette surface inclinée, et non pas par des lignes verticales; mais alors il en serait de même pour les propriétaires voisins, et l'on arriverait à cette conséquence que les murs de clôture et les bâtiments construits sur les limites des propriétés devraient être fondés et élevés obliquement, les arbres devraient pousser dans la même direction oblique, et les puits ou les caves limitrophes devraient être creusés obliquement : qu'on juge des conséquences d'un pareil système! Il serait contraire à la loi de la pesanteur des corps et à celle de l'attraction, qui veulent que la chute des corps s'opère verticalement; les fruits de vos arbres, la pluie glissant sur vos toits et tous autres corps détachés de vos bâtiments, au lieu de tomber verticalement sur votre propre sol, iraient tomber sur la propriété du voisin, et cela en vertu des lois physiques édictées par le Créateur.

Il faut donc, de toute nécessité, que les limites des propriétés soient déterminées au-dessus comme au-dessous par des lignes verticales, puisque le droit de propriété comprend non-seulement toute la masse de terre, enveloppée par ces lignes verticales ou rayons sphériques, jusqu'au centre de la terre, mais encore tout l'espace renfermé au-dessus du sol, par ces mêmes rayons ou verticales prolongées indéfiniment. La conséquence de ce principe conduit à prendre, pour mesure de la terre vendue, un plan horizontal, perpendiculaire à ces limites verticales qui, à nos yeux, sont toutes parallèles entre elles, attendu que leur inclinaison réelle est insensible aux instruments de précision les plus parfaits, même en opérant sur les propriétés de la plus grande étendue connue. Ce plan horizontal est la seule mesure possible, puisqu'on démontre en géométrie, que la perpendiculaire, étant plus courte que toutes les lignes obliques, abaissées sur une ligne droite, elle mesure exactement la distance existant entre deux lignes droites parallèles entre elles.

Il s'ensuit que la propriété du tréfonds doit être mesurée horizontalement et que la propriété de l'espace contenue au-dessus du sol doit l'être de même. A quoi pourrait donc alors servir la mesure oblique de la surface du sol, suivant son développement irrégulier?

Cette surface n'est rien en elle-même, car, à l'exemple de toutes les surfaces géométriques, elle n'a pas d'*épaisseur*. Cette surface est purement intellectuelle; c'est une limite idéale entre le dessus et le dessous, deux choses qu'on ne peut pas séparer et qui ne peuvent exister l'une sans l'autre.

Dira-t-on que cette surface détermine le dessus d'une couche de terre végétale, dont la vertu fécondante donne à la terre toute sa valeur? D'abord, dans certaines propriétés — et ce sont les plus chères, — la terre végétale n'est d'aucune considération; s'il en existe, on l'enlève pour y creuser les fondations d'un bâtiment, un puits, une carrière, une mine. Mais, même pour les propriétés de culture, où la terre végétale a tant d'importance, qu'on pourrait dire qu'elle constitue à elle seule la plus grande valeur du sol, la superficie idéale de ce sol n'est d'aucune considération ; c'est l'*épaisseur* de la couche de terre végétale qui en accroît le prix. Supposons qu'on veuille mesurer le *cube* de la terre végétale vendue? On ne le pourra qu'au moyen de lignes verticales, ou à plomb, tracées aux limites de la propriété : si le terrain est en pente, la figure ne sera pas rectangulaire, mais elle ne pourra se mesurer qu'en prenant le cube d'un solide rectangulaire équivalant au solide à angles obliques : cette mesure sera égale à l'épaisseur de la couche de terre (mesurée verticalement), multipliée par la surface d'un plan horizontal, coupant à angles droits toutes les lignes verticales qui servent de limites au champ dont il s'agit. Ainsi donc, même pour mesurer le *cube* de la couche de terre végétale, dans le cas où l'on aurait l'inutile fantaisie de connaître cette mesure, il faudrait toujours se servir de lignes verticales et d'un plan horizontal, perpendiculaire à ces lignes à plomb.

Ainsi donc cette surface, entièrement idéale, n'est rien en elle-même qu'une simple limite sans épaisseur : *au-dessus* d'elle se trouvent les plantes, les arbres, les constructions, et l'air. l'espace, l'immensité : *au-dessous* la terre végétale, le tuf, les fondations des bâtiments, les caves, les puits, les carrières et les mines et la charpente de la terre, jusqu'au centre de sa sphère. Mais, comme on ne peut mesurer soit le *dessus*, soit le *dessous*, jusqu'aux limites verticales de la propriété, qu'au moyen d'un *plan horizontal*, lui-même idéal, que l'on conçoit perpendiculaire à ces limites verticales, il s'ensuit que la mesure du développement de cette surface idéale n'a aucune valeur et n'est d'aucune considération concluante, quant aux limites de la propriété et à sa valeur. La logique nous prouve donc, *a priori*, que la mesure du sol ne peut s'opérer que par la projection horizontale.

2ᵉ Argument. — *La mesure légale est horizontale.*

Chacun sait que le *mètre*, mesure légale française, est la dix-millionième partie du quart du méridien terrestre. Or, cette section du méridien ayant été mesurée *horizontalement au niveau de la mer*, par le moyen d'opérations géodésiques de réduction, et non pas en suivant la déclivité des falaises, des rivages, des montagnes et des ravins, il s'ensuit que le *mètre*, en tant que mesure agraire, ne serait pas égal à la dix-millionième partie du quart du méridien terrestre, calculé comme il l'a été en vertu de la loi, si pour les opérations d'arpentage, on suivait les pentes et les ondulations du terrain. Cette dernière prétention obligerait à modifier l'étalon en changeant de localité; il faudrait adopter un mètre plus long dans les pays de montagne et un mètre plus court dans les pays de plaine, afin que chacune des dix millions de divisions tracées sur le quart du méridien terrestre fût égale à un mètre; mais alors ces divisions ne seraient plus égales entre elles, et l'on reviendrait à l'anarchie de mesures.

Le choix de la méthode adoptée, pour mesurer le quart du méridien terrestre, ne fut pas laissé au caprice des astronomes qui ont exécuté cette importante opération. L'Académie des sciences ayant été chargée, par le législateur, de procéder à cette mesure, nomma, dans son sein, une commission composée des plus célèbres de ses membres, lui donna des instructions, et son travail, une fois terminé, fut homologué par une loi et rendu obligatoire pour tous. Des étalons de précision furent déposés dans les archives publiques, et d'autres étalons, d'une apparence plus vulgaire, furent incrustés dans des tables de marbre et placés *horizontalement* sur certains monuments publics, où ils existent encore pour la plupart.

Mais l'étalon primitif, qui a servi à confectionner tous ces étalons usuels, existe dans la nature : c'est le méridien terrestre, dont le quart est supposé subdivisé, *horizontalement*, en dix millions de parties égales, nommées chacune un *mètre*.

La mesure agraire du *centiare*, égale à un mètre carré, ne sera donc exacte que si son plan est *horizontal* ; de même l'*are*, pour être exact, devra contenir cent mètres carrés placés *horizontalement*, et l'*hectare* pour être juste devra se composer de centiares mesurés *horizontalement*. On conçoit en effet que les subdivisions d'une mesure légale doivent être de la même nature que cette mesure *unité*. Supposez qu'un mètre, au lieu de se diriger en ligne droite sur un même plan, changeât de plan et d'inclinaison, de décimètre en décimètre; la réunion de ces dix décimètres ne serait plus un mètre, mais une mesure de fantaisie; car, en réunissant les extrémités de cette ligne brisée

par une ligne droite, sa longueur serait plus courte que celle
du mètre légal.

En 1806, le célèbre astronome Delambre publia un livre
intitulé : *Base du système métrique décimal, ou mesure de l'arc
du méridien, compris entre les parallèles de Dunkerque à Barcelone.* On y trouve l'exposé des opérations qui furent nécessaires pour mesurer, de **1792** à **1799**, le quart du méridien
terrestre. La *Métrologie française* de Souquet (Toulouse 1840)
l'analyse à peu près dans les termes suivants :

« L'arc du méridien terrestre, compris entre Dunkerque et
Montjoie, près Barcelone, fut mesuré avec des règles faites
en platine, et on apporta, dans cette opération, toute l'exactitude que peuvent donner les instruments et les méthodes mo-
dernes. Il fallut lier par des triangles *visuels* tous les points
renfermés dans cette vaste étendue, et mesurer les angles que
faisaient entre elles les stations choisies et ceux d'*élévation*, ou
de *dépression* de chacune de ces stations, par rapport à celle
où l'on pointait l'instrument, afin de pouvoir *réduire à l'horizon* les angles primitivement observés; par des opérations
d'azimuth (angle d'une ligne avec le méridien) on s'assura de
la direction des côtés de ces triangles, relativement à *la méri-
dienne*; enfin, des observations astronomiques firent connaître
l'*arc céleste*, auquel correspondait l'*arc terrestre* mesuré géodé-
siquement.

» Deux bases furent mesurées , l'une entre Melun et
Lieusaint, l'autre entre Venet et Salce. — Les lignes, qui com-
posaient la base et se mesuraient successivement, n'étant pas
exactement *de niveau, il fallait en connaître* l'inclinaison, *et les
ramener, par le calcul, à la longueur de la ligne* horizontale
qui y correspondait. Enfin, cette ligne, ainsi réduite, n'était
pas posée sur la *surface de la mer*, et c'était cependant à ce
niveau central qu'il fallait réduire tous les autres.

» Le quart du méridien terrestre, ou d'un cercle qui envelop-
perait la terre, ou d'un fil qui en ferait le tour, en allant du

pôle nord au pôle sud et *supposé au niveau de la mer*, voilà la base et le garant des nouvelles mesures, voilà la longueur prise pour le grand prototype.

» Pour dresser une nouvelle *carte de France* et le *cadastre* général et parcellaire, on traça deux grandes lignes, perpendiculaires entre elles, dirigées, l'une du nord au sud, l'autre de l'est à l'ouest, et l'on couvrit tout l'espace à mesurer d'un réseau de grands triangles, rattachés à ces lignes et subdivisés en triangles secondaires, en descendant jusqu'à l'arpentage des communes. Ainsi les mesures partielles furent restreintes dans leurs écarts par des triangles, qui les circonscrivaient, et les négligences des arpenteurs furent reconnues et rectifiées.

» Le mètre étant la quarante millionième partie de la circonférence de la terre, il en résulte que l'*are*, mesure agraire a du rapport avec la circonférence de la terre, puisqu'il est formé d'un *carré*, dont le côté est la *quarante millionième* partie de cette circonférence, *supposée mesurée au niveau de la mer*, comme nous l'avons dit plus haut. »

« La *chaîne* de l'arpenteur, d'une longueur de dix mètres, s'appelle un *décamètre*. » Elle est égale à un côté du carré nommé un *are*, et ce côté n'est autre chose qu'une fraction de l'horizon : pour être une mesure exacte , il faut donc que cette chaîne soit tendue *horizontalement*, afin de se rapprocher du *niveau de la mer*, dont la surface a été prise pour le prototype des mesures métriques en général et spécialement des mesures agraires françaises. L'arpenteur qui ne tendrait pas sa chaîne *horizontalement* se servirait donc d'une fause mesure, et serait aussi répréhensible que le marchand qui vend à faux poids.

2ᵉ GENRE. — Réfutation des objections.

Comme il se trouve toujours des gens qui ne craignent pas de contester les principes le plus à l'abri de toute controverse, on a dit que, dans le service des ponts et chaussées, les bornes millières étaient placées à des distances mesurées suivant la déclivité des routes ; que dans la culture, les terrains en pente recevant plus directement les rayons du soleil, étaient mieux fécondés et donnaient de plus belles récoltes ; que dans les propriétés d'agrément, destinées à la promenade, les terrains en pente offraient plus de développement au promeneur, et qu'il était juste d'en tenir compte dans l'adoption de la mesure. Nous devrions renvoyer notre réponse au paragraphe où nous parlerons de l'arpentage, mais pour abréger, nous dirons tout de suite que ces objections ne sont nullement fondées et reposent toutes sur des erreurs faciles à réfuter.

D'abord, pour les *routes*, dans la carte de France et dans les plans du cadastre, elles sont mesurées *horizontalement*, pour en déterminer la contenance et non point *obliquement*. Mais, lorsqu'il ne s'agit plus d'en préciser la contenance et qu'il est question d'autre chose, c'est-à-dire de la paver, empierrer ou entretenir, ou de la difficulté de traction et de parcours, soit à pied, soit à cheval, soit en voiture, ou du temps qu'entraîne ce parcours, alors il faut bien avoir recours à une seconde méthode de mesurage, qui ne détruit et n'affaiblit en aucune façon la méthode de *projection horizontale*. En effet, les pavés d'une route doivent être posés parallèlement à sa pente et non pas verticalement, afin d'éviter les à-coups qui en résulteraient : on cherche à aplanir la voie et non pas à la hérisser d'une multitude de petits escaliers ; dès lors l'unité n'est plus horizontale, mais oblique. Il en serait de même s'il s'agissait des revêtements en pente d'un quai, où les pierres sont posés obliquement et non pas verticalement. Ce que nous disons pour le pavé s'applique également à l'empierrement et à l'entretien de la surface de la voie ; le cantonnier qui en est chargé ne s'occupe pas de labourer la terre végétale et d'en développer la culture : tout au contraire, il arrache avec soin les plantes parasites qui peuvent y pousser ; toute son action se porte sur la *pelure*, si nous pouvons nous servir de ce mot, mais il n'attaque pas le sol : c'est plus souvent avec un *balai*, et non avec une *bêche*, qu'il travaille : c'est donc bien là le cas de mesurer cette *pelure* de la route ; mais au contraire, quand il s'agira d'acquérir le terrain nécessaire à une route nouvelle, ou d'aliéner une ancienne route abandonnée, alors le Domaine mesurera le terrain d'après le système de la *projection horizontale*.

A un autre point de vue, le voyageur pédestre et les chevaux éprouvant plus de difficultés à gravir une côte ou à la descendre qu'à circuler sur un chemin uni et horizontal, il était tout naturel de mesurer cette difficulté suivant la ligne oblique, qu'il doit parcourir, et non d'après la ligne horizontale plus courte, mais qu'il n'a aucun moyen de suivre. Pendant qu'on était en train de faire des objections, on aurait aussi pu nous citer les escaliers : nous irons au-devant de l'objection.

L'art militaire, qui a tout étudié et tout réglementé, a fixé le pas *direct* à deux pieds anciens, aujourd'hui 66 centimètres. comme étant la moyenne que tous les hommes au service pouvaient facilement atteindre, sans excéder leurs forces naturelles. Mais, quant au pas *oblique*, dont la diagonale seule représente les deux pieds anciens, on ne l'a calculé, en *ligne directe*, que pour 17 pouces, ou 48 centimètres. Pareillement, dans la construction d'un escalier, le maçon ou le charpentier calcule le pas de deux pieds (66 centimètres) comme rentrant dans les aptitudes physiques de l'homme, qui marche de plain-pied ; or, l'escalier se composant d'une partie horizontale et d'une partie verticale, on a été amené à ne donner à la partie verticale que la moitié de la hauteur réglementaire : c'est ainsi que la marche a un pied (33 centimètres) d'emmarchement horizontal et que la contre-marche n'a que 6 pouces (17 centimètres) de hauteur, équivalant à un pied horizontal, et l'on trouve ainsi le pas de deux pieds réglementaire. Mais quand on vous vendra une propriété dans laquelle il se trouve un escalier, on n'en mesurera pas la surface comme on mesure l'emmarchement d'un escalier : c'est la projection horizontale qui donnera la mesure du sol vendu.

De pareils détails, appliqués à des spécialités, ne peuvent pas modifier une règle générale et universelle, qui s'appuie sur un autre ordre d'idées : ces exceptions ne feraient que la confirmer, si elle avait besoin de l'être.

L'avantage attribué aux terrains en pente, sous le rapport de la récolte, n'est également que le résultat d'une erreur et d'un malentendu. Il n'est pas nécessaire de rappeler que cette espèce de terrain entraîne des frais extraordinaires de culture à plus d'un titre : d'abord, la pluie, la neige, les gelées ont toujours pour résultat d'entraîner en aval une grande partie de la terre végétale, qu'il devient très-onéreux de faire transporter dans les parties élevées ; si le versant exposé au midi reçoit mieux les rayons du soleil dans un pays en pente, celui exposé au nord en est bien plus privé que dans les pays plats, puisque le sol lui tient lieu d'un écran ; enfin, la végétation s'opère toujours verticalement ; la culture et la récolte sont bien plus difficiles à faire et coûtent bien plus dans un pays de montagnes que dans un pays de plaine ; et, quant à l'action du soleil, si elle est salutaire, dans une certaine limite, elle devient nuisible quand il y a excès et lorsque la sécheresse finit par brûler et faire périr toutes les plantes. Ces terrains en pente sont d'ailleurs plus exposés que les autres à l'action du vent, de la gelée et de la grêle, fléaux destructeurs de tant de récoltes. Il ne faut donc pas admettre, sans un sévère contrôle, l'objection tirée d'un prétendu surcroît de végétation que produiraient les rayons du soleil, dont l'action a été si bien combinée par le Créateur et si bien appropriée à toutes les localités, qu'en Russie, en Norvége, en Suède, deux mois de soleil suffisent pour faire pousser, mûrir et rentrer les récoltes, tandis qu'il en faut trois fois autant dans nos climats tempérés.

Parlerons-nous enfin du plaisir de la promenade dans les propriétés d'agrément? Mais ce plaisir se trouve singulièrement

amoindri lorsque, pour s'y livrer, on est obligé de gravir des
pentes abruptes, au lieu de prendre tranquillement un exercice
modéré sur un terrain bien nivelé ; car la locomotion humaine
s'opère horizontalement, d'après les lois de l'équilibre, et non
pas obliquement : lorsque l'on est obligé de marcher sur un
terrain en pente, on n'y parvient qu'en employant un surcroît
de force musculaire, qui fatigue et ne permet pas de se livrer
à cette marche aussi longtemps que dans un terrain plat : sans
compter les travaux continuels qu'il faut faire pour arranger
les allées minées par les pluies et ramener en haut le sable
qu'elles ont entraîné dans les parties basses. Mais, à tout
prendre, le promeneur n'a ni plus ni moins d'étendue que sur
un terrain plat : il a seulement plus de peine à gravir les
pentes. L'homme bien portant peut, comme le malade, se promener sur un terrain plat, mais le malade ou le vieillard ne
peut pas, comme le jeune homme bien portant, se promener sur
un terrain en pente.

On le voit, toutes les objections reposeraient sur des faits mal
étudiés et sur des erreurs d'appréciation qui ne détruiraient en
rien les puissants motifs développés plus haut, sous l'autorité
de la législation et avec l'appui de la loi naturelle.

2ᵉ CLASSE. — De l'Arpentage.

Les développements, que nous venons de donner à la première classe simplifieront beaucoup ce qu'il nous reste à dire
sur l'*arpentage et la levée des plans*, car nous n'avons nullement la prétention d'écrire des traités sur ces arts spéciaux : ils
ont été faits et bien faits, au commencement de ce siècle, par un
éminent mathématicien, Lacroix, membre de l'Institut. Seulement, comme il n'était pas jurisconsulte, il ne s'est pas occupé
de la question de légalité, qui a tant d'importance et que nous
venons de discuter.

Un arpentage est le seul moyen de vérifier l'étendue d'une

propriété qu'on achète, et il peut être volontaire et facultatif, ou
ordonné en justice. Lorsque la propriété est, depuis longtemps,
enclose de murs, sa contenance devient invariable ; mais, lorsqu'elle n'est limitée que par des pâlis, des haies, des fossés, des
bornes, ou bien lorsque la construction des murs est toute
récente, il peut régner quelque incertitude, et deux arpenteurs,
opérant chacun isolément, se trouveront rarement d'accord sur
la contenance exacte, ne fût-ce qu'à cause de l'action de la température sur les instruments de précision à l'usage de l'opéra-
teur, car la chaleur produit la dilatation des métaux, tandis que
le froid les contracte. C'est par ce motif que le législateur a
accordé pour les poids, les mesures et les monnaies, une certaine tolérance, dont nous parlerons plus loin, avant de fixer la
limite où l'action judiciaire commence à être permise pour réprimer la fraude.

L'arpenteur devra s'environner de tous les renseignements les
plus authentiques, pour tracer les limites de la propriété, et
ensuite il en prendra la mesure superficielle, d'après le système
de *projection horizontale*, seul enseigné maintenant dans les
écoles publiques. Tout le reste devient une question d'art, et
l'arpenteur instruit n'a besoin d'aucune autre indication.

Il est évident que, vis-à-vis de l'homme de l'art et sauf ce que
nous allons dire au sujet du vendeur, les frais de l'arpentage
sont à la charge de celui qui le réclame volontairement ; dans
une instance judiciaire, ils sont supportés par la partie qui
succombe ; toutefois, puisque, suivant l'article 1602 du Code
Napoléon, le vendeur est tenu d'expliquer clairement ce à quoi
il s'oblige, et que tout pacte obscur et ambigu s'interprète contre
lui, il en résulte implicitement cette conséquence que le vendeur doit connaître et indiquer exactement à l'acquéreur l'é-
tendue de la propriété qu'il lui vend ; et comme le seul moyen
de connaître cette contenance est de faire procéder à un arpentage, il faut en conclure que c'est, pour le vendeur, une obligation naturelle que de faire mesurer sa propriété, à ses frais,

au moment où il en fait la délivrance. C'est ainsi que tous les marchands mesurent ou pèsent leurs denrées à l'instant même où ils les livrent à l'acheteur. Si l'arpentage existe, c'est l'état normal, et l'on appliquera le............... PRIX DE BASE.

Mais, dans l'hypothèse contraire, indépendamment de toutes les autres conséquences que peut entraîner, contre le vendeur, l'absence d'un arpentage régulier, nous pensons que c'est une cause de dépréciation de l'immeuble, qui peut se calculer par une.................... MOINS-VALUE de 1/4 à 1 p. 100.

3ᵉ CLASSE. — Du Plan.

L'ouvrage de Lacroix, dont nous venons de parler, contient un bon traité sur l'art de lever les plans.

Il est très-important, pour un acquéreur, de recevoir un plan exact de la propriété, car l'étude de ce dessin peut seule lui procurer la connaissance exacte de l'immeuble dans son ensemble et dans tous ses détails.

Vis-à-vis de l'homme de l'art chargé de lever le plan, et sauf ce que nous allons dire quant au vendeur, les frais de levée de ce plan sont, comme ceux de l'arpentage, à la charge de celui qui le réclame volontairement, ou bien à la charge de la partie qui succombe, s'il s'agit d'une action judiciaire.

Le géomètre, architecte ou ingénieur qui lève ce plan, doit se conformer aux progrès de la science et adopter le système de la *projection horizontale*, puisque maintenant c'est le seul qu'on enseigne dans les écoles publiques. Il doit préciser avec soin l'orientation du plan, et désigner très-exactement les noms des propriétaires voisins, et, pour le faire régulièrement, il est obligé de s'entourer de tous les renseignements indispensables, puisés à des sources certaines, car nous venons de dire que le plan peut être rangé parmi les titres de propriété quand il est ancien et authentique : il est donc important d'en assurer la régularité par une enquête faite avec soin. L'homme de l'art

doit signer le plan et le dater, soit afin de constater qu'il le
garantit exact, soit pour que sa signature serve un jour de justification, s'il venait plus tard à s'élever des contestations relativement à la propriété.

Dans notre opinion et par les motifs exprimés plus haut au
sujet de l'arpentage, le vendeur a également l'obligation naturelle de fournir à ses frais à lacquéreur un plan de la propriété
qu'il lui vend. Si ce plan est exact et dressé récemment, le
vendeur, en le remettant à l'acquéreur, ne fait que s'acquitter
d'une obligation naturelle, c'est l'état normal, et il y a lieu d'appliquer le............................... PRIX DE BASE.

Si, outre ce plan nouveau, le vendeur remet à l'acquéreur un
ancien plan, dont l'authenticité soit apparente, et qui se trouve
d'accord avec les titres de propriété, comme c'est là un document très-important et qui peut devenir très-utile, nous croyons
qu'il pourra motiver une...... PLUS-VALUE de 1/4 à 1 p. 100.

Mais si le vendeur ne remet aucun plan à l'acquéreur, indépendamment de toutes les autres conséquences qui peuvent en
résulter contre lui, en cas de fausses indications, nous estimons
qu'il y a lieu à une.......... MOINS-VALUE de 1/4 à 1 p. 100.

4ᵉ CLASSE. — Du Bornage.

Si la propriété n'est pas close de murs, son bornage est indispensable pour éviter les empiétements ou les contestations
des voisins, et par les mêmes motifs que ceux expliqués ci-
dessus, relativement à l'arpentage et au plan, nous estimons
que c'est une obligation naturelle du vendeur que de remettre à
l'acquéreur un procès-verbal de bornage. S'il fait cette remise,
il accomplit une obligation naturelle, c'est l'état normal, et il y
a lieu d'appliquer le...................... PRIX DE BASE.

Si l'acquéreur n'a pas reçu cette pièce, il devra se la procurer
et remplir les formalités tracées par la loi pour parvenir au
bornage amiable, ou judiciaire, de la propriété acquise. Les

frais devant être supportés par ceux qui réclament le bornage amiable, à moins qu'il ne s'agisse d'une action en justice, où les frais sont à la charge de la partie qui succombe, la privation de ce document peut occasionner à l'acquéreur des frais et d'autres conséquences onéreuses, et nous croyons devoir y appliquer une................ moins-value de 1/4 à 1 p.100.

5ᵉ CLASSE. — Comparaison de la contenance réelle avec celle mentionnée au contrat de vente.

Au moyen de l'arpentage, de la levée du plan et du bornage, on arrive à connaître exactement la contenance de la propriété acquise, et l'on peut la comparer avec celle indiquée au contrat de vente.

Indépendamment de l'obligation naturelle, que les principes de morale, de justice et d'équité imposent au vendeur et que sa conscience doit lui faire connaître, le législateur a pris le soin de la formuler par un article très-précis, devançant ainsi le procédé indiqué par l'auteur d'une célèbre chansonnette :

> Ceux qui sont sourds n'ont qu'à le dire,
> Je fais un roulement de plus !

Pour les vendeurs, qui seraient sourds au cri de leur conscience, le roulement de plus se trouve à l'article 1616 du Code Napoléon, ainsi conçu : « *Le vendeur est tenu de délivrer la contenance, telle qu'elle est portée au contrat,* sous les modifications ci-après exprimées. » Ces modifications se rapportent à deux catégories bien distinctes : la première, celle où la vente est faite à raison de *tant la mesure* : on comprend qu'alors le plus ou le moins de contenance dans la livraison doit toujours amener une augmentation ou une diminution proportionnelle du prix : les articles 1617 et 1618 expliquent les conséquences qui découlent de ce principe, qui n'est que la reproduction d'une règle de droit naturel

La *seconde* catégorie se trouve expliquée par l'article 1619, ainsi conçu :

« Dans tous les autres cas,

» Soit que la vente soit faite d'un *corps certain et limité*,

» Soit qu'elle ait pour objet des fonds distincts et séparés,

» Soit qu'elle commence par la mesure, ou par la désigna-
» tion de l'objet vendu, suivi de la mesure,

» L'expression de cette mesure ne donne lieu à aucun supplé-
» ment de prix, en faveur du vendeur, pour l'excédant de me-
» sure, ni en faveur de l'acquéreur, à aucune diminution du
» prix, pour moindre mesure, qu'autant que la différence de la
» mesure réelle à celle exprimée au contrat est d'un vingtième
» en plus ou en moins, eu égard à la valeur de la totalité des
» objets vendus, s'il n'y a stipulation contraire. »

Les articles suivants contiennent des dispositions accessoires ou réglementaires pour les détails non prévus à l'article 1619, et la jurisprudence a interprété la dernière phrase du dernier alinéa, qui n'existait pas dans le projet primitif et qu'un amendement y a introduit lors de la discussion au conseil d'État. Posons des chiffres pour mieux faire comprendre la question.

1ʳᵉ Espèce. — *Rapport de la différence de mesure avec la valeur totale.*

Supposons qu'on a vendu une propriété, close de murs et de haies, composée de bâtiments et de cours, jardin, vigne, bois, pré et verger, en disant qu'elle contient cinq hectares environ, moyennant 130,000 fr. ; supposons que la matrice cadastrale et les titres de propriété, produits après la vente, indiquent seulement le *cadastre* : 4 hectares 00 ares 41 centiares ; et les *titres :* 03 ares 60 centiares ; la première question à décider sera celle de savoir si « la différence de la mesure réelle à celle exprimée
» au contrat est d'une vingtième en moins, eu égard à la va-
» leur de la totalité des objets vendus. »

D'après la jurisprudence, le vingtième devant se calculer sur la valeur totale des objets vendus, que nous avons supposée être de 130,000 fr., la réclamation ne sera admissible que si elle s'élève au moins à 6,500 fr. — Si nous supposons que la contenance des bâtiments et leur valeur particulière n'ont pas été indiquées séparément au contrat, et que la différence de mesure réelle, porte uniquement sur les cours, jardins, vigne, bois, pré et verger, comment doit-on s'y prendre pour en calculer la valeur ? Une expertise sera-t-elle nécessaire pour la déterminer ? La loi indiquera-t-elle les bases sur lesquelles l'expertise devra s'appuyer ?

A défaut de documents dignes de confiance, indiquant le prix séparé des bâtiments, qu'on peut évaluer sans avoir recours à une mesure rigoureuse et des fonds de terre, dont on ne peut connaître la contenance et la valeur que par le mesurage et l'estimation, il semblerait inévitable de procéder à une expertise. Toutefois, comme elle entraînerait des frais et des lenteurs, il semble qu'on ne devrait y avoir recours que s'il était impossible de s'en passer.

Deux sources de renseignements se présentent ordinairement comme pouvant donner des indications à cet égard.

L'une n'émane pas du vendeur, mais elle a un certain degré d'authenticité qui pourrait suppléer à son concours : c'est la *matrice cadastrale*, qui évalue séparément le revenu imposable des bâtiments et celui des fonds de terre : il en résulte un rapport établissant déjà une espèce de ventilation entre la valeur de ces deux catégories de propriétés.

L'autre document est la *police d'assurance*, signée par le vendeur et qui contient une estimation des bâtiments. En retranchant cette estimation du prix total de la vente, le restant indiquerait la valeur estimative des fonds de terre.

Si nous supposons que ces deux documents ne sont pas admis comme preuve suffisante et qu'il faille recourir à l'expertise, comment devra-t-elle se faire et sur quoi devra-t-elle porter?

Les expressions, « eu égard à la valeur de la totalité des ob- » jets vendus, » contenues en l'article 1619 du code Napoléon, tracent le devoir des experts. Il ne s'agit pas seulement d'apprécier la valeur d'un hectare de terre labourable, situé au milieu des champs, pour déterminer l'importance du déficit constaté, car l'acquéreur n'a pas acheté des parcelles de terre situées au milieu des champs et dispersées dans tout le territoire d'une commune. Il a acheté un corps certain, enclos de murs et de haies, un tout formant un ensemble destiné à rester uni et dont chacune des parties contribue à donner du prix aux autres.

S'ils veulent se rendre compte de la valeur spéciale de chaque espèce de fonds de terre, rien ne les empêche de mesurer séparément la surface des bâtiments et celles des cours, jardins, vigne, bois, prés et verger et de répartir le défaut de contenance sur chaque essence, proportionnellement au tout : cela est facile, quant à la mesure seulement. Mais lorsqu'il s'agira d'appliquer à chacune de ces essences un prix d'estimation, ils ne devront pas oublier les expressions de la loi : « eu égard à » la valeur de la totalité des objets vendus. » S'ils estiment la quantité proportionnelle manquant sur la vigne, par exemple, ils ne devront pas appliquer seulement le prix de l'hectare de vigne, sans clôture, isolée au milieu des terres de la commune : ils devront se rappeler qu'il s'agit d'une vigne enclose de murs, par conséquent mieux gardée que les autres vignes du même pays qui n'ont pas de clôture, que cette vigne sert non-seulement au produit, pour faire du vin, mais quelle a en outre plusieurs autres destinations, d'abord celle de la *promenade,* à l'usage des personnes qui demeurent dans la propriété ; ensuite celle de l'*isolement,* afin que les immeubles des voisins, se trouvant plus éloignés des bâtiments et des jardins d'agrément, ne puissent servir à des plantations ou à des constructions gênant la vue, ou bien à des usines ou dépôts d'immondices d'un voisinage incommode pour les bâtiments d'habitation : ce n'est donc pas le prix de l'hectare ordinaire de vigne du pays qu'ils devront appliquer, mais bien un prix plus élevé, en raison des clôtures et des autres usages que nous venons d'indiquer. Ce que nous disons pour la vigne s'appliquerait également aux jardins, au bois, au pré et au verger, à l'égard desquels il faudrait opérer de la même manière.

Et, lorsque les experts auront à s'enquérir de l'estimation des bâtiments, il ne suffira pas qu'ils les évaluent d'après la dépense que pourrait occasionner leur construction, au jour de l'expertise : ce ne serait là qu'un élément incomplet d'appréciation : encore moins auraient-ils à s'enquérir du prix que le vendeur a pu payer pour les édifier : ils devraient les estimer ce qu'ils valent dans le commerce et leur donner le prix que des amateurs sérieux pourraient en offrir, eu égard au pays en général et à la localité en particulier. Ils auraient donc à rechercher quelle serait la valeur, résultant de ventes accomplies, pour d'autres propriétés situées dans une position analogue et avec des conditions de même nature.

Ils devraient aussi se rendre compte de l'effet que produit, sur l'estimation générale de la propriété et sur celle spéciale des bâtiments, le déficit existant dans la contenance.

En effet, un pareil déficit n'entraîne pas un préjudice pareil sur les grands et sur les petits domaines.

Qu'il manque un cinquième sur 600 hectares promis, c'est-à-dire 120 hectares, il restera encore 480 hectares, domaine bien suffisant pour les bâtiments les plus considérables qu'on puisse imaginer ; mais que, sur 5 hectares vendus, il en manque 1 ou 2, suivant qu'on s'en rapportera à la matrice cadastrale ou aux titres de propriété, la disproportion entre l'importance des bâtiments et celle des fonds de terre en dépendant sera bien plus sensible que s'il s'agissait de 600 hectares.

600 hectares et même 480 correspondent aux plus grandes propriétés et à toutes les distances de la capitale ; mais s'il ar-

rivait que, d'une part, le chiffre de 5 hectares fût déjà fort dis-proportionné avec la contenance normale d'une propriété, eu égard à sa distance de Paris, et que, d'autre part, l'importance des bâtiments fût aussi exagérée, eu égard à la faible contenance de 5 hectares annoncés et non livrés, et aussi en raison de la densité de la population du pays, alors la différence en moins dans la contenance réelle, comparée à celle annoncée au moment de la vente, devrait être prise par les experts en très-sérieuse considération, comme apportant une dépréciation notable à la valeur des bâtiments.

Pour se rendre compte de l'étendue normale de la propriété, eu égard à son éloignement de Paris et de l'étendue normale des bâtiments, en raison de la contenance du domaine et de la densité de la population du pays, nous nous référerons aux développements déjà donnés précédemment (7ᵉ subdiv., 3ᵉ classe, 2ᵉ genre, arguments 1 à 12), que nous ne croyons pas devoir reproduire ici pour abréger.

2ᵉ Espèce. — *Stipulation contraire à la garantie de mesure.*

La livraison de la contenance, promise par le contrat de vente, sauf une tolérance modérée, pourrait être considérée comme étant d'ordre public, par assimilation aux autres dispositions de la loi, concernant les poids et mesures : jusqu'ici le législateur ne s'est pas prononcé à cet égard, mais il a permis aux parties soit de s'imposer cette obligation rigoureuse, soit de déroger en tout ou en partie à la règle de garantie de la mesure indiquée. Cette double faculté résulte de la fin de l'article 1619 du Code Napoléon, ainsi conçue : « S'il n'y a stipulation contraire. »

Si les parties adoptent la stipulation d'une *garantie rigoureuse* de la mesure indiquée au contrat, elles peuvent y insérer la clause suivante : « Le vendeur n'entend vendre et l'acquéreur » n'entend acheter que la mesure exacte ci-dessus indiquée :

» le plus ou le moins de mesure serait l'objet d'une augmen-
» tation, ou d'une diminution proportionnelle du prix, ci-
» après stipulé, lors même que la différence serait inférieure à
» un vingtième; les parties déclarant renoncer respectivement
» à la tolérance dont la limite est un vingtième, prononcée par
» l'article 1619 du Code Napoléon. »

Si, au contraire, les parties adoptent la condition de *non-ga-rantie* de mesure, voici la clause qu'il est d'usage d'insérer au contrat, ou au cahier d'enchères, qui est admise par les chambres des notaires des avoués de Paris et à laquelle on se conforme généralement dans toute la France : « Sans aucune » garantie des mesures ci-dessus indiquées, dont le plus ou le » moins sera le profit ou la perte de l'acquéreur, lors même que » la différence excéderait un vingtième. »

Quand l'une ou l'autre des deux clauses précédentes a été insérée au contrat de vente, *il y a stipulation contraire* à l'article 1619, et cette dérogation, claire et précise, ne laisse aucun doute sur l'intention des parties. Si aucune de ces deux clauses n'a été stipulée dans le contrat, il en résulte que les parties ont voulu rester *dans les termes de droit* et que la tolérance inférieure au vingtième, stipulée par l'article 1619, est seule applicable.

Les juges pourraient-ils diminuer ou augmenter cette fraction du vingtième, en faveur du vendeur ou de l'acquéreur? Nous ne le pensons pas. En matière de poids et de mesures, les chiffres qui déterminent une tolérance, en plus ou en moins, sont d'ordre public, et l'appréciation du juge ne pourrait prévaloir sur le texte de la loi.

Prétendra-t-on que la clause de non-garantie peut être exprimée en d'autres termes que ceux rappelés ci-dessus? Cela ne serait pas admissible lorsque l'acte de vente aura été rédigé par un notaire ou un avoué, car cette clause est *de style*, et les officiers ministériels comprennent toute l'importance qu'il y a à se servir de formules étudiées et dont le sens a déjà été interprété par la jurisprudence. En dehors de cette hypothèse, la présomption sera en faveur de l'acquéreur, surtout s'il avait acheté l'immeuble sans l'avoir visité et sans en avoir examiné préalablement le plan et les titres, car on ne pourrait pas supposer, à moins de stipulation contraire, qu'il a acheté au hasard, et sans exiger une rigoureuse garantie de mesure. Moins il a vérifié et visité, plus les garanties stipulées en sa faveur par le législateur doivent être rigoureusement interprétées.

Mais nous supposons qu'on insiste et que l'on cite des exemples de stipulations, qu'on prétend être exclusives de la garantie de mesure; nous en examinerons deux, et la réfutation que nous allons en faire, en quelques mots, pourra servir à repousser de même toutes les autres, qui ne seraient pas claires, précises et formelles.

Le mot *environ*, ajouté à l'énonciation de la mesure, est-il une stipulation de *non-garantie?* Oui, mais dans une très-faible proportion, en plus ou en moins. Pothier était d'avis que le mot *environ* ne dispensait le vendeur de la garantie de mesure que s'il ne manquait, par exemple, *que huit ou dix perches sur cinq arpents*, ce qui ne représenterait qu'un soixante-deuxième, ou un cinquantième de la contenance, c'est-à-dire moins de *deux pour cent*.

Aujourd'hui que l'article **1619** du Code Napoléon a fixé le maximum de la tolérance au vingtième, la question est circonscrite dans des limites légales.

La jurisprudence et la doctrine ont, depuis longtemps, reconnu que le mot *environ* ne s'appliquait qu'à ces légères différences de mesure, que rencontrent dans leur travail deux arpenteurs capables, mesurant, l'un après l'autre, la même propriété, sans se communiquer les éléments de leurs opérations : l'action de la lumière plus ou moins vive, des brouillards, de la sécheresse ou de l'humidité, du chaud ou du froid, apportent d'inévitables différences, dans la vision et le jalonnement, ainsi que dans la longueur de la chaîne d'arpentage, qui se dilate ou se concrète, suivant les changements de température; mais ces différences sont ordinairement inférieures à 1 p. 100, et elles approchent de la tolérance admise dans le poids des monnaies. Jamais le mot *environ* n'a d'ailleurs été considéré comme dispensant le vendeur de la garantie, stipulée à l'article 1619, quand la différence est d'un vingtième. La doctrine et la jurisprudence sont d'accord à cet égard.

Passons maintenant à une autre prétention; le contrat de vente contiendrait les clauses ci-après :

« Le vendeur vend, *avec toutes les garanties de fait et de* » *droit, tel immeuble* (suit la désignation), le tout d'une conte- » nance d'environ cinq hectares, en un mot, *telle que ladite* » *propriété a été acquise par le vendeur, de telle personne,* » avec les constructions qu'il y a faites, le vendeur déclarant » qu'il n'en a rien été distrait. » Or, s'il se trouve, comme dans l'espèce citée plus haut, que les titres de propriété du vendeur (inconnus au nouvel acquéreur, au moment de la signature de la vente) n'indiquent qu'une acquisition de 3 hectares 03 ares 60 centiares, comment concilier cette énonciation avec l'objection soulevée?

Si nous imitons la méthode employée pour la solution des problèmes de mathématiques et que nous insérions cette dernière contenance dans la clause citée ci-dessus, nous aurons un texte ainsi conçu : « le tout d'une contenance d'environ *cinq* » *hectares, en un mot telle* que ladite propriété a été acquise, » par le vendeur, de telle personne, comme ne contenant que » 3 *hectares* 03 *ares* 60 *centiares* seulement ; » une pareille clause serait un non-sens, et, d'après l'article 1602, elle devrait s'interpréter contre le vendeur, à supposer qu'un vendeur ait jamais eu la pensée d'énoncer une pareille contradiction et qu'un acquéreur l'ait jamais acceptée.

Supposons que le vendeur dise à l'acquéreur :

« J'ai acheté **3** hectares **03** ares **60** centiares de monsieur » Tel, et néanmoins je vous vends **5** hectares environ. » Ici, au

moins, la clause serait conçue en termes clairs, mais comment devrait-on faire pour l'expliquer? — La seule interprétation raisonnable serait celle-ci : « Je vous vends 5 hectares environ,
» dont 3 hectares 03 ares 60 centiares, que j'ai achetés de
» monsieur Tel et 1 hectare 96 ares 40 centiares, sur lesquels je
» vous justifierai de mes droits de propriété, qui me viennent
» d'une autre origine. »

L'acquéreur, connaissant la solvabilité du vendeur, n'aurait pas d'intérêt à exiger qu'on lui fournisse la justification des titres de propriété de 1 hectare 99 ares 40 centiares avant celle des 3 hectares 03 ares 60 centiares : la seule chose qui l'intéresserait, ce serait d'obtenir, d'abord, la livraison de 5 hectares environ pour le prix porté au contrat, ou bien une réduction proportionnelle du prix de vente, en cas de déficit, sauf à agiter plus tard la question de régularité des titres de propriété. Mais si le vendeur ne donne pas une explication nette et claire, l'acquéreur ne peut-il pas dire au vendeur :

« Vous m'avez vendu cinq hectares environ! Comment sa-
» viez-vous qu'il y avait cette superficie? Vous l'aviez donc me-
» surée vous-même ou fait mesurer par un homme de l'art? où
» est le travail d'arpentage? Si vous m'aviez vendu cinq pièces
» de vin, ou cinq pommiers, ou cinq vaches, le compte était
» facile à faire; mais les hectares ne naissent pas tout nom-
» brés comme les vaches ou les pommiers, et il faut un travail
» assez compliqué pour les énumérer.

» Comme votre contrat d'acquisition ne porte que 3 hectares
» environ et votre matrice cadastrale que 4 hectares environ,
» vous avez donc un plan que vous me cachez et qui, pourtant,
» m'appartient, car c'est un accessoire de la chose vendue?

» Et, si vous n'avez pas de plan, alors comment qualifier
» votre énonciation de cinq hectares environ ? »

Ces mots : « telle que ladite propriété a été acquise, par le
» vendeur, de telle personne, » ne peuvent pas s'appliquer à la *contenance*, mais seulement à la *désignation*, aux tenants et

aux aboutissants; vouloir prétendre qu'ils équivalent à une clause de *non-garantie de mesure,* ce serait reconnaître implicitement que la rédaction n'a pas été faite loyalement, et qu'elle cachait un piége tendu à la bonne foi de l'acquéreur. En effet, si le vendeur avait voulu stipuler la *non-garantie de mesure,* il lui était facile de le dire franchement, au lieu d'avoir recours à une formule qui, d'une part, a un sens clair si elle s'applique à la description de l'immeuble et à ses tenants et aboutissants, mais qui, d'autre part, si elle ne signifie pas cela, devient obscure et ne pouvait avoir pour objet que de faire admettre par l'acquéreur une clause qu'il ne comprendrait jamais de la même façon que le vendeur. En effet, le vendeur savait très-bien qu'il n'avait acheté que 3 hectares 03 ares 60 centiares, tandis que l'acquéreur, qui n'avait pas assisté à cette vente faite plusieurs années auparavant, qui ne connaissait pas les titres de propriété, et qui n'avait jamais vu l'immeuble ni le pays, ne pouvait pas supposer qu'on lui vendait pour 5 *hectares environ* ce qui ne contenait que 3 *hectares environ,* d'après les titres de propriété. Vouloir donner à cette phrase un autre sens que celui de la désignation des tenants et des aboutissants équivaudrait à lui reconnaître un caractère de duplicité, exclusif de la bonne foi. Disons donc que c'est là une phrase sans portée, à moins qu'elle n'ait pour but d'indiquer le nom de l'ancien propriétaire et de s'en rapporter aux précédentes limites, mais que jamais une pareille phrase ne pourrait être considérée comme une clause exclusive de la garantie de mesure.

Lorsque le contrat de vente contient une désignation exacte par tenants et aboutissants, et notamment lorsque les limites sont fixées par des clôtures, telles que murs, haies, fossés, talus, routes impériales, à quoi peut servir d'y ajouter encore la contenance, si ce n'est au point de vue de la fixation du prix de la vente?

Cette indication de la contenance, par cela même qu'elle pourrait paraître superflue comme complément de la désignation des fonds de terre vendus, doit signifier quelque chose d'autre que cette désignation de l'immeuble : elle signifie donc que le vendeur GARANTIT à l'acquéreur que le sol, circonscrit par ces mêmes limites, CONTIENT BIEN RÉELLEMENT LA MESURE INDIQUÉE au contrat et que la différence de mesure devrait donner lieu à une modification du prix convenu. L'article 1157 du Code Napoléon vient confirmer cette manière de raisonner. En effet, si j'achète à *tant la mesure*, les tenants et aboutissants pourront ne pas servir beaucoup, à moins que ce ne soit pour déterminer à quelle place je veux que la terre acquise soit située, et, s'il y a des clôtures, cette place se trouvant suffisamment indiquée par les clôtures, des limites plus complètes seront superflues : comme la terre sera nécessairement mesurée pour déterminer le prix de la vente, l'indication de la contenance totale sera sans influence sérieuse quant au prix. Mais si j'achète un corps certain, en bloc, à un prix déterminé d'avance, et que néanmoins la mesure soit indiquée au contrat, cette indication ne peut pas avoir d'autre but qu'une garantie de contenance relativement au maintien du prix fixé d'avance.

C'est le principe qui a fait admettre, par l'article 1619 du code Napoléon, la garantie de la mesure, avec tolérance de moins du vingtième, même pour le cas où la vente est d'un corps certain et limité, s'il y a stipulation contraire. Cette stipulation contraire est une exception au droit commun, et elle doit être limitée aux termes précis dans lesquels elle est exprimée.

La position de celui qui ne reçoit pas la mesure promise est d'ailleurs plus intéressante que celle de celui qui la lui a promise et qui ne la lui livre pas, car le premier « combat pour » éviter un dommage, et le dernier pour s'approprier un gain » contraire à l'équité. »

6e CLASSE. —Comparaison de la contenance, soit réelle, soit promise au contrat, avec celle exprimée dans les précédents titres de propriété ou dans la matrice cadastrale. — Acquisition par prescription.

Pour ne pas multiplier les hypothèses , nous conserverons l'exemple que nous avons choisi plus haut, d'une vente dans laquelle le vendeur promet cinq hectares environ, tandis que ses titres ne lui accordent que 3 hectares 03 ares 60 centiares, et que la matrice cadastrale n'indique que 4 hectares 00 ares 41 centiares de contenance. Peut-on prétendre qu'en produisant de pareils titres de propriété on satisfait à la clause portant « qu'il sera fait un établissement de propriété régulier? » Lorsque celui qui, ne possédant que 3 hectares environ, suivant ses titres, qu'il connaît certainement, ou 4 hectares environ, suivant la matrice cadastrale, qu'il ne peut pas méconnaître, énonce donc un acte de vente fait à un acquéreur qui ne connaît ni les uns ni les autres, que la propriété ainsi aliénée contient cinq hectares environ, ne peut-on pas soutenir qu'il vend la chose d'autrui?

Quelle valeur peuvent avoir les anciens titres de propriété et la matrice cadastrale, relativement à la différence de mesure qui existe entre ces documents et l'acte de vente? Le vendeur peut-il prétendre qu'il est en règle parce qu'il possède? Peut-il invoquer en sa faveur la prescription, comme un moyen régulier d'acquérir la propriété?

Toutes ces questions, extrêmement graves, exigeraient des développements que l'étendue de cet ouvrage ne comporte pas. Sans les approfondir, comme elles le mériteraient, nous dirons que, pour prescrire, il faut posséder à titre de propriétaire et être de bonne foi, et que la jurisprudence n'accorde pas cette condition à celui qui possède contrairement à son titre de propriété; qu'à l'égard du cadastre, il ne fait pas foi contre les

titres de propriété et qu'il pourrait seulement les suppléer s'il
n'en existait pas, car il prouverait une possession ancienne. En
tout cas, un pareil état de choses est bien loin d'un établissement de propriété régulier, pour la *totalité* de la chose vendue,
puisqu'il n'existe de titres que pour *une portion* de l'immeuble,
d'une moindre contenance que la chose vendue.

Dans une pareille situation l'acquéreur ne pourrait pas se li-
bérer valablement envers son vendeur de la totalité du prix
d'acquisition, mais seulement d'une quotité égale à l'importance
des titres produits. Il faut remarquer que, par cela seul que le
vendeur s'appuie sur des titres et documents fournis par lui et
indiquant une contenance moindre que celle promise à l'acquéreur, aux termes du nouveau contrat de vente, par ce seul fait
le vendeur reconnaît qu'il existe une différence en moins, et
l'acquéreur n'a plus besoin d'en prouver l'existence ; et si le
vendeur la conteste, c'est à lui de fournir la preuve qu'elle
n'existe pas, puisqu'il devient demandeur dans son exception.
Jusqu'à cette preuve, le nouvel acquéreur est fondé à refuser le
payement intégral du prix convenu et à exercer une retenue
égale à la valeur de la superficie promise et non livrée. Sous ce
dernier rapport, c'est à l'acquéreur, qui demande cette réduction de prix, d'en provoquer la liquidation au moyen d'une évaluation amiable ou judiciaire, et ce dernier mode entraîne nécessairement une expertise qu'il doit réclamer.

7ᵉ CLASSE. — Vente de la chose d'autrui.

Supposons que, dans le même contrat de vente, sous signatures privéees, que nous avons déjà pris pour exemple, on
trouve les passages suivants :

« Le vendeur vend, *avec toutes les garanties* de fait et de
» droit, *telle* propriété, consistant en une maison et dépendan-
» ces, jardins, vignes, *bois*, le tout d'un seul tenant, clos de
» murs et de haies, et un verger, avec terre et pré, planté de

» noyers, le tout d'une contenance d'environ cinq hectares, en
» un mot telle que ladite propriété a été acquise, par le ven-
» deur, de M. *Tel; ainsi que le tout se poursuit et comporte,*
» *sans exception ni réserve*; l'acquéreur supportera les *servi-*
» *tudes passives* et profitera de celles actives; déclare le ven-
» deur qu'*il n'en a concédé aucune;* »

Supposons, qu'avant la vente, le vendeur ait fait imprimer et distribuer une annonce-prospectus, où l'on trouve notamment ce qui suit : « A vendre une propriété composée de maison,
» jardin, BOIS D'AGRÉMENT, DE CAVES DANS LE ROCHER, capables
» de contenir 2,000 pièces, le tout de la contenance de cinq hec-
» tares environ ; »

Supposons encore que, six semaines après la vente et au moment de la réaliser en acte notarié, le vendeur ait communiqué à l'acquéreur un projet de contrat indiquant que , *sous le bois vendu,* il se trouve plusieurs caves, parmi lesquelles il y en a trois, *appartenant à trois propriétaires différents* et qui ne font pas partie de la vente.

Dans cette hypothèse, le vendeur n'a-t-il pas vendu à l'acquéreur, en même temps que le *bois d'agrément, les trois caves* qui, creusées sous ce *bois d'agrément,* sont *dans le rocher,* et qu'il prétend aujourd'hui appartenir à trois propriétaires? n'a-t-il pas vendu la chose d'autrui? Cette situation nous suggère les observations suivantes :

Par la lecture de la notice-prospectus mentionnée ci-dessus, l'acquéreur a été informé que de vastes caves creusées dans le rocher dépendaient de la propriété, et comme la mention des *caves dans le rocher* suit immédiatement celle du *bois d'agrément,* sous lequel ces caves sont creusées, il a dû croire que toutes ces caves lui appartenaient, puisqu'on n'en avait excepté aucune et puisqu'on lui avait vendu la propriété tout entière, ainsi que *le tout se poursuivait et comportait* sans *exception ni réserve.* Néanmoins, nous supposons que le vendeur, ne pouvant pas livrer trois des caves existantes, parce que, en fait, elles appartenaient à trois autres propriétaires étrangers, cherche des explications qui l'en dispensent et lui permettent de toucher néanmoins l'intégralité du prix convenu, et qu'il prétende, par exemple, qu'ayant acheté la propriété, quoique les trois caves en fussent exclues, il n'avait pas besoin d'en faire mention dans le nouveau contrat de vente sous signatures privées; qu'il y a beaucoup de caves, ainsi taillées dans le roc, appartenant à d'autres que le propriétaire du sol, dans le pays où se trouve située la propriété vendue; que l'existence de ces trois caves, appartenant à des tiers, ne cause aucun préjudice au nouvel acquéreur; que ce ne sont là que des servitudes établies par ses auteurs et que le nouvel acquéreur doit· les souffrir, puis qu'il s'est engagé à supporter les servitudes passives.

Nous allons examiner successivement chacune de ces objections.

1ᵉʳ Argument. — *Réticence et pacte obscur.*

Si l'acquéreur a cru devoir acheter la propriété, quoique les trois caves en fussent exclues, c'est d'abord qu'il en avait été prévenu avant de conclure l'affaire, qu'elle lui avait convenu même sans ces trois caves, qu'il avait calculé le prix d'achat en conséquence et ensuite parce que son contrat d'acquisition en contenait la convention formelle et précise. Mais si son contrat n'avait pas excepté ces caves, aurait-il été aussi accommodant? cela ne pouvait pas d'ailleurs le dispenser de faire une pareille déclaration, lorsqu'il a revendu à son tour. Tout au contraire, l'exemple du passé devait lui servir de guide, et il ne saurait prétexter cause d'ignorance à cet égard.

Si malgré l'existence de ces trois caves, il s'est décidé à acquérir l'immeuble, c'est que la chose lui a convenu, après qu'il a délibéré sur des circonstaces qu'il connaissait, à la différence du nouvel acquéreur, qui ignorait le droit de propriété des trois étrangers sur ces trois caves. On expliquerait d'ailleurs la facilité du vendeur à conclure cette vente s'il n'avait acheté que 30,000 fr., nous le supposons, ce que quatre ans plus tard il a revendu 130,000 fr. au nouvel acquéreur.

Si le vendeur prétendait qu'il a exclu de la nouvelle vente les trois caves litigieuses, en insérant, dans l'acte sous seings privés cette phrase : « telle que ladite propriété a été acquise, par le » vendeur, de M. Tel, » et que, son auteur ayant exclu ces trois caves de la vente faite à son profit, la conséquence naturelle était qu'elles fussent pareillement exclues de la nouvelle vente, l'acquéreur n'aurait qu'à répondre que, dans l'hypothèse où nous nous sommes placés, il n'a jamais eu connaissance de la vente faite au vendeur par son auteur, car il n'a pas assisté à cette vente et n'en a jamais reçu le contrat en communication, avant d'avoir acheté cette propriété : comment donc aurait-il pu savoir que l'intention de son vendeur était, en se fondant sur le texte de son propre contrat d'acquisition, d'exclure une partie quelconque de l'immeuble de cette vente, quand, au contraire, le nouvel acte porte qu'elle est faite AVEC TOUTES LES GARANTIES *de fait et de droit*, SANS EXCEPTION NI RÉSERVE? Certes, en présence de clauses générales aussi claires, aussi précises, aussi formelles et aussi étendues que celles stipulées au nouveau contrat, il aurait fallu y insérer, avec une pareille précision, une pareille clarté et aussi formellement, des *exceptions* et des *réserves*, qui fussent de nature à détruire la clause portant : AVEC TOUTES LES GARANTIES ET SANS EXCEPTION NI RÉSERVE, pour que le vendeur pût prétendre qu'il avait exclu de la vente une partie quelconque du domaine qui s'y trouve nommé, désigné et qui est vendu en totalité. La désignation de ce domaine, insérée au contrat, comprend un BOIS, et elle ne porte pas que *la superficie* SEULE de ce bois fait partie de la vente, et que les *caves creusées dans le rocher*, sous ce bois, *en sont* EXCLUES : tout au contraire, la notice-prospectus indique les *caves dans le rocher* immédiatement après le *bois d'agrément*, comme pour expliquer que le bois, *avec* les caves, est

compris dans la vente et sans mentionner aucune *exception* :
c'était cependant le lieu de formuler une pareille exclusion, et
l'article 1602 du Code Napoléon imposait au vendeur l'obligation d'expliquer *clairement* cette exclusion, cette exception,
cette réserve, car toute stipulation obscure et ambiguë doit
s'interpréter contre lui et pourrait être considérée comme un
piége tendu à la bonne foi de l'acquéreur.

Les plus simples notions de la logique, d'accord en cela avec
l'article 1161 du Code Napoléon, enseignent que « toutes les
» clauses des conventions s'interprètent les unes par les autres,
» en donnant à chacune le sens qui résulte de l'acte entier, »
et à l'article 1157 on voit que « lorsqu'une clause est suscep-
» tible de deux sens, on doit plutôt l'entendre dans celui avec
» lequel elle peut avoir quelque effet que dans le sens avec
» lequel elle n'en pourrait produire aucun. » Or, quel effet
pourrait-on attribuer à la clause AVEC TOUTES LES GARANTIES
de fait et de droit et à celle : SANS EXCEPTION NI RÉSERVE, si
ce n'était celui de conserver intactes les expressions : « consistant en *un bois*, » insérées dans la désignation de l'immeuble
vendu?

D'après l'article 552 du Code Napoléon, « la propriété du *sol*
» emporte la propriété du *dessus* et du *dessous*. » Si donc le
vendeur a aliéné le *bois* en question, sans en exclure les caves
qui étaient dessous, il a vendu au nouvel acquéreur le *dessus* et
le *dessous*, et, comme conséquence, il lui a vendu aussi les
trois caves litigieuses : en un mot, il lui a vendu *la chose d'autrui*. Or, d'après l'article 1599 du même Code, la vente de la
chose d'autrui étant nulle, mais pouvant donner lieu à des
dommages et intérêts, lorsque l'acheteur a ignoré que la chose
fût à autrui, il s'ensuit que le vendeur doit au nouvel acquéreur
des dommages et intérêts égaux au préjudice que lui cause la
privation de ces trois caves, d'autant plus que, d'après l'article
1602, le vendeur est tenu d'expliquer clairement ce à quoi il s'o-
blige et que tout pacte obscur et ambigu s'interprète contre lui.

En principe, ce qui est nul ne peut produire aucun effet; néanmoins, si l'article 1599 du Code Napoléon, tout en frappant de nullité la vente de la chose d'autrui, semble lui faire produire un effet, celui de donner lieu à des dommages et intérêts au profit de l'acquéreur, qui a ignoré que la chose fût à autrui, cette disposition n'est cependant pas contraire au principe que nous venons d'énoncer, car, dans cette vente, ce qui donne lieu aux dommages et intérêts, ce sont le fait et la faute du vendeur, qui ont causé un préjudice à l'acquéreur, soit en le privant d'une chose sur laquelle il comptait et qui avait pu contribuer à lui faire conclure la convention, soit en l'obligeant à payer un prix d'achat pour une chose qui ne peut pas lui être livrée. Ce préjudice, le fait et la faute du vendeur, constituent les trois conditions qui, d'après l'article 1382 du Code Napoléon, donnent lieu à des dommages et intérêts, tout en prononçant la nullité de la vente de la chose d'autrui à l'égard du tiers possesseur, qui ne peut pas en être dépouillé.

Or, ici nous trouvons le *fait* du vendeur, qui a vendu le dessus et le dessous, puisqu'il a vendu le sol, *sans exprimer aucune exclusion*; nous y trouvons sa *faute*, car il ne s'est pas conformé à l'article 1602 du Code Napoléon et n'a pas expliqué *clairement* qu'il y avait des caves appartenant à autrui; enfin, le *dommage* éprouvé par l'acquéreur, qui paye le prix d'un immeuble *entier* et n'en *reçoit qu'une partie* : on arrive ainsi au même but que par l'application de l'article 1599.

Si le vendeur prétendait que le nouvel acquéreur, qui, nous le supposons, n'a jamais vu les titres de propriété, ni visité l'immeuble, avant la vente, savait que la chose appartenait à autrui, ce serait au vendeur à en fournir la preuve, car il serait demandeur dans son exception.

2ᵉ Argument. — Usages locaux.

Peu importerait qu'il y eût beaucoup de caves ainsi taillées dans le roc, appartenant à d'autres que le propriétaire du sol, dans le pays où se trouve la propriété vendue : cela ne saurait dispenser les propriétaires du sol, quand ils vendent leurs immeubles, de mentionner que les caves en question ne font pas partie de la vente : apportât-on la preuve authentique que l'usage constant et habituel du pays est de vendre le sol, sans faire mention des caves ainsi taillées dans le roc et appartenant à d'autres, que cet usage ne saurait prévaloir contre le texte formel des articles 552, 1599, 1602, 1641 et 1645 du Code Napoléon, cités plus haut, articles qui ne se réfèrent en aucune façon à des usages locaux, et cela même dans le cas où la vente serait consentie à un habitant du pays. A plus forte raison si cette vente était faite, comme dans l'espèce, à une personne étrangère au pays, qui n'y a jamais été, et qui n'a jamais visité l'immeuble dont il s'agit et si l'acte en était signé dans un autre pays où rien de pareil n'est en usage.

Cette observation nous conduit à apprécier quelles peuvent être les conséquences d'usages locaux et dans quelles circonstances ils peuvent être pris en considération. Le principe général en France est que la loi écrite est obligatoire pour tous, à moins qu'elle ne contienne elle-même des exceptions aux règles générales tracées par elle, et la doctrine a établi les conditions exigées pour que les usages auxquels la loi renvoie, fassent autorité. Il faut qu'ils soient : 1° uniformes; 2° publics; 3° multipliés; 4° observés par la généralité des habitants; 5° réitérés pendant un long espace de temps ; 6° constamment tolérés par le législateur ; 7° et qu'ils n'aient rien de contraire à l'ordre public et aux bonnes mœurs. Les juges ne doivent et ne peuvent fonder leurs décisions sur des usages, que dans les cas spéciaux où la loi s'y réfère d'une manière expresse; car la loi du 30 ventôse an XII a abrogé les anciennes lois et les coutumes ou usages se rapportant aux matières régies par le Code Napoléon. Or, ce Code ne contient que vingt articles se référant aux usages locaux, notamment en ce qui concerne les baux, les coupes de bois, les distances requises pour certains ouvrages, les plantations d'arbres, les réparations locatives, en un mot pour des cas étrangers à celui qui nous occupe. Les usages locaux n'ont donc qu'une valeur limitée par la loi.

A défaut de titre ou possession contraire, toute cave est réputée appartenir au propriétaire de l'édifice sous lequel elle est établie. (Répertoire du Journal du Palais. Vᵒ *cave*.) La production du titre ou la justification de la possession contraire, est donc nécessaire pour détruire l'effet de la présomption légale, résultant de l'article 552 du Code Napoléon.

Il existe en France, dans quelques départements, des maisons dont les différents étages appartiennent à divers propriétaires et l'article 664 du Code Napoléon trace leur mode de réparation et de reconstruction, si les titres ne l'ont pas réglé.

La première remarque à faire est que cet article se trouve placé sous le titre des *Servitudes :* cela vient de ce que l'obligation, imposée aux étages inférieurs, de supporter les étages supérieurs, est une véritable servitude et que les murs du bâtiment sont mitoyens. Mais là s'arrête la servitude : un des étages n'est nullement la servitude de l'autre, puisque chaque étage constitue une propriété distincte, séparée, divise, qui peut s'aliéner et s'hypothéquer isolément, par son propriétaire seul, sans le concours des propriétaires des autres étages et, sous ce rapport, ces maisons sont soumises, comme les autres, aux règles tracées au titre *de la Vente*.

La seconde remarque consiste à dire que si le propriétaire d'un seul de ces divers étages veut le vendre même à un habitant de cette maison, ou de cette rue, ou du même quartier, qui a une parfaite connaissance de cet état de partage de la maison entre différents propriétaires, il aura néanmoins le soin de spécifier qu'il ne lui vend qu'un seul étage de cette maison, et il le désignera avec clarté, pour éviter toute confusion. S'il avait simplement vendu *sa maison*, située dans telle ville, dans telle rue, à tel numéro, sans dire que plusieurs étages de cette maison ne lui appartenaient pas, il se serait exposé à laisser croire à l'acquéreur qu'il lui vendait la maison tout entière et qu'il avait racheté les droits des propriétaires des autres étages, et il aurait ainsi pu vendre la chose d'autrui.— Il faut bien admettre qu'il y a des cas où l'on vend la chose d'autrui, sans quoi les articles du Code Napoléon, qui traitent de cette question, n'auraient pas de sens et seraient superflus. — Mais si notre propriétaire, au lieu de vendre son étage à un habitant de la même maison, de la même rue, du même quartier, traitait avec une personne étrangère à la ville, au département, à la contrée, qui ne connaît pas la localité et qui n'a pas vu les titres de propriété; dans ce cas l'acquéreur pourrait parfaitement avoir cru et prétendre qu'il a acheté la maison tout entière, s'il n'y a pas eu dans le nouveau contrat une stipulation précise indiquant que les autres étages sont exclus de la vente, et surtout si le vendeur a reçu un prix égal à quatre fois le prix auquel lui-même avait acheté son étage. — Cet exemple, puisé dans les dispositions mêmes du code Napoléon, qui a bien plus de force que de simples usages locaux, offre la plus complète analogie avec l'exemple des trois caves creusées dans le roc sous le bois.

Dans l'un comme dans l'autre cas, les propriétés sont divisées et distinctes; mais, de même que la propriété du sol comprend légalement celle du dessus et du dessous, de même une maison forme légalement une seule propriété dans les conditions ordinaires. Les exemples que nous citons ici, sont des *exceptions* à la règle générale, et un acquéreur, étranger au pays, que l'on ne prévient pas de cette division, soit du sol, soit de la maison, ne peut pas deviner que ce bien qu'on lui offre est démembré par tranches superposées. Si le vendeur lui vend son bois ou sa maison, sans qu'il explique dans l'acte de vente que sous ce bois il y a des caves, ou que dans cette maison il y a des étages appartenant à d'autres propriétaires et qui sont formellement exclus de cette nouvelle vente, évidemment cet acquéreur croira qu'on lui vend la totalité de l'immeuble et acceptera un prix correspondant à cette totalité et plus élevé que celui qu'il aurait accordé, si on ne lui avait vendu seulement qu'une partie de la propriété. — On voit que les usages locaux ne changent rien à cette question, puisqu'elle est entièrement la même dans une hypothèse formellement prévue au Code Napoléon, plus fort que tous les usages locaux de France.

Au surplus, par cela seul que le vendeur a inséré la mention des trois caves appartenant à trois propriétaires différents, dans son projet de contrat notarié, communiqué six semaines après la vente, par cela seul, il a reconnu que cette mention était nécessaire pour exclure les trois caves de la vente du bois : il ne peut donc plus prétendre que cette mention dans l'acte sous signature privée était superflue et qu'il a pu l'omettre.

3ᵉ Argument. — *Dommage qui peut être la suite de réticence ou d'obscurité.*

L'assertion que l'existence de ces trois caves, appartenant à des tiers, ne causerait aucun préjudice au nouvel acquéreur, ne serait pas soutenable.

Supposez que le nouvel acquéreur veuille vendre, en tout ou en partie, sa nouvelle propriété, l'échanger ou l'hypothéquer, ou qu'elle devienne soumise à une expropriation forcée pour cause d'utilité publique, ou qu'il veuille y faire creuser un puits, ou en extraire de la pierre, ou y construire un bâtiment, une glacière ou même des caves, pour les louer à d'autres ou enfin *user et abuser* de sa chose comme il l'entendra, les trois propriétaires étrangers viendront le contrecarrer dans tous ses projets : le bon sens indique d'ailleurs que la chose entière a plus de prix qu'une partie de la même chose, et qu'en obtenant livraison de la *partie* seulement, on ne doit pas payer le prix de la chose tout *entière*. Mais ce n'est là qu'un des côtés de la question; en voici un autre : Le nouvel acquéreur a pensé acheter des droits de toute propriété sur le sol et, par suite de l'existence de trois propriétés privées, démembrées du tout, il restera soumis, même pour la seule jouissance de la superficie, à de très-sérieuses servitudes, qu'il ne pouvait soupçonner, car elles ne seront pas la conséquence d'une situation ordinaire qui devait lui faire supposer l'existence de servitudes habituelles; elles naîtront d'une situation tout exceptionnelle, et auront des conséquences anormales, auxquelles il ne devait pas s'attendre. Ainsi il ne pourra ni creuser le sol, ni y construire des fondations, ni changer la nature de la culture, ni établir des usines et des conduites d'eau, sans craindre que les propriétaires des caves ne viennent trouver mauvais un pareil changement de l'état des lieux et l'entraver dans tous ses projets, en prétendant que de tels travaux et de telles modifications mettent en péril l'existence de ces trois caves et des marchandises qu'elles renferment. Le bon sens indique qu'il y a là, pour le nouvel acquéreur, la privation d'une jouissance paisible qu'il était en droit d'espérer, un préjudice très-sérieux et une cause évidente de dommages et intérêts.

Il peut en coûter cher à un vendeur de ne pas déclarer l'existence d'un souterrain, appartenant à un tiers, et creusé sous la propriété qu'il vend. En voici un exemple assez significatif, qui ne date que de quelques années.

M. le comte de L..., possédait un vaste hôtel rue d'Angoulême, faubourg Saint-Honoré. Depuis fort longtemps et avant même qu'il en devînt propriétaire, un égout, entièrement voûté, traversait son immeuble et personne ne songeait à s'en plaindre. L'existence de cet égout était, dans le quartier, un fait tellement notoire, que, M. le comte de L... ayant vendu son hôtel, on ne songea pas à mentionner l'égout dans le contrat, pensant que c'était un soin superflu et que la notoriété suffisait. L'acquéreur en jugea autrement. Ayant introduit une demande en justice il a obtenu, à titre de dommages et intérêts, une réduction de 200,000 fr. sur le prix de vente, qui était d'un million, le vendeur ayant omis d'accomplir l'obligation que lui imposaient les articles 1602 et 1641 du Code Napoléon. Il est à remarquer que l'hôtel en question n'était pas le seul immeuble traversé par cet égout, dont le parcours est fort long ; que beaucoup d'autres exemples de faits pareils existent dans Paris, et qu'il est probable que, prochainement, l'égout que nous citons sera supprimé et remplacé par une partie des magnifiques travaux de canalisation souterraine, qui s'exécutent dans la capitale. Ces considérations puissantes n'ont pas empêché d'obtenir cette diminution sur le prix de vente, parce que le vendeur connaissait l'existence de ce souterrain, appartenant à autrui, et ne l'avait pas déclarée au contrat.

L'article 1641 dispose que « le vendeur est tenu de la garantie, » à raison des défauts cachés de la chose vendue, qui la ren- » dent impropre à l'usage auquel on la destine, ou qui dimi- » nuent tellement cet usage, que l'acquéreur ne l'aurait pas » acquise, ou n'en aurait donné qu'un prix moindre, s'il les » avait connus. »

L'article 1645 porte aussi que, « si le vendeur connaissait les » vices de la chose, il est tenu, outre la restitution du prix qu'il » en a reçu, de tous dommages et intérêts envers l'acheteur. »

D'où il résulte que l'action en dommages et intérêts peut s'intenter même après le payement du prix.

L'existence des trois caves, appartenant à des tiers, sous le sol vendu, existence inconnue de l'acquéreur, et non déclarée par le vendeur, puisque la vente a été faite, au contraire, « avec » TOUTE GARANTIE *de fait et de droit*, SANS EXCEPTION NI RÉ- » SERVE, » constitue un défaut caché, qui diminue l'usage de la chose vendue et aurait amené une réduction sur le prix si l'acquéreur avait connu ce défaut caché. Cela est tellement évident par soi-même qu'il serait superflu de vouloir démontrer que les articles 1641 et 1645 sont applicables.

4ᵉ **Argument.** — *Différence entre un droit de propriété*
et un droit de servitude.

Le vendeur ne pourrait pas soutenir que l'existence de ces
trois caves, appartenant à des tiers, constitue une *servitude,*
établie par ses auteurs et que doit supporter le nouvel acquéreur, en vertu de la clause qui a mis à sa charge les servitudes
passives.

En effet, qu'est-ce qu'une servitude? L'article 637 du Code
Napoléon répond : « Une servitude est une charge imposée *sur*
» *un héritage*, pour l'usage et l'utilité *d'un héritage* apparte-
» nant à un autre propriétaire. »

La rédaction de cet article éloigne tout d'abord l'idée d'une
servitude souterraine : c'est *sur* l'héritage, et non *sous* l'héritage asservi, que s'exercent ordinairement les droits de servitude, par exemple ceux de passage, de vue et d'égout des toits.
Si ces servitudes devaient s'exercer dessous, elles ne seraient
pas apparentes et mériteraient une mention toute spéciale.

L'article 553 du Code Napoléon, en parlant d'un *souterrain*
acquis sous le bâtiment d'autrui, qualifie cette possession de
droit de propriété, et non pas de servitude, et il en parle sous le
titre II, *de la Propriété*, et non pas sous le titre IV, *des Servi-*
tudes.

La servitude n'est pas même un droit de *copropriété* du fonds
asservi; elle n'est qu'un droit de *cojouissance indivise*, sur
une fraction de l'héritage : à plus forte raison n'entraîne-t-elle
pas une jouissance absolue et divise de cette même portion du
fonds et encore moins sa propriété privée. Ainsi une cave, ayant
une entrée distincte et séparée, dont un tiers seul a la clef et
où le propriétaire de la superficie n'a pas le droit de pénétrer,
ne rentre, en aucune façon, dans la définition, donnée par l'article 637, de la servitude, qu'on ne peut pas concevoir sans
trouver *deux héritages distincts*, dont l'un est appelé fonds *do-*

minant et l'autre fonds *asservi*. Dans l'espèce qui nous occupe, il y a un fractionnement de l'immeuble, une espèce de partage matériel du sol et la cave est une propriété distincte et complète, tout aussi bien que le bois sous lequel elle est creusée. Elle ne peut pas être à la fois et la servitude, qui repose toujours sur le *fonds asservi*, et le *fonds dominant*, qui doit être distinct et séparé du fonds asservi. On ne peut donc pas retrouver les trois conditions indispensables à une servitude : d'abord cette servitude et ensuite deux fonds distincts, à savoir : le fonds dominant et le fonds asservi. Chacune des trois caves litigieuses constitue une propriété particulière et distincte, et devait être mentionnée, comme limite de l'immeuble vendu, dans la nomenclature des tenants et aboutissants de la propriété dont il s'agit. Cette omission est une faute de la part du vendeur, qui devrait déjà la réparation du dommage, en vertu de l'article 1382 du Code Napoléon, si l'article 1599, combiné avec l'article 1602, ne prononçait pas l'obligation de les supporter, dans le cas spécial d'une vente d'immeubles, qui comprendrait la chose d'autrui.

Enfin, à supposer, ce qui est impossible, que l'existence des trois caves fût assimilée à une servitude, examinons la portée de la clause insérée au contrat, dans l'exemple cité plus haut et ainsi conçu : « L'acquéreur prendra l'immeuble dans l'état où » il se trouve aujourd'hui. — Il supportera les servitudes passives et profitera de celles actives. Déclare le vendeur qu'il » n'en a concédé aucune. »

Ce dernier membre de phrase, sous une apparence de bonhomie, contiendrait une réticence fort remarquable. A la première lecture il semblerait que cela signifie : « Je ne crois pas » qu'il existe de servitude, je n'en ai concédé aucune, mais je » ne sais pas ce qui a pu se faire avant moi, et je ne réponds de » rien. »

Mais, si l'on rapprochait cette phrase de l'acte d'acquisition du vendeur, on ne pourrait pas admettre que celui qui l'a rédigée et signée ait eu la prétention de se trouver placé dans l'hypothèse prévue par l'article 550 du Code Napoléon, relativement à la question de bonne foi.

Le bons sens indique que cette phrase aurait du être rédigée ainsi : « Déclare le vendeur qu'il n'en a concédé aucune, » mais que ses auteurs ont concédé *tels droits.* » L'absence de ce complément de déclaration formerait une réticence contraire aux obligations que l'article 1602 du Code Napoléon impose au vendeur.

L'existence de trois caves sous un bois est un fait si grave, si contraire à ce qui se pratique journellement, qu'il ne peut entrer dans l'esprit de personne de le considérer comme une chose toute simple, allant de soi, et dont il est complétement inutile de faire mention dans un contrat de vente et surtout quand on traite avec un acquéreur étranger au pays et qui n'y a jamais été. La clause de supporter les servitudes ne serait jamais applicable aux trois caves litigieuses.

5ᵉ Argument. — *Prétentions contradictoires*

Dans les exemples que nous venons de citer plus haut, nous avons supposé que le contrat de vente ne parlait pas du tout des caves creusées dans le rocher, mais que la notice-prospectus seule en faisait mention. Nous supposerons que les caves existantes sont au nombre de huit ; que le vendeur prétend que les trois dont nous venons de parler, et qui appartiendraient à trois propriétaires étrangers, sont exclues de la vente, tandis que les cinq autres en feraient partie; que l'une des cinq serait réservée au service des habitants du château et que les quatre autres seraient louées à des commerçants de la ville voisine, qui en payeraient le loyer au nouvel acquéreur ; enfin, nous supposons encore que la notice-prospectus, tout en mentionnant l'existence des caves, n'en aurait pas déterminé le nombre, mais aurait dit seulement dans sa description : « Bois d'agrément,

» caves dans le rocher, capables de contenir plus de 2,000
» pièces. »

Le vendeur a-t-il accompli les obligations que lui impose
l'article 1602 du Code Napoléon, en omettant d'écrire, dans
cette notice-prospectus : « Parmi les caves, creusées dans le
» rocher, sous le bois d'agrément, il y en a trois, appartenant
» à MM. *tel, tel et tel*, qui ne feront pas partie de la vente? »
S'il ne l'a pas dit, l'acquéreur n'a-t-il pas dû croire que toute
cave, creusée dans le rocher, sous le bois d'agrément, lui appartenait, d'après le principe général consacré par l'article 552,
puisque aucune des caves ne faisait l'objet d'une exception, ou
d'une exclusion, et que la vente avait lieu *sans exception ni
réserve ?*

Le vendeur ne vient-il pas se contredire et se condamner lui-
même lorsque, après sa notice-prospectus, qui ne fait aucune
distinction, ni aucune réserve et n'énonce aucune exception relativement aux caves, et après la signature de la vente, qui ne
parle pas du tout des caves mais qui stipule *toutes les garanties
de fait et de droit* et contient la clause *sans exception ni réserve*, il vient établir arbitrairement des distictions, des exceptions, des réserves et des exclusions ?

Pourquoi les cinq caves, que le vendeur concède à l'acquéreur, appartiennent-elles à ce dernier, quoique non mentionnées au contrat? C'est en vertu du principe, consacré par
l'article 552, portant que la propriété du sol comporte la propriété du dessus et du dessous. Mais les trois autres caves, que
le vendeur prétend exclure de la vente, sont identiquement
placées dans une situation pareille aux cinq autres, que le vendeur concède à l'acquéreur ; ces trois caves devraient donc lui
appartenir tout aussi bien que les cinq autres.

Dira-t-on que le vendeur ne concède pas les cinq premières
caves, comme une conséquence de l'article 552, mais comme
une conséquence de son contrat d'acquisition, qui lui a trans-
mis la propriété des cinq premières caves et lui a refusé la pro-

priété des trois autres?— L'acquéreur pourra répondre que les
stipulations du contrat d'acquisition du vendeur ne peuvent pas
avoir pour effet de suspendre l'exécution de l'article 552, à
l'égard du nouvel acquéreur, *tiers étranger à ce contrat d'acquisition*, qu'il ne connaissait pas ; que le vendeur n'est pas
libre d'exécuter l'article 552 pour une portion des caves et de
s'y soustraire pour le surplus, puisque la loi est générale et
obligatoire pour tous et pour tous les biens ; que lui, acquéreur
ne connaissait pas le contrat d'acquisition du vendeur et n'a pas
pu deviner les motifs particuliers, que le vendeur ne fait valoir
qu'après coup et trop tard ; qu'il aurait dû, pour accomplir les
obligations que l'article 1602 lui imposait, mentionner cette
réserve, cette exception, dans la notice-prospectus et surtout
dans le dernier acte de vente ; qu'en omettant de le faire, sa réticence a induit en erreur le nouvel acquéreur, qui devait compter sur l'exécution de l'article 552, contre lequel le vendeur n'a
fait ni exception ni réserve dans l'acte de vente ; que l'existence
de trois caves, appartenant à trois propriétaires étrangers, non
mentionnée dans la notice-prospectus et dans le contrat de
vente, constitue un défaut caché, que le vendeur aurait du
déclarer pareillement, en conformité des articles 1641 et 1645,
et dont il est garant envers l'acquéreur, à qui il a vendu avec
toutes les garanties de fait et de droit ; que cette erreur de l'acquéreur a eu pour résultat de le faire consentir à allouer au
vendeur un prix d'acquisition beaucoup plus élevé que celui
qu'il aurait admis s'il avait connu ce défaut caché, cette
existence de trois caves appartenant à autrui ; que le vendeur
lui doit des dommages et intérêts égaux au préjudice qu'il en
éprouve et que le vendeur s'est condamné lui-même en concé-
dant à l'acquéreur et en lui livrant cinq des caves creusées
dans le roc, sous le bois d'agrément et en refusant de lui livrer
les trois autres caves, ou de lui accorder une diminution de
prix proportionnée et équivalente, car les cinq premières caves,
aussi bien que les trois autres, sont omises dans le contrat de

vente, comme indication superflue, en présence du principe
consacré par l'article 552, que la propriété du sol comporte la
propriété du dessus et du dessous, et qu'en vendant le sol à
l'acquéreur, sans faire aucune exception ni réserve, il lui a
vendu le dessus et le dessous, pour toutes les huit caves. Pourait-on dire que l'article 1650 du Code Napoléon oblige l'acquéreur à payer l'intégralité du prix d'acquisition, bien que le
vendeur n'exécute qu'en partie l'obligation de livrer le sol, c'est-
à-dire, d'après l'article 552 du même Code, la propriété de tout
le dessus et de tout le dessous? L'acquéreur ne peut-il pas se
prévaloir de ce que le vendeur lui livre cinq caves sur huit,
pour obtenir la livraison des trois autres, ou une réduction de
prix équivalente au préjudice que lui cause cette non-délivrance?
Par cette contradiction, le vendeur ne s'est-il pas condamné
d'avance? La solution de toutes ces questions ne nous semble
pas douteuse.

C'est ainsi que peuvent se réfuter toutes les objections, que
ferait le vendeur. Ici se terminent nos observations sur la mesure du sol.

9ᵉ SUBDIVISION. — De la nécessité de se prémunir contre la fraude.

Nous n'avons pas la pensée de faire ici un traité spécial sur
la fraude, qui se cache sous une multitude infinie de combinaisons différentes. Nous dirons seulement que le dol peut se
commettre au moyen de dissimulation et de réticence, et qu'on
l'appelle alors *négatif*, ou bien par des manœuvres extérieures,
et qu'il est alors *positif*.

Lorsque vous visiterez un terrain, méfiez-vous des préve-
nances extrêmes d'un *cicerone*, qui pourraient vous empêcher
d'apercevoir des inconvénients apparents en détournant votre
attention par l'énumération des avantages de la propriété,

comme aussi d'un laconisme exagéré, qui vous laisserait ignorer des défauts cachés, et des servitudes occultes.

Qu'on nous permette de citer un exemple, qui n'est pas nouveau, puis qu'il remonte à dix-neuf cents ans, mais qu'on croirait arrivé hier. Cicéron le rapporte ainsi qu'il suit, livre 3, § 14, *de Officiis.*

Un chevalier romain, nommé C. Canius, homme aimable et passablement lettré, était venu à Syracuse, non pour y faire du négoce, mais pour y prendre du repos; et il manifestait son désir d'y acheter une maison de campagne, où il pût inviter ses amis sans craindre les importuns. Un certain Pythius, qui faisait la banque à Syracuse, ayant eu vent de ce projet, dit qu'il n'avait pas de propriété à vendre, mais qu'il mettrait volontiers la sienne à la disposition de Canius, pour qu'il en usât comme si elle était à lui, et, en même temps, il l'invita à dîner pour le lendemain. Notre homme ayant accepté, Pythius, qui, en sa qualité de banquier, était courtisé par toutes les corporations, car déjà l'argent était une puissance, fait venir chez lui des pêcheurs, leur demande de tendre leurs filets, le lendemain, devant ses jardins, et leur explique ce qu'il voulait qu'ils fissent.

Canius arrive au jour indiqué, trouve un festin somptueux, préparé par Pythius, et aperçoit une multitude de barques : chaque pêcheur venait apporter ce qu'il avait pris et les poissons étaient jetés aux pieds de Pythius. « Qu'est cela, Pythius? s'écrie » Canius; que de poissons! que de barques! — Rien de sur- » prenant, répond le banquier, on prend ici tout le poisson » qu'on mange à Syracuse; ces eaux, cette maison de cam- » pagne n'en peuvent manquer. »

Canius enchanté presse Pythius de lui vendre sa propriété; celui-ci résiste d'abord; mais, après de vives instances, il con- sent et le chevalier romain, en homme subjugué et riche, accorde le prix qu'il plaît à Pythius de fixer : il achète même la maison toute meublée. Il souscrit des billets et termine immédiatement cette excellente affaire. — Il n'a rien de plus pressé que d'inviter ses amis pour le lendemain et s'y rend lui-même de bon matin. — Ne voyant aucune barque, il demande au plus proche voisin s'il n'y aurait pas quelque fête, parmi les pêcheurs, qui les empêchât de venir. — « Aucune, que je » sache, répond le voisin, mais les pêcheurs n'ont pas coutume » de venir ici et j'étais fort surpris hier de ce qui se passait. » — Canius de se fâcher ; mais que faire ? Le tour était joué et « Aquillius, ajoute Cicéron, mon collègue et ami, n'avait pas » encore publié les formules *de Dolo malo.* » Or, à Rome, il fallait que le préteur donnât une *formule* pour intenter une action en justice.

Quoique le Code Napoléon contienne des dispositions contre la fraude, sans exiger une *formule* pour la poursuivre, nous conseillerons aux acquéreurs de bien prendre leurs renseignements, afin de n'avoir pas à soutenir même un bon procès et de se méfier des *poissons d'avril,* bien qu'aujourd'hui l'on s'y prenne autrement que du temps de Canius.

On nous a affirmé que, dans certaine voie publique récemment percée et construite, un bâtiment de luxe ayant été élevé, sans que le taux des loyers répondît à l'importance de la dépense, le constructeur n'avait trouvé des locataires, au prix qu'il demandait, qu'en leur donnant gratis et d'avance des quittances pour la première moitié de la durée de leur bail ; que mettant ensuite en vente son immeuble, il avait produit au nouvel acquéreur des baux authentiques, pour constater le produit annuel de son bâtiment ; mais, qu'à l'expiration de la première période de ces baux, les locataires avaient signifié congé au nouveau propriétaire et n'avaient ensuite consenti à conserver leurs appartements et magasins, qu'au véritable prix c'est-à-dire à la moitié du prix porté dans les baux authentiques ; qu'ainsi l'acquéreur avait éprouvé une complète déception, sans pouvoir élever de réclamations admissibles, car les locataires, en signifiant congé, avaient usé d'un droit légal et rien ne pouvait prouver la remise de moitié des loyers, faite par le constructeur, sur des baux, dont le prix avait toute l'apparence de la réalité, puisque, depuis la vente, les locataires n'avaient fait aucune difficulté de payer leurs loyers, tous les trois mois, entre les mains de l'acquéreur, au taux stipulé dans les baux, et tandis que la remise de moitié s'appliquait à une époque de jouissance antérieure à son acquisition et qui ne le regardait pas. La baisse de loyer, consentie par lui, était à ses risques et périls et le vendeur n'en pouvait rester responsable.

Peut-être existait-il quelque moyen de déjouer une pareille fraude ; mais il eût fallu intenter un procès difficile à gagner, et le vendeur n'était pas solvable. — La conséquence, c'est qu'il est indispensable de contrôler l'exactitude des prix, fussent-ils fixés par des baux authentiques.

10ᵉ SUBDIVISION. — La Publicité.

1ᵉʳ Argument.— *Des affiches, annonces, notices, **prospectus**,*
réclames.

Ésope, affranchi, pour répondre à l'ordre de son maître, de lui servir tout ce qu'il y avait de meilleur, apporta sur sa table des *langues* qui furent trouvées excellentes; mais on se lasse de tout, et, comme Ésope continuait à servir des langues, son maître espérant pouvoir varier ses mets, demanda, qu'on lui donnât ce qu'il y avait de pire, et Ésope continua de lui servir des *langues.* — C'est qu'en effet la langue sert à dévoiler la vérité ou à protéger la fraude ; elle dit tantôt le bien, tantôt le mal, elle séduit les uns et dégoûte les autres, elle vous donne l'espérance, qui est toute la vie, ou vous abandonne au découragement, espèce de mort anticipée : la langue est donc ce qu'il y a de meilleur et ce qu'il y a de pire.

Depuis l'invention de l'imprimerie et du journalisme, la parole est distancée, mais non réduite au silence ; la publicité a pris des développements immenses et se produit, tantôt sous la forme de placards affichés, tantôt sous celle d'annonces dans les journaux, tantôt sous celle de prospectus et de circulaires, envoyés à domicile, ou distribués dans les rues, tantôt sous celle de brochures, d'affiches à la main et de notices distribuées, sans compter les imprimés de gros format, car la réclame sait adopter toutes les formes pour arriver à son but.

Examinons succinctement quelle influence peut avoir la publicité sur les placements immobiliers,

Avant tout, il est utile de rappeler les dispositions de l'article 1341 du Code Napoléon, ainsi conçu : « Il doit être passé acte » devant notaire, ou sous signature privée, de toutes choses » excédant la somme ou valeur de cent cinquante francs, même » pour dépôts volontaires ; et il n'est reçu aucune preuve par » témoins contre et outre le contenu aux actes, ni sur ce qui » serait allégué avoir été dit avant, lors, ou depuis les actes, » encore qu'il s'agisse d'une somme moindre de cent cin- » quante francs. »

Mais, si la preuve testimoniale ne détruit pas les engagements constatés par des actes, peut-on prétendre que les annonces, affiches, prospectus, rédigés, imprimés et distribués par le vendeur d'un immeuble, ne sont d'aucune valeur et ne peuvent pas servir à indiquer quelles ont été les conventions des parties, là où l'acte de vente garde le silence? Ce ne sont pas de simples preuves testimoniales, que le législateur n'a cru devoir admettre qu'avec une sage réserve : ce sont des écrits, émanés du vendeur, qui, aux termes de l'article 1602 du Code Napoléon, est tenu d'expliquer clairement ce à quoi il s'oblige. Ne pourait-on pas dire que la notice rédigée et publiée par lui, avant la vente, sert de complément à ses intentions, tout comme le cahier d'enchères sert de base à une vente d'immeubles, pour une adjudication publique?

Dans les affaires commerciales, un prospectus ou *prix cou- rant*, peut devenir obligatoire contre celui qui l'a publié et cependant personne n'ignore qu'il n'est pas toujours possible de réprimer les écarts du charlatanisme. Entrez dans un restaurant qui fait distribuer des prospectus, à prix fixe et, si vous ne demandez aucun extra, le restaurateur ne pourra pas exiger un prix plus élevé que celui annoncé : la même chose aurait lieu dans un magasin où le prix fixe est marqué sur la marchandise; dans un établissement de transport, où les prix sont tarifés ; chez un professeur qui affiche les prix de ses cours ou de ses leçons et chez un éditeur, qui annonce le prix d'un ouvrage publié par lui : et si l'ouvrage était publié par livraisons, le souscripteur pourrait exiger la délivrance de toutes les livraisons promises dans le prospectus, ou une indemnité équivalant au préjudice qu'il éprouverait de la non exécution des promesses du prospectus. Il en serait de même pour la souscription à une opération de banque, de commerce, ou de finance, ouverte sur la foi d'un simple prospectus.

Dans toutes les hypothèses que nous venons d'exposer, la présomption serait que les conditions, énoncées dans le prospectus, ont servi de base à la convention et celui qui contesterait cette présomption devrait fournir la preuve du contraire.

Or, nous ne voyons aucune différence entre le simple prospectus, qui ouvre une souscription quelconque et l'affiche, l'annonce, ou la notice que publie un vendeur, relativement à la propriété qu'il offre d'aliéner en écrivant ces mots en tête : *à vendre* telle propriété.

Pour que la vente soit parfaite, il faut que le vendeur et l'acquéreur soient d'accord sur la chose et sur le prix. N'est-il pas évident que l'annonce, l'affiche, la notice ou le prospectus a contribué, d'une façon certaine et incontestable, à déterminer cet accord, en éclairant l'acquéreur sur la nature et les qualités de la chose vendue? Ce qu'il a acheté, c'est la chose ainsi désignée, dans ce même document, telle qu'elle y est désignée, et non pas une autre. Dès lors cette notice fait partie intégrante de la convention.

Si le vendeur publie un plan, ou une photographie de la propriété mise en vente, nul ne contestera que ces images n'aient concouru à amener le consentement de l'acquéreur : or, la notice est une espèce de *plan parlé*, si nous osons nous exprimer ainsi, de même que le plan et la photographie sont un *prospectus dessiné*. Prendre dans ces documents, des renseignements sur l'étendue, la contenance, la désignation de la propriété, sur les circonstances particulières qui la concernent et, en un mot, sur toutes les choses, à l'égard desquelles le contrat de vente a gardé le silence et que son texte ne contredit pas, ne nous semble nullement contraire aux dispositions de l'article 1341 du Code Napoléon, car ici ce ne sont pas de simples paroles, qu'on invoque, ce sont des écrits émanés du vendeur même. et *publiés* par lui volontairement : ils ont donc bien plus de force que les registres et papiers domestiques, qui, d'après l'article 1331 du même Code, font foi contre celui qui les a écrits, bien qu'ils ne soient pas destinés à la publicité.

Au surplus, ces documents peuvent être consultés, non-seulement pour compléter et expliquer au besoin les stipulations trop laconiques du contrat de vente, mais encore pour faire connaître des circonstances qui, sans avoir la portée des conditions insérées au contrat, seraient de nature à apporter une grande lumière pour la solution de questions se rattachant à la vente. Ainsi, par exemple, nous avons vu qu'il pouvait être important de constater si le vendeur d'une part, et l'acquéreur d'autre part, savaient que la chose vendue appartenait à autrui ; ou bien encore, quant à la contenance, si l'on savait, ou si l'on ignorait l'étendue réelle et effective du fonds de terre. Il y aurait donc alors intérêt à consulter les notices, prospectus, affiches et annonces, où l'on pourrait trouver des éléments, de nature à fixer l'opinion sur ces questions.

2ᵉ Argument. — *Exemple d'une annonce-prospectus.*

Après avoir ainsi posé les principes théoriquement, nous allons donner un exemple d'annonce, notice, affiche, prospectus, et nous aurons le soin de conserver les mêmes données générales que dans les exemples précédents, afin de ne pas fatiguer l'attention du lecteur en créant sans cesse de nouvelles hypothèses, difficiles à retenir. Le voici :

« A vendre une des plus belles propriétés de *telle province,*
» connue sous le nom de chateau de L...., sise à Saint.....
» près T...

» Cette propriété se compose :

» D'une *magnifique* maison d'habitation, *rappelant le style*
» *Louis XV,* d'un bâtiment, dit pressoir, de bâtiments dits
» communs, d'un jardin anglais, avec *volière d'hiver et d'été,*
» de vignes, potager, *bois d'agrément, de caves dans le rocher,*
» capables de contenir *plus de 2,000 pièces,* de prés et d'une
» petite parcelle de terre à ensemencer, *le tout de la conte-*
» *nance de* cinq hectares *environ.*

» Le château, en *partie construit à neuf,* en 1858, sous les
» ordres *d'un des premiers architectes* de T..., pour être habité
» l'*hiver* et l'*été,* renferme *tout le confort d'une grande maison*
» *de ville. Les intérieurs sont riches,* les appartements de ré-
» ception *n'ont rien à envier aux plus belles résidences de* telle
» province ; *par son étendue, il peut loger trois familles.*

» Les communs sont vastes, ils renferment : logement de jar-
» dinier, chambres pour cocher et valet de chambre, *écurie pour*
» 5 *chevaux, remise pour* 4 *voitures,* etc., etc.

» Le jardin anglais, *parfaitement* dessiné, consiste en une
» *vaste pelouse,* avec lac *au milieu,* en de nombreuses cor-
» beilles, avec de très-belles serres *à multiplication,* en deux
» salles d'ombrage, etc., le tout desservi par de grandes allées.

» Les vignes donnent *le meilleur* vin de Saint.... et le cru de
» Saint... est le *meilleur de telle province.*

» *Le bois d'agrément* est sur une pente assez inclinée ; des
» *allées tortueuses* en font une promenade *des plus agréables* ;
» il se termine en bas par une terrasse *fort longue*, plantée de
» tilleuls, donnant sur la grande route. Il renferme un cabinet
» de lecture et des jeux.

» Cette propriété, plantée sur un coteau très-élevé, n'est
» éloignée de T.... que de 6 kilomètres, que l'on franchit en
» une demi-heure, sur une *route admirable*, qui se continue
» jusqu'au sommet.

» Elle domine toute la vallée qui est devant elle; de tel en-
» droit que l'on se trouve, *la vue, animée* par le chemin de fer,
» par la navigation de telle rivière et par cette *luxuriante na-*
» *ture, offre le tableau le plus magnifique qu'on puisse imaginer;*
» à droite et à gauche, l'œil *embrasse* une étendue de 48 kilo-
» mètres.

» *A ces agréments, auxquels participe* la rivière du C..., qui
» paraît faire partie de la propriété et dont elle arrose quelque-
» fois les prés, il faut ajouter les avantages suivants : le voisi-
» nage de la grande route, qui conduit à T..., la proximité de
» cette ville, la proximité du bourg de Saint... où se trouvent
» tous les fournisseurs, la société qu'on peut s'y procurer par
» bon nombre de familles de T..., qui viennent passer la
» belle saison.

» Cette propriété, quoique d'agrément, possède quelques
» revenus que voici :

» *Locations des caves*................ 410 f.
» 50 quintaux de foin................ 300
» 12 pièces de vin, défalcation faite des
» frais............................. 720
                                      ———
» Ensemble....... 1,430 f.

» Cette somme est nécessaire et *suffit à l'entretien des jar-*
» *dins*, dont l'arrosage est *des moins dispendieux* au moyen

» de bassins , bornes-fontaines établies partout et les fruits,
» les légumes, la basse-cour, la pêche, fournissent abondam-
» ment la maison. »

Tel est le style plus ou moins correct, plus ou moins poétique
qu'on emploie pour éblouir les gens superficiels et ceux qui ont
la candeur d'accorder toute confiance aux assertions et aux
promesses d'autrui : un aveugle, à qui on lirait une pareille
notice et qui ne pourrait pas en vérifier par lui-même l'exactitude, se laisserait prendre à cette belle description ; et celui
qui, sans être aveugle, n'a pas visité la propriété à vendre et
ne connaît pas le pays où elle est située, habitué qu'il est à lire
les annonces, si peu poétiques, faites journellement par les
notaires et les avoués, dans les journaux judiciaires, se trouve
absolument dans la même situation que ce malheureux aveugle
et ne peut voir que par les yeux d'autrui. Or, s'il est marié et
que sa femme aille visiter la propriété à vendre, aura-t-elle
d'assez bons yeux pour tout voir, tout apprécier par elle-
même? Ses conducteurs officieux auront-ils le soin de lui mon-
trer les points défectueux, de lui faire apercevoir les vices
apparents de la propriété et de lui déclarer les défauts cachés?
N'entendra-t-elle pas autour d'elle des exclamations plus ou
moins poétiques sur les charmes d'un pareil séjour? sur le bonheur qu'éprouveraient deux jeunes époux à passer la lune de
miel dans ce délicieux manoir? sur le prix élevé que le vendeur
en a maintes fois refusé? et autres discours plus ou moins
burlesques, destinés à vanter le mérite de la propriété. L'excen-
tricité de pareils discours ne prouvera pas le bon goût de ceux
qui les tiennent, mais le résultat désiré sera obtenu, car l'attention aura été détournée au moment convenable et l'on aura
passé, sans s'en apercevoir, devant une imperfection ou un
défaut qu'il fallait dissimuler.

Calomniez, calomniez, il en reste toujours quelque chose ; et
en sens inverse qu'on prodigue les éloges, les louanges, les
flatteries, malgré tout le soin que vous prendrez de vous mettre

en garde contre de telles exagérations, il finira par en rester quelque chose dans votre esprit.

Quand le tour est joué, les paroles s'envolent et les contrats restent; mais les prospectus restent aussi, afin de témoigner, par écrit, du degré de sincérité des annonces et des promesses faites par le vendeur et, en cas de difficultés, ils deviennent une pièce importante.

3ᵉ Argument. — *Réfutation du prospectus donné comme exemple.*

Vous nous annoncez un *château?* — Nous vous demanderons de nous en livrer un. Prenez garde que ce titre ambitieux exige une contenance correspondante à celle des autres châteaux et nous avons vu plus haut (7ᵉ subdivision, 3ᵉ classe, 4ᵉ argument) à quelles proportions ce titre vous oblige : on vous demandera un vaste domaine et vous ne pourrez pas le fournir;

Vous parlez d'une *magnifique* habitation? mais la magnificence exige une grande hauteur d'appartements et, si vous n'aviez que 3ᵐ 50 de hauteur d'étage, vous annonceriez un fait inexact;

Vous parlez de *style Louis XV* ? Mais ce style était celui du bon goût et de l'élégance : voyez à quoi vous vous engagez;

Vous parlez de *caves dans le rocher*, capables de contenir *plus* de 2,000 pièces? Donc vous avez vendu toutes les caves contenues dans le rocher, puisque votre prospectus n'en excepte aucune et c'était bien là le lieu de dire que trois d'entre elles ne vous appartenaient pas et ne feraient pas partie de la vente, et quant au vin qu'elles peuvent contenir, vous ne dites pas que vous ne vendez *seulement* que la quantité de *caves* nécessaire pour contenir strictement 2,000 pièces ; vous dites au contraire qu'elles sont capables d'en contenir PLUS de 2,000 ; on vous demandera

une contenance supérieure à 2,000 pièces, *minimum* indiqué
par vous ;

Vous dites que le tout est de la contenance de *cinq hectares*
environ? et vos titres n'indiquent que 3 *hectares* environ. Pourquoi exagérer ainsi votre contenance, si ce n'est pour induire
l'acquéreur en erreur? Mais on vous demandera les 5 hectares
ou une diminution du prix ;

Pourquoi ne vous est-il pas venu à l'esprit de dire : 2 hectares environ, c'est-à-dire *moins* que vos titres ne l'indiquent,
au lieu d'écrire : 5 hectares environ, c'est-à-dire *plus* que la
contenance exprimée dans vos titres de propriété? Erreur pour
erreur, n'eût-il pas été de meilleur goût de se tromper en
moins que de se tromper en trop? Mais quel amateur aurait
voulu n'acheter que 2 hectares environ, pour le prix que vous
demandiez?

Vous dites que le *château* a été *en partie construit à neuf en*
1858? En êtes-vous bien sur? N'auriez-vous pas dû ajouter
en très-petite partie si les communs étaient très-vieux et me-
naçaient ruine?

Vous dites que cette construction, en partie neuve, a eu lieu
sous les ordres *d'un des premiers architectes de* T...? Mais un
architecte ne construit rien sans dresser un plan et, comme son
travail s'est étendu à toute la propriété il a dû dresser un plan
du domaine entier : montrez-le et, si vous ne le montrez pas,
vous avez donc un motif pour le cacher? du moins on le
croira ;

Vous dites que le château renferme tout le *confort* d'une
grande maison de ville? mais le fourneau de la cuisine et le
calorifère du rez-de-chaussée marchent-ils bien? et s'ils ne
marchaient pas, ce serait un singulier confort !

Vous dites que les *intérieurs sont riches?* Mais cela fait supposer des dorures? y en a-t-il ? et s'il n'y en avait pas, que vau-
drait votre assertion?

Vous dites que les appartements de réception n'ont *rien à*

envier aux plus belles résidences de cette province? Mais pourquoi sont-ils si bas de plafond?

Vous dites que, par son étendue, il peut *loger trois familles*? Mais trois familles, de celles qui occupent les plus belles résidences du pays, supposent au moins douze maîtres, douze domestiques, douze chevaux! vingt-quatre habitants, s'ils étaient de simples paysans, auraient chacun dans le pays 1 hectare 23 ares 07 centiares de terrain, ce qui pour les vingt-quatre habitants donnerait plus de 29 hectares et, comme ce ne sont pas des paysans et qu'il leur en faut davantage qu'à des paysans, voyez combien votre domaine devrait contenir de terrain, pour trois familles au lieu des 5 hectares annoncés?

Vous dites que les communs renferment une *chambre* pour le *valet de chambre :* en êtes-vous bien sur? une écurie de 5 chevaux est évidemment trop petite pour trois familles.

Vous dites que le jardin anglais, parfaitement dessiné, consiste en une *vaste pelouse*, avec LAC au milieu? Comment, dans 5 hectares, peut-il y avoir tant de choses? On dit : le lac de Genève, le lac de Lucerne, le lac Majeur, le lac de Thoun, le lac de Zurich, le lac de Brientz ; on dit même, à la rigueur, les lacs du bois de Boulogne; mais chacun d'eux a plus d'étendue que les 5 hectares de votre domaine. D'ailleurs le bois de Boulogne n'est pas à vendre, surtout à une personne qui ne le connaîtrait pas et, quand on dit les lacs du bois de Boulogne, on ne peut induire en erreur aucun acquéreur sur l'étendue de cette propriété. Dans le langage prosaïque, on dit *les bassins* des Tuileries, du Palais-Royal, de Versailles, la *pièce d'eau* des Suisses, mais jamais on n'avait dit les *lacs* du parc de Versailles.

Vous annoncez une serre à *multiplication?* Ne l'aurait-on pas employée à produire la contenance de 5 hectares, avec des titres indiquant 3 hectares seulement, par une irréligieuse imitation du divin miracle de la multiplication des pains?

Nous nous arrêtons, car on ne tarirait pas, si l'on voulait

faire remarquer toutes les choses surprenantes contenues dans
votre prospectus : il sufit de le lire pour s'en convaincre.

Mais on ne se borne pas à distribuer un simple prospectus :
on a recours à la photographie, qui ordinairement réussit bien
mieux à faire le portrait des bâtiments que celui des hommes
et surtout des femmes.

Toutefois la photographie dit trop crûment la vérité : avec
elle les défauts s'aperçoivent trop facilement et adieu la poésie.
Mais on ne s'inquiète pas pour si peu : on prend une seule
épreuve photographique sur nature : entre les mains d'un des-
sinateur intelligent, cette épreuve est bien vite modifiée, défi-
gurée, embellie; on supprime les défauts, on ajoute des qualités,
et, quand on a obtenu ce qu'on désire, on photographie l'é-
preuve retouchée et l'on obtient alors des épreuves de convention, qu'on présente comme la réalité ! Ne faut-il pas avoir une
vocation toute spéciale de falsification, pour falsifier même une
photographie, qui devrait être, par excellence, l'image de la
vérité ?

**11ᵉ SUBDIVISION.— Concours d'une femme mariée, dans une
aliénation d'immeuble.**

Les conséquence du concours d'une femme mariée à un acte
de vente immobilière, ne sont pas les mêmes, suivant qu'il
s'agit pour elle d'une vente, ou d'une acquisition. En effet, si
l'immeuble est un propre de la femme, le mari ne peut pas
l'*aliéner* sans son concours : il faudra donc que ce concours
soit régulier et conforme aux dispositions de la loi, relatives au
contrat de mariage, que nous n'avons pas la prétention de reproduire ici. Mais, si l'immeuble n'est pas un propre de la
femme et qu'il soit ou un propre du mari, ou un propre de la
communauté, le mari peut alors le vendre seul, et le concours
de la femme, qu'il existe ou non, reste sans influence, quant à

la régularité du contrat. Nous ne nous appesantirons donc pas davantage sur cette première hypothèse.

Au contraire, s'il s'agit d'*acquérir* un immeuble, alors le concours et l'action de la femme mariée peuvent avoir un autre genre d'importance qui, bien que d'une apparence secondaire, peut devenir l'objet principal de la convention et ceci mérite quelques explications accessoires.

Supposer qu'une femme mariée désire acheter des bijoux, des dentelles, des cachemires, n'est pas une chose tellement improbable qu'on n'en ait jamais rencontré des exemples. Admettons que le mari lui a laissé entièrement le choix des parures, des pierreries, des montures ; du point des dentelles, de la couleur, du dessin et de la forme des tissus, pourvu que l'ensemble ne dépasse pas les limites d'un certain chiffre pour lequel un crédit est ouvert au budget du ménage : Pour un pareil mandat, il n'est pas d'usage de dresser un acte authentique. Le marché est vite conclu, car, nous le supposons, la femme a hâte de satisfaire un désir, une fantaisie, que le mari n'a pas voulu, n'a pas dû, n'a pas pu lui refuser. Les marchandises sont aussitôt livrées et la *carte à payer* ne se fait pas attendre. Supposons ici que la femme mariée ne se connaissait ni en bijouterie, ni en dentelles, ni en cachemire, ou bien que, s'y connaissant, elle a examiné superficiellement les questions fondamentales, pour ne faire porter son choix que sur l'apparence extérieure, et que les marchands, voyant à qui ils avaient affaire, aient profité de la facilité de la femme à écouter leurs interminables discours (ce qu'on appelle *faire l'article*, en langage poli), et que le mari, au moment de payer les factures, ait eu la fantaisie d'examiner les objets livrés et acceptés et de les faire voir par des fournisseurs consciencieux et des appréciateurs sérieux et instruits. Les marchands pourront-ils prétendre que le mandat verbal donné par le mari pour acheter ces parures, allait jusqu'à dispenser la femme d'examiner sérieusement la marchandise et, si elle ne possédait pas elle-même les connaissances spéciales nécessaires pour les apprécier, à la dispenser de se faire assister de fournisseurs consciencieux et d'appréciateurs instruits ? Nous ne le pensons pas et, malgré le marché conclu et la livraison faite et acceptée, nous croyons que le mari aurait certainement le droit de faire restituer sa femme, assimilée à un mineur pendant le mariage, contre des erreurs de fait sérieuses ; par exemple, si au lieu de brillants, on n'avait livré que des roses ou des pierres ayant des défauts ; si les dentelles n'étaient que de l'imitation, ou bien si le métrage n'était pas pareil à celui porté sur la facture ; si les cachemires étaient vieux, reprisés, ou reteints, au lieu d'être neufs , etc., etc. Certainement le mari, en faisant un sacrifice d'argent, pour être agréable à sa femme, n'avait pas pu lui donner le pouvoir d'être victime d'erreurs de cette nature ; et, si les marchands de bijoux, de dentelles, de cachemires avaient comme c'est l'usage, envoyé d'avance des prospectus, ou des circulaires pour engager la femme à aller chez eux faire ses achats, il est bien évident que les promesses, portées sur ces annonces, seraient une raison de plus pour tenir à l'exactitude de la fourniture, et que le mari aurait parfaitement le droit d'exiger qu'on livrât des marchandises de bonne et loyale qualité, ou, si cela était impossible d'exiger, une réduction proportionnelle sur le prix de la vente. Il suffirait de parcourir la collection de la *Gazette des Tribunaux*, pour trouver des exemples de pareilles réclamations, favorablement accueillies par les juges.

1ᵉʳ Argument. — *Visite faite à la propriété mise en vente.*

Appliquons les mêmes principes à l'acquisition d'un immeuble et supposons que le mari, ayant donné à sa femme l'autorisation verbale de choisir, pour son habitation personnelle, une propriété rurale, elle ait été en visiter plusieurs et ait fait choix de l'une d'elles, tout comme dans l'hypothèse précédente, elle aurait fait choix de bijoux, de dentelles et de cachemires, avec l'autorisation du mari ; qu'elle lui rapporte la *notice* ou *prospectus*, et la *photographie* mentionnés plus haut (toujours pour rester dans les mêmes exemples), et que, sur l'examen de ces documents et sans avoir visité par lui-même les fonds de terre et les bâtiments, sans même jamais avoir été dans le pays où ils sont situés, il achète, en son propre nom, la propriété choisie par sa femme et signe tout seul le contrat. S'il est marié en communauté, l'acquisition devient un acquêt de communauté, bien qu'il l'ait faite en son nom personnel, car pour simplifier la question, nous écartons à dessein les hypothèses de remploi, ou de rachat de copropriétés indivises, qui pourraient créer des propres à l'un ou à l'autre des époux.

Dans cette situation, le vendeur serait-il admis à repousser les réclamations du mari, acquéreur, fondées sur les causes, énoncées précédemment, de défaut de contenance et de non livraison de trois caves existant sous le petit bois, en prétendant, par exemple, « qu'à l'égard de la différence dans la con- » tenance, cette différence est sans importance réelle ? qu'en » effet, la valeur de l'immeuble consiste non dans son étendue, » mais dans l'ensemble de la propriété, avec ses bâtiments » d'habitation, nouvellement construits, son appropriation, sa » vue magnifique et sa position exceptionnelle ; que la propriété » est close de murs et de haies ; *qu'elle a été visitée et ap-* » *préciée par les acquéreurs et qu'elle leur est livrée telle* » *qu'elle leur a été présentée, lors de leur visite ?* que ce grief » n'est pas plus fondé que celui relatif aux caves et aux pré- » tendues irrégularités dans l'établissement de la propriété ? »

Nous commencerons par répondre à l'objection tirée de la *visite* de la propriété, parce qu'elle rentre tout à fait, dans la question spéciale, que nous venons de poser et nous examinerons ensuite les autres objections séparément.

Dans l'hypothèse, que nous avons formulée, l'objection manquerait d'exactitude, car, en fait, il ne serait pas vrai que le mari, véritable acquéreur figurant seul au contrat, ait *visité* et

apprécié la propriété vendue : il ne serait donc pas vrai non
plus que cette propriété lui ait été *livrée telle qu'elle lui avait
été présentée, lors de sa visite,* puisque cette visite, de sa part,
n'aurait jamais eu lieu.

Cette situation pourrait-elle s'aggraver contre lui, parce
qu'il est marié en communauté? En aucune façon. A la dissolution de la communauté, cette propriété si, elle en dépen-
dait encore, serait licitée, ou partagée, ou attribuée au sur-
vivant, ou à la succession du prédécédé. Si le mari survivait et
restait propriétaire de l'immeuble, il serait réputé en avoir
toujours été seul propriétaire, dès le premier jour, et l'objection
tomberait d'elle-même, comme sans fondement. Si au contraire
la femme survivait et devenait seule propriétaire de l'immeuble
c'est elle qui, à son tour, serait réputée en avoir été toujours et
dès le premier jour, seule propriétaire, mais, comme d'un
immeuble acquis en minorité (car la femme mariée est assimilée
au mineur, pendant le mariage) et elle aurait droit d'être
restituée contre toutes les erreurs qui la rendraient victime
d'une opération semblable : son mari, comme chef de la communauté et maître de ses droits et actions serait naturellement
responsable des erreurs qu'il laisserait commettre à sa femme
et il aurait le droit de s'en faire restituer de son chef. A plus
forte raison si, au lieu d'une simple erreur, il y avait eu dol.

Mais, sans nous égarer dans des questions aussi ardues, revenons à celles du mandat donné par le mari à la femme. —
Qui s'appuie sur ce mandat? — C'est le vendeur. Ce serait
donc à lui d'en fournir la preuve, et il ne le pourrait jamais,
puisqu'il n'y aurait jamais eu de mandat pareil. Le mari aurait
autorisé sa femme à aller choisir une propriété, comme il l'aurait autorisée à choisir un cachemire et voilà tout. Sa femme
aurait préféré, parmi d'autres, celle en question et voilà tout.
— Quant à l'acquisition, c'est le mari seul qui l'aurait faite,
sans avoir visité la propriété, mais sur l'examen de deux pièces:
une notice et une photographie, et voilà tout. — Pourquoi au-

rait-il préféré cette propriété parmi d'autres que sa femme avait vues? — Par sentiment de courtoisie et d'affection, parce que sa femme la préférait aux autres; mais il ne s'ensuivrait pas qu'il dût supporter, sans réclamations, le défaut de contenance, le défaut de droit de propriété et les autres vices de cet immeuble. L'affection et la courtoisie ne vont pas jusque-là.

Sans établir ici une théorie sur le mandat, nous pouvons simplement rappeler que c'est un contrat qui impose des obligations réciproques au mandant et au mandataire. Ce dernier est responsable des fautes qu'il commet dans sa gestion (art. 1992, Code Napoléon). Or, entre mari et femme, il sera ordinairement bien difficile, nous dirons même impossible, d'exercer une garantie quelconque, et il faut admettre que le mari, qui ne l'ignore pas, n'aura pas étendu outre mesure les limites du mandat qu'il a pu donner à sa femme. Si un tiers argue d'un pareil mandat, il devra donc en prouver l'existence et en préciser l'étendue, par la production de la procuration écrite et, jusqu'à preuve du contraire, la présomption sera que le mari n'a autorisé sa femme qu'à faire des choses raisonnables et dans les limites de simples actes d'administration.

L'objection tirée de la visite de l'immeuble, nous paraît donc, sous tous les rapports, complétement inadmissible.

2ᵉ Argument. — *La différence de mesure serait*
sans importance.

Examinons maintenant les autres assertions du vendeur :

1° « La différence de *contenance*, dites-vous, est sans impor-
» tance réelle; la valeur de l'immeuble consistant, non dans
» son étendue, mais dans l'ensemble de la propriété, avec ses
» bâtiments d'habitation, nouvellement construits, son appro-
» priation, sa *vue magnifique* et sa *position exceptionnelle.* »

Mais, plus la contenance sera grande, plus j'aurai de place

d'où je pourrai jouir de cette *vue magnifique* et de cette *position exceptionnelle*. Si j'avais un hectare de plus, je pourrais le vendre à un ou à deux acquéreurs qui y construiraient des bâtiments, afin d'y jouir aussi de cette même *vue magnifique* et de cette même *position exceptionnelle*. Vous voyez donc que, en me servant de vos propres arguments, je vous prouve que le défaut de contenance me nuira d'autant plus que la vue sera *plus magnifique* et la position *plus exceptionnelle*; et si nous supposons une revente, un emprunt hypothécaire, une expropriation forcée, pour cause d'utilité publique, afin de faire exécuter un chemin, de construire un pont, un fort, etc., c'est alors que la question de contenance aura une importance très-grande, auprès des acquéreurs, des prêteurs ou du jury d'expropriation.

Sur la question de l'*ensemble de la propriété*, nous avons démontré que les cinq hectares étant déjà disproportionnés avec l'étendue des bâtiments, toute parcelle de moins que cette contenance leur nuirait et les déprécierait considérablement. Au surplus, l'objection en elle-même contiendrait une inexactitude matérielle, puisque ces bâtiments, au lieu d'être *nouvellement construits*, ne seraient que nouvellement *restaurés en partie* et que leur construction primitive daterait de plus d'un demi-siècle. C'est là une grande différence.

2° La propriété, dites-vous, est close de murs et de haies.

Il faudrait, avant tout, examiner si la propriété forme réellement un seul tenant, si elle n'est pas coupée, en plusieurs parties, par des routes et des chemins; si véritablement elle est entièrement close de murs et de haies et s'il n'y aurait pas certaines limites indiquées uniquement par des *fossés*, des *talus*, etc. Toutes ces circonstances particulières, à constater en fait, viendraient singulièrement modifier l'argument que l'on prétend tirer de la clôture.

Mais, à supposer que la propriété fût entièrement *close de murs et de haies*, quelle conséquence sérieuse pourrait-on en

tirer? — C'est qu'elle formerait *un corps certain et limité?* —
Eh bien ! c'est justement là l'espèce prévue par le second alinéa
de l'article 1619 du Code Napoléon, qui autorise l'action en diminution de prix, lorsque la différence est d'un vingtième en
moins, relativement à un corps certain et limité.

3° Le grief relatif aux caves a déjà été longuement traité
plus haut (8ᵉ subdivision , 7ᵉ classe) et nous n'y reviendrons
plus.

4° Quant aux irrégularités dans l'établissement de propriété,
la spécialité de cet ouvrage ne permet pas d'entrer dans de
pareils détails, qui sont de la compétence des notaires et des
avoués, et en cas de dissentiment, de celle des tribunaux.

On voit que toutes les objections du vendeur seraient faciles
à réfuter et puisque nous avons abordé un sujet aussi grave que
celui du concours d'une femme mariée, on nous permettra de
terminer la présente subdivision par quelques considérations
générales sur cette importante question.

3ᵉ ARGUMENT. — L'émancipation de la femme.

Depuis la promulgation du Code Napoléon, des modifications
considérables ont eu lieu dans nos lois et dans nos mœurs.
D'une part le lien du mariage s'est fortifié par la loi de 1816,
qui a aboli le divorce, dont il était déjà si difficile d'obtenir la
prononciation avant cette loi, et, d'autre part, chacune des révolutions que nous avons subies a amené de nouvelles prétentions tendant à relâcher l'autorité maritale. Sans parler de la
secte des Mormons, ni de celle des Saints-Simoniens, qui se
sont révélées depuis le Code Napoléon, chacun se rappelle ces
corps délibérants en jupons, où l'on proclamait la femme libre,
ces dignes assemblées qui, sous les noms les plus bizarres, ri-
valisaient, d'audace et d'absurdité, avec les réunions du Luxembourg, présidées par Louis Blanc ! Certes, les femmes bien
élevées n'ont point partagé ces idées volcaniques et ne se sont

pas affiliées au club des *Vésuviennes*, mais il n'en est pas moins vrai que les maximes ainsi professées ont eu beaucoup de retentissement : les journaux en ont rendu compte et des auteurs n'ont pas craint, pour exploiter cette mine nouvelle, de soutenir certains principes subversitifs des bases constitutives de la société.

Ils espéraient qu'en flattant ainsi les prétentions des femmes, ils s'assureraient, pour lectrices approbatrices, la plus belle et la plus influente moitié du genre humain et pour lecteurs désapprobateurs, mais lecteurs payants néanmoins, l'autre moitié, la moins belle, mais celle qui tient les cordons de la bourse : il y avait donc tout bénéfice à traiter un pareil sujet, et l'on ne s'en est pas privé.

Nous nous empressons de reconnaître qu'aucune femme mariée n'a jamais eu même la pensée de chercher à profiter des idées subversives, ainsi produites au jour, pour peser sur la volonté de son mari et pour mettre en question le pouvoir que la loi lui accorde; qu'au contraire toutes ont formé les vœux les plus ardents pour que ce pouvoir fût fortifié et résistât à toutes les attaques : aussi n'est-ce pas contre les femmes mariées que nos méfiances sont dirigées, mais contre ceux qui voudraient exploiter à leur profit le principe de *la femme libre*.

Est-ce le moment de faire cause commune avec eux et de proclamer, au bénéfice de certains spéculateurs, intéressés à la question, l'*émancipation* de la femme et des enfants, en laissant au mari, comme par le passé, toute la responsabilité ? Ne faudrait-il pas, au contraire, constituer plus fortement la famille, base fondamentale de la société ? Est-il à désirer de multiplier les cas de célibat, en rendant de plus en plus difficile la position du mari, contre qui chacun se fait un devoir de diriger des attaques, et que l'on représente parfois comme le tyran de la famille à l'exemple du propriétaire, que certains locataires considèrent comme leur ennemi déclaré ? — La société n'est pas uniquement composée de vendeurs, qui espèrent avoir bon marché de l'inexpérience, ou du caractère naturellement plus frivole des femmes.

Comme il est difficile de concevoir le mariage sans mari, la famille sans père et les maisons d'habitation sans propriétaire, il n'est pas douteux que les tribunaux ne voudraient pas rendre ces existences impossibles et feraient respecter leur autorité, si l'on cherchait à la mettre en question, pour servir des intérêts non avouables. Comme application de ce principe, ils n'attribueraient pas au concours de la femme mariée, dans une acquisition d'immeubles, d'autres effets que celui d'un acte de déférence et de courtoisie du mari, pour choisir une propriété parmi d'autres; car cette propriété doit servir d'habitation commune, et comme c'est le rôle de la femme de rester davantage au logis, pendant que le mari s'occupe plus particulièrement au dehors des affaires sérieuses, il est juste, naturel, légitime que le mari consulte sa femme sur un choix à faire entre plusieurs propriétés et qu'il se guide sur la préférence que sa femme accordera à l'une d'elles plutôt qu'aux autres. Mais, ce choix une fois accompli dans une délibération intime, à laquelle le vendeur reste étranger, le mari reprend tous ses droits et tous ses devoirs d'administrateur de la communauté, et à moins qu'on ne justifie d'une procuration écrite et régulière, qu'il aurait donnée à sa femme, pour conclure sans lui le contrat et signer l'acte en son nom, le vendeur ne pourrait faire intervenir le nom de la femme mariée et arguer de son concours pour un acte qui rentre entièrement dans les attributions du mari. La visite de l'immeuble, que la femme a pu faire, n'a eu pour but que de fixer son choix personnel et ne saurait être comparée à une visite sérieuse du mari où il est même d'usage de se faire assister d'un architecte, meilleur appréciateur de la valeur des immeubles. Jamais on ne fera croire aux magistrats que la promenade d'une femme mariée dans une propriété mise en vente, puisse être assimilée à une vacation d'architecte ou à une visite d'experts.

XIIᵉ SUBDIVISION. — Résumé.

Les plus grandes fortunes de France étant concentrées dans la Capitale, beaucoup de Parisiens ont l'occasion d'acheter des propriétés rurales, et l'annexion de la banlieue ayant renfermé dans ses murs un assez grand nombre de biens-fonds, qui participent bien plus de la condition des immeubles ruraux que de celle de simples terrains propres à bâtir, nous avons cru pouvoir donner quelques développements aux circonstances que l'on rencontre souvent, quand on veut acquérir un château, une terre ou une maison de campagne. Nous n'avons pas la prétention d'avoir prévu toutes les hypothèses : nous nous sommes borné à donner quelques exemples, qui pourront indiquer comment il faut s'y prendre pour déjouer, dans d'autres circonstances, certaines combinaisons préjudiciables à l'acquéreur parisien, qui a une réputation de confiance exagérée, trop souvent bien méritée. Le sujet nous a parfois entraîné en dehors des conditions *intrinsèques* où la 2ᵉ section devrait se renfermer : mais il était difficile de ne pas parler aussi de quelques conditions *extrinsèques*, intimement liées aux premières.

3ᵉ SECTION. — Observations communes aux deux premières Sections.

Les conditions avantageuses ou nuisibles, énumérées dans les deux sections précédentes, ne sont pas les seules permanentes qui puissent agir sur le prix des terrains : aussi la liste que nous en avons donnée est-elle *énonciative* et *non limitative*.

Pareillement, dans l'estimation formulée en rapports de *tant pour cent*, plusieurs de ces mêmes conditions peuvent donner lieu à des *plus-values* supérieures ou à des *moins-values* inférieures aux chiffres cotés par nous, et il est bien entendu qu'il appartient aux hommes compétents de déterminer, d'une manière rigoureuse, ces *plus-values* ou *moins-values*, soit en prenant des chiffres *supérieurs* à nos *maxima*, ou *inférieurs* à nos *minima*, soit en choisissant nos *propres limites*, soit enfin en adoptant des *rapports intermédiaires*, le tout en raison des *circonstances de fait* pour chaque cas particulier et suivant le degré de gravité de chaque cause motivant une surélévation ou une dépréciation. Nous n'avons entendu estimer, en général, que les *conditions ordinaires*, n'apprécier que *ce qui arrive le plus souvent*, et ne donner que des *termes moyens* ou des *exemples* d'évaluation : les *circonstances exceptionnelles* doivent naturellement apporter des modifications en plus ou en moins, laissées entièrement à la discussion des personnes qui peuvent avoir intérêt à contester nos appréciations et, en tout cas, au jugement des hommes compétents; c'est pour faciliter cet examen que se trouvent longuement expliqués les motifs sur lesquels nous croyons devoir nous appuyer.

Nous tiendrons note d'ailleurs des observations qui nous seraient comuniquées, afin d'améliorer et de compléter notre nouveau système d'évaluation et nous serons heureux que du choc des opinions jaillisse la lumière pour éclairer les *acquéreurs* et les *vendeurs*, et pour arriver à concilier leurs intérêts contraires et leurs prétentions opposées, car il n'y a de vente et elle n'est parfaite que lorsque le vendeur et l'acquéreur sont d'*accord* sur la *chose* et sur le *prix*.

§ 3. TARIF RÉCAPITULATIF.

1ʳᵉ **SECTION**. — Combinaison des prix de base avec les plus-values et les moins-values.

Dans un *premier tarif*, qui fait l'objet des tableaux nᵒˢ 1 à 5. nous avons recherché les conditions de préférence et d'infériorité des terrains, basées sur la *distance du centre* de la ville et nous avons proposé des *formules* pour trouver les *prix moyens*, ou *prix de base*, calculés sur cette seule considération ; dans un *second tarif* raisonné, nous avons étudié les autres causes *avantageuses* ou *défavorables*, fondées sur les quotités *intrinsèques* ou *extrinsèques*, propres à chaque terrain, en le considérant isolément, et nous avons essayé de formuler des *plus-values* et des *moins-values* de *tant pour cent*, à ajouter aux prix de base, ou à retrancher de ces prix : le tableau n° 6 fait partie de cette étude. Nous nous proposons d'indiquer, dans le *troisième tarif*, qui va suivre et qui se composera des *trois tableaux* nᵒˢ 8, 9 et 10, des chiffres qui résumeront, au simple point de vue du calcul, les résultats que l'on aura trouvés au moyen des deux premiers tarifs : à la suite nous expliquerons comment on peut se servir de ces tables.

1ʳᵉ SUBDIVISION. — Tables.

La table, qui va suivre, sera divisée en deux tableaux, afin d'en faciliter la mise en page. Elle indiquera, pour chaque zone, en commençant par la 13ᵉ, où les prix sont plus bas, la progression croissante des évaluations, au fur et à mesure de la diminution des moins-values et de l'augmentation des plus-values. La différence entre les termes sera d'abord et finira par être de 1 p. 100 ; mais ensuite, afin de réduire l'étendue des tableaux, l'écart sera de 10 p. 100, de telle façon qu'en partant d'un prix réduit à sa plus simple expression, par le retranchement d'une moins-value de 99 p. 100, la décroissance successive de cette moins-value ramènera au prix de base de la zone ; et qu'ensuite, ajoutant à ce prix de base une plus-value, qui commence à 1 p. 100 et qui s'accroît jusqu'à 99 p. 100, la progression vous conduira à 100 p. 100, c'est-à-dire au prix de base doublé. Ce ne sont là que de simples calculs, faits d'avance, qui indiquent où doivent aboutir les *plus-values* et les *moins-values*, suivant qu'elles s'accroissent sans modifier en rien les résultats obtenus par les études formulées aux deux premiers paragraphes précédents.

Tarif récapitulatif des **Moins-values** retranché

Nᵒˢ des zones.	DISTANCE du centre.	PRIX MOYEN DU MÈTRE CARRÉ DE TERRAIN, APRÈS AVO							
RAPPORT P. 100 A RETRANCHER......		99	98	97	96	90	80	70	60
	m	f. c.	f. c.	f. c.	f. c.	f. c.	f.	f. c.	f
13ᵉ.....	6,250	» 05	» 10	» 15	» 20	» 50	1	1 50	2
12ᵉ.....	5,750	» 20	» 40	» 60	» 80	2 »	4	6 »	8
11ᵉ.....	5,250	» 45	» 90	1 35	1 80	4 50	9	13 50	18
10ᵉ.....	4,750	» 80	1 60	2 40	3 20	8 »	16	24 »	32
9ᵉ.....	4,250	1 25	2 50	3 75	5 »	12 50	25	37 50	50
8ᵉ.....	3,750	1 80	3 60	5 40	7 20	18 »	36	54 »	72
7ᵉ.....	3,250	2 45	4 90	7 35	9 80	24 50	49	73 50	98
6ᵉ.....	2,750	3 20	6 40	9 60	12 80	32 »	64	96 »	128
5ᵉ.....	2,250	4 05	8 10	12 15	16 20	40 50	81	121 50	162
4ᵉ.....	1,750	5 »	10 »	15 »	20 »	50 »	100	150 »	200
3ᵉ.....	1,250	6 05	12 »	18 15	24 20	60 50	121	181 50	242
2ᵉ.....	750	7 20	14 40	21 60	28 80	72 »	144	216 »	288
1ʳᵉ.....	250	8 45	16 90	25 35	33 80	84 50	169	253 50	338

Tarif récapitulatif des **Plus-values** ajouté

Nᵒˢ des zones.	DIS-TANCE du centre.	PRIX de base.	PRIX MOYEN DU MÈTRE CARRÉ DE TERRAIN, APRÈS AVO							
RAPPORT POUR 100 A AJOUTER...........			1	2	3	4	10	20	30	40
	m.	f.	f. c	f. c.	f. c.	f. c.	f. c.	f.	f. c.	1
13ᵉ...	6,250	05	5 05	5 10	5 15	5 20	5 50	6	6 50	
12ᵉ...	5,750	20	20 20	20 40	20 60	20 80	22 »	24	26 »	2
11ᵉ...	5,250	45	45 45	45 90	46 35	46 80	49 50	54	58 50	6
10ᵉ...	4,750	80	80 80	81 60	82 40	83 20	88 »	96	104 »	11
9ᵉ...	4,250	125	125 25	127 50	128 75	130 »	137 50	150	162 50	17
8ᵉ...	3,750	180	181 80	183 60	185 40	187 20	198 »	216	234 »	25
7ᵉ...	3,250	245	247 45	249 90	252 35	254 80	269 30	294	318 50	34
6ᵉ...	2,750	320	323 20	326 40	329 60	332 80	352 »	384	416 »	44
5ᵉ...	2,250	405	409 05	413 10	417 15	421 20	445 50	486	526 50	56
4ᵉ...	1,750	500	505 »	510 »	515 »	520 »	550 »	600	650 »	70
3ᵉ...	1,250	605	611 05	617 10	623 15	629 20	665 50	726	786 50	84
2ᵉ...	750	720	727 20	734 40	741 60	748 80	792 »	864	936 »	1,00
1ᵉʳ...	250	845	853 45	861 90	870 35	878 80	929 50	1,014	1,098 50	1,18

Prix de base, suivant la série des zones.

RANCHÉ, DU PRIX DE BASE, UNE **MOINS-VALUE**, POUR CENT, DE									PRIX de base.
50	40	30	20	10	4	3	2	1	base.
f. c.	f.	f. c.	f.	f. c.	f. c.	f. c.	f. c.	f. c.	f.
2 50	3	3 50	4	4 50	4 86	4 85	4 90	4 95	5
0 »	12	14 »	16	18 »	19 20	19 40	19 60	19 80	20
2 50	27	31 50	36	40 50	43 20	43 65	44 10	44 55	45
0 »	48	56 »	64	72 »	76 80	77 60	78 40	79 20	80
2 50	75	87 50	100	112 50	120 »	121 25	122 50	123 75	125
0 »	108	126 »	144	162 »	172 80	174 60	176 40	178 20	180
2 50	147	171 50	196	220 50	235 20	237 65	240 10	242 55	245
0 »	192	224 »	256	288 »	307 20	310 40	313 60	316 80	320
2 50	243	283 50	324	364 50	388 80	392 85	396 90	400 95	405
0 »	300	350 »	400	450 »	480 »	485 »	490 »	495 »	500
2 50	363	423 50	484	544 50	580 80	586 85	592 90	598 95	605
0 »	432	504 »	576	648 »	691 20	698 40	705 60	712 80	720
2 50	507	591 50	676	760 50	811 20	819 65	828 10	836 55	845

Prix de base, suivant la série des zones.

TÉ AU PRIX DE BASE UNE **PLUS-VALUE**, POUR CENT, DE									
50	60	70	80	90	96	97	98	99	100
f. c.	f.	f. c.	f.	f. c.	f. c.	f. c.	f. c.	f. c.	f.
7 50	8	8 50	9	9 50	9 80	9 85	9 90	9 95	10
0 »	32	34 »	36	38 »	39 20	39 40	39 60	39 80	40
7 50	72	76 50	81	85 50	88 20	88 65	89 10	89 55	90
0 »	128	136 »	144	152 »	156 80	157 60	158 40	159 20	160
7 50	200	212 50	225	237 50	245 »	246 25	247 50	248 75	250
0 »	.288	306 »	324	342 »	352 80	354 60	356 40	358 20	360
7 50	392	416 50	441	465 50	480 20	482 65	485 10	487 55	490
0 »	512	544 »	576	608 »	627 20	630 40	633 60	636 80	640
7 50	648	688 50	729	769 50	793 80	797 85	801 90	805 95	810
0 »	800	850 »	900	950 »	980 »	985 »	990 »	995 »	1,000
7 50	968	1,028 50	1,089	1,149 50	1,185 80	1,191 85	1,197 90	1,203 95	1,210
0 »	1,152	1,224 »	1,296	1,368 »	1,411 20	1,418 40	1,425 60	1,432 80	1,440
7 50	1,352	1,436 50	1,521	1,605 50	1,656 20	1,664 65	1,673 10	1,681 55	1,690

2ᵉ SUBDIVISION. — Analogie des tarifs précédents avec ceux des travaux de bâtiment.

Choisissez un homme intelligent et instruit, mais qui ne soit ni jurisconsulte, ni médecin, ni architecte; mettez entre ses mains la collection des Codes français, avec les tarifs des frais, en matière civile et criminelle ; ou bien un dictionnaire de médecine, avec le *Codex*, qui contient toutes les formules de pharmacie ; ou bien encore l'ancien tarif *Morel*, aujourd'hui remplacé par le tarif des travaux de bâtiment; ensuite chargez-le de suivre et de diriger une procédure civile ou criminelle et d'en taxer les frais; ou bien de soigner un malade et d'ordonner les médicaments qu'il faut lui administrer; ou bien encore de diriger la construction d'un bâtiment et de régler les mémoires des entrepreneurs : vous trouverez un homme fort embarrassé et qui, malgré son intelligence et son savoir, malgré toute la peine qu'il se donnera, n'arrivera jamais à comprendre une foule de termes nouveaux pour lui, et fera regretter aux plaideurs et aux hommes de justice de ne pas avoir affaire à un troisième clerc d'avoué, au malade de ne pas être soigné par un élève en médecine ; ou aux propriétaires et entrepreneurs de ne pas s'être adressés à un commis d'architecte. Mais de cette expérience infructueuse il ne faudrait pas se presser de conclure que les Codes français avec les tarifs des frais, les dictionnaires de médecine augmentés du Codex de pharmacie, le tarif Morel et les nouveaux tarifs des travaux de bâtiment sont incompréhensibles et de toute inutilité.

Avant la publication des Codes et des tarifs de frais, on était soumis à une foule de lois, souvent contradictoires, souvent abrogées, ou tombées en désuétude, au droit Romain, si compliqué et aux nombreuses coutumes, qui variaient suivant chaque province et parfois suivant chaque sénéchaussée ou bailliage. Avant les ouvrages de médecine de nos célèbres professeurs et avant la rédaction du Codex, on administrait des drogues, dont on n'oserait même plus aujourd'hui prononcer le nom. Avant la publication des tarifs de bâtiment, qui se rapportent bien plus à notre sujet que les deux autres exemples, dont nous venons de parler, qu'y avait-il? Aucune règle fixe et l'arbitraire des architectes ou des entrepreneurs. Après l'abolition des corporations, les règlements particuliers, jadis observés par chaque corps d'état, et leur organisation ancienne, qui présentait au moins quelques garanties aux propriétaires, avaient complétement disparu ; la liberté du travail, en excitant une louable émulation, avait aussi entraîné avec elle les excès et les dangers d'une concurrence illimitée ; la fraude ne connaissait plus de frein, et rien ne garantissait l'exécution des promesses trompeuses des constructeurs. Une fois les travaux exécutés, comment pouvait-on contrôler le nombre des journées utilement employées et la quantité de matériaux mis en œuvre?

Les hommes compétents, préoccupés de ces graves inconvénients, cherchèrent une combinaison qui permît de les éviter, et ils la trouvèrent en calculant le rapport abstrait qui existe entre la mesure linéaire, superficielle, cubique, ou le poids de l'ouvrage exécuté et trois éléments qui sont, d'une part, le temps employé par l'ouvrier, évalué au prix fixé pour le salaire de la journée; d'autre part, la quantité de matériaux mis en œuvre, décomptée au prix courant des marchandises; et encore, d'autre part, les frais généraux et le bénéfice légitime de l'entrepreneur. C'est ainsi que, dans les premières années du premier empire, un ingénieur de mérite rédigea un ouvrage très-raisonné et fort développé sur cette matière; mais le système si rationnel qu'il proposait ne fut pas tout de suite adopté, et la routine, ainsi que la mauvaise foi, le combattirent longtemps de toutes leurs forces. Néanmoins le temps, avec sa marche lente et infaillible, a démontré tous les avantages de ce système; l'administration publique en a prescrit l'adoption, et n'a plus fait d'adjudication de travaux, sauf de très-rares exceptions, qu'au mètre linéaire, superficiel, ou cubique, ou bien au poids, et aujourd'hui cette méthode, généralement adoptée, a donné lieu à la rédaction des tarifs, publiés d'abord par M. Morel, et remplacés aujourd'hui par ceux du bureau de vérification de la Préfecture de la Seine.

Si l'on compare ces tarifs avec ceux disséminés dans l'ouvrage raisonné de l'ingénieur dont nous parlons, on voit combien, en un demi-siècle, il s'est fait d'études, d'observations, de calculs sur cette matière compliquée, combien la collection de renseignements s'est augmentée, et combien les formules se sont simplifiées, tout en s'appuyant sur des bases plus solides, fournies par une longue expérience. Mais, quelque perfectionnés qu'ils soient, ces tarifs laissent encore des lacunes et ne peuvent être bien compris que par des hommes compétents, architectes ou vérificateurs de bâtiment. On y remarque surtout une combinaison assez compliquée, à laquelle il faut être initié pour la bien comprendre, c'est la création *d'unités conventionnelles* pour la *taille des pierres* et pour les *légers ouvrages de maçonnerie*. Elles ont de l'analogie avec certaines monnaies de compte, qui n'existent pas à l'état de numéraire réel et matériel, ou espèces métalliques et qui ne sont qu'intellectuelles. Il y a plusieurs opérations à faire : d'abord métrer naturellement soit la taille de la pierre, soit les légers travaux de maçonnerie ; réduire ces mesures naturelles en mesures de convention, c'est-à-dire en unités de mètres de taille, ou en unités de mètres de légers, d'après des sous-tarifs spéciaux et en se conformant aussi aux usages du bâtiment pour cette évaluation ; et enfin, appliquer aux *unités conventionnelles*, ainsi formées, le prix de règlement pour la taille ou pour les légers ouvrages ; ces calculs demandent une expérience toute spéciale. A l'égard des objets non compris dans les tarifs des travaux de bâtiment, les entrepreneurs les estiment *à prix d'argent*, et c'est aux vérificateurs qu'il appartient de contrôler ces évaluations. On comprend donc que, même avec des tarifs aussi

complets et aussi exacts que ceux publiés chaque année pour
les travaux de bâtiment, l'appréciation d'*architectes* ou de *vérificateurs* expérimentés devient encore nécessaire. De même,
les tarifs, que nous venons de donner, réclament le concours
d'*hommes de l'art*, qui puissent mesurer les dimensions d'un
immeuble et évaluer sous quel degré se présentent les avantages et les inconvénients de chaque localité.

Les tarifs de bâtiment, si perfectionnés et si précis, se renouvellent chaque année, et la plupart des entrepreneurs, qui
souscrivent des marchés, consentent à des *rabais* plus ou moins
forts sur les séries de prix qu'ils renferment, ce qui prouve
encore l'impossibilité d'arriver à une exactitude complète et absolue. De même les nôtres doivent être considérés plutôt comme
des *exemples*, comme une espèce de *cadre* ou de *memento*, que
comme des fixations rigoureuses et inflexibles.

Nos pères vécurent dans un siècle de *confiance* où l'on avait
des intendants, des hommes d'affaires, des régisseurs, à qui
l'on s'en rapportait aveuglément : le siècle où nous vivons est
celui de la *comptabilité*, c'est-à-dire de la *méfiance*, où tout se
traduit en chiffres, que l'on veut voir et comprendre, pour les
contrôler. On appelait autrefois *comptables* les préposés qui
avaient à rendre leurs comptes en *deniers* ou en *matières :* aujourd'hui il existe en outre des *comptables* dont les fonctions
consistent uniquement à établir ou à vérifier les comptes des
autres. La comptabilité n'est plus seulement une science exacte,
elle est devenue un art où l'imagination entre souvent pour
beaucoup, comme dans la poésie, car certains *comptes* ressemblent parfois à des *romans*.

Si, après la construction d'une maison, il vous prenait la
fantaisie de faire relier les mémoires de vos entrepreneurs, vous
auriez un *ouvrage littéraire* aussi volumineux que les œuvres
complètes de Voltaire, et qui vous coûterait plus cher. Combien
n'aura-t-il pas fallu de travail et de temps pour écrire, calculer
et vérifier ces *précieux manuscrits !* Que serait-ce donc si

MM. les architectes vérificateurs n'avaient pas sous les yeux les séries de prix de règlement déjà dressées, et s'ils étaient obligés de constater, évaluer et apprécier, pour chaque ouvrage, la quotité de temps, de salaire et de matériaux employés, les factures, les prix courants et toutes les circonstances qui ont servi à établir les séries de prix servant au règlement des travaux de bâtiment ?

L'élévation du prix du terrain a rapproché la dépense de son acquisition de celle qu'entraîne la construction d'un bâtiment : il y a donc aujourd'hui un sérieux intérêt à faire vérifier l'estimation du terrain par un *comptable* compétent, et l'établissement de tarifs, formulant les bases d'évaluation, en raison de toutes les circonstances particulières qui peuvent se présenter, doit rendre, pour cette vérification, les mêmes services que la rédaction des séries de prix de règlement des travaux de bâtiment a rendus pour évaluer les travaux de construction.

<h3 align="center">3ᵉ SUBDIVISION. — Méthode à suivre pour faire usage de nos tarifs.</h3>

Après ces observations générales, il nous reste à indiquer l'usage des deux tableaux précédents.

On commencera par chercher, dans le tableau n° 5, le *prix de base* du terrain, calculé d'après l'*éloignement du centre;* et, pour y parvenir, prenant un plan de Paris, on appliquera une branche de compas sur le point où est situé le terrain dont on s'occupe; on ouvrira le compas, et l'on dirigera l'autre branche sur l'un des points V ou P, ou sur l'un des points de l'axe $V\,P$, qui se trouverait plus rapproché du terrain en question que les points extrêmes V ou P. A défaut de compas, on marquerait tout simplement cette distance sur le côté d'une feuille de papier. Rapportant ensuite l'ouverture du compas (ou la distance marquée sur une feuille de papier) à l'échelle du plan, on trouvera, traduite en mètres linéaires, la distance du terrain au centre que nous avons adopté. Comme moyen de comparaison et pour éviter les erreurs, on cherchera le monument ou la voie publique le plus rapproché de ce terrain et mentionné, dans le cours de cet ouvrage (§ Ier), comme compris dans l'une de nos zones concentriques.

Cette distance, ainsi vérifiée, fera connaître le prix de base formulé au tableau n° 5.

Nous avons supposé que le plan de Paris, sur lequel on opère, avait une échelle; mais, s'il n'en avait pas, il serait bien facile d'en faire une approximative, puisque nous savons que l'axe V P a une longueur d'environ 860 mètres. Il n'en faut pas plus pour dresser une échelle, en divisant la ligne $V P$ en 860 parties égales, de 1 mètre chacune, et, plus facilement, en 43 parties égales de 20 mètres chacune. Néanmoins, comme cette division serait encore trop difficile à opérer graphiquement par voie de tâtonnement, on pourra construire un compas de proportion, fondé sur la propriété des lignes parallèles de couper proportionnellement les lignes obliques entre elles. On commencerait par reporter sur une feuille de papier, avec un compas ou par tout autre moyen, la distance du plan entre les points V et P, en désignant par les mêmes lettres ces deux points, limites de l'axe. De l'un d'eux, V par exemple, on tirera une seconde ligne droite formant un angle avec la ligne $V P$. Sur cette nouvelle ligne, on supposera marquées 43 divisions égales entre elles, à partir du point d'intersection V, en donnant à chacune de ces 43 divisions une étendue en rapport avec la grandeur de la feuille de papier, de 2 à 5 millimètres par exemple : il n'est même pas nécessaire de marquer toutes ces 43 divisions, mais on pourrait les indiquer de 5 en 5, par exemple, de façon que 5 divisions correspondraient à 100 mètres de l'échelle cherchée : il suffit que du point V à un autre point X, il y ait une longueur exactement égale à 43 de nos divisions, ainsi choisies. On unira les points P et X par une ligne droite; puis, par la quarante-deuxième division x, on mènera une ligne $p x$, parallèle à *P X*. La distance *P p* indiquera la *quarante-troisième* partie de *V P* (c'est-à-dire 20 mètres), puisque les sections *X x* et *P p*, limitées par les lignes parallèles *P X* et *p x*, sont proportionnelles aux lignes *V P* et *V X* et que nous avons supposé $X x = \frac{P X}{43}$. Si, au lieu de tirer la ligne parallèle *p x* de la quarante-deuxième division *x*, on la tirait de la trente-huitième division *x'*, on aurait $x' X = \frac{8}{43}$ de *V X*; d'où il résulterait que la distance *p' P* serait égale à 5×20 mètres ou à 100 mètres. De l'une ou l'autre manière, une longueur de 20 mètres, ou une autre de 100 mètres, rendra facile la construction d'une échelle, pour le plan sur lequel on opérera.

Nous croyons devoir émettre ici le vœu de voir terminer promptement le travail de levée du *plan de Paris*, pour lequel on avait émaillé le sol de la Capitale d'une multitude de *jalons gigantesques*, dont le style architectural pouvait lutter d'élégance avec les mécaniques employées par les entrepreneurs à monter les matériaux nécessaires à la construction des bâtiments. La géodésie a tenu garnison tout à son aise dans ces immenses observatoires, espèces de blockhaus ou de gibets perfectionnés ; ces échafaudages resteront dans la mémoire comme autant de piloris pour stigmatiser ses trop lentes triangulations, mot qui ne rappelle que trop celui de strangulation, et qu'on ne peut prononcer sans éprouver une douleur au gosier.

La publication d'un plan officiel exact est vivement désirée par tout le monde et l'administration peut seule accomplir une telle tâche, bien au-dessus des efforts individuels.

En attendant cette publication, nous devons nous servir des éléments que nous possédons, tout incorrects qu'ils sont, et pour nos calculs l'échelle nous indiquera le prix de base formulé au tableau n° 5.

On parcourra ensuite avec soin notre tarif des *plus-values* et des *moins-values*, et l'on tiendra note de toutes les causes de préférence ou d'infériorité qui peuvent s'appliquer au terrain dont il s'agit, ainsi que du degré *d'avantages* ou *d'inconvé-*

nients qui peuvent en résulter, à raison de *tant pour cent*; c'est entre les chiffres donnés par nous, comme *conditions ordinaires* qu'il y aura lieu de choisir, à moins que des *causes extraordinaires* n'exigent qu'on élève ou qu'on abaisse nos limites.

On comparera le chiffre total des *plus-values* au chiffre total des *moins-values* : s'il y a *parité*, on maintiendra le *prix de base;* dans le cas contraire, il y aura un excédant de *tant pour cent* en *plus-value* ou en *moins-value*. Consultant alors celui des deux tableaux nᵒˢ 8 et 9 que cela concerne, on trouvera le calcul tout fait, s'il s'agit de l'*extrémité d'une zone* : si, au contraire, le *point* est *intermédiaire*, il faudra recourir au tableau nᵒ 10 ci-après, 4ᵉ subdivision.

Nous ferons observer que nos tableaux nᵒˢ 8 et 9 ne sont que l'abrégé de tables contenant chacune plus de cent colonnes; nous en avons supprimé plus des trois quarts pour la commodité de la mise en page; mais il est facile de retrouver tous les résultats que nous avons omis à dessein, puisque nous donnons des séries de 1 à 5 p. 100 et ensuite celles de 10 en 10 p. 100 : il suffira d'ajouter ou de retrancher successivement 1 p. 100 aux chiffres contenus dans nos deux tables pour reproduire aussitôt ceux dont on pourrait avoir besoin.

4ᵉ SUBDIVISION. — Points intermédiaires.

Les tableaux nᵒˢ 8 et 9 sont dressés en ne considérant que les *points extrêmes* de chaque zone; mais comme ces zones ont 500 mètres de largeur, il peut devenir utile d'avoir des calculs tout faits pour les plus-values et les moins-values relatives aux *points intermédiaires* entre ces 500 mètres. On trouvera dans la table nᵒ 10 ci-après des calculs tout faits pour dix *points intermédiaires* par zone, en les espaçant de 50 mètres en 50 mètres, comme au tableau nᵒ 5. Ce tableau nᵒ 10 indiquera *combien pour cent* il faut *ajouter* au prix de base, pour l'excédant en *plus-value* et *combien pour cent* il faudra *retrancher* de ce même prix de base, pour l'excédant en *moins-value* de 10 pour cent en 10 pour cent. Si l'on veut trouver la série de 1 à 10 p. 100, il suffit de reculer d'un rang le signe décimal, dans les dix nombres d'une même ligne, où se trouve la série de 10 en 10 p. 100, de 10 à 90 p. 100. La réunion des unités et des dizaines donnera la série complète de 1 à 100 p. 100.

Afin de pouvoir placer ce tableau n° 10 sur une seule page, nous ne donnons les calculs tout faits que pour quatre zones sur treize : à l'égard des neuf autres zones, retranchées du tableau, les résultats qui les concernent s'obtiendront facilement en les calculant comme pour les quatre zones maintenues, qui serviront d'exemple.

TABLEAU N° 10.

Points intermédiaires entre deux zones.

ZONES	DIS-TANCES	PRIX de base.	PLUS-VALUE à ajouter ou MOINS-VALUE à retrancher à raison, pour cent de								
			10.	20.	30.	40.	50.	60.	70.	80.	90.
	m.	f. c.	f. c.	f. c.	f. c.	f. c.	f. c.	f. c.	f. c.	f. c.	f. c.
13e..	6,250	5 »	» 50	1 »	1 50	2 »	2 50	3 »	3 50	4 »	4 50
	6,200	6 50	» 65	1 30	1 95	2 60	3 25	3 90	4 55	5 20	5 85
	6,150	8 »	» 80	1 60	2 40	3 20	4 »	4 80	5 60	6 40	7 20
	6,100	9 50	» 95	1 90	2 85	3 80	4 75	5 70	6 65	7 60	8 55
	6.050	11 »	1 10	2 20	3 30	4 40	5 50	6 60	7 70	8 80	9 90
	6,000	12 50	1 25	2 50	3 75	5 »	6 25	7 50	8 75	10 »	11 25
	5,950	14 »	1 40	2 80	4 20	5 60	7 »	8 40	9 80	11 20	12 60
	5,900	15 50	1 55	3 10	4 65	6 20	7 75	9 30	10 85	12 40	13 95
	5,850	17 »	1 70	3 40	5 10	6 80	8 50	10 20	11 90	13 60	15 30
	5,800	18 50	1 85	3 70	5 55	7 40	9 25	11 10	12 95	14 80	16 65
10e..	4,750	80 »	8 »	16 »	24 »	32 »	40 »	48 »	56 »	64 »	72 »
	4,700	84 50	8 45	16 90	25 35	33 80	42 25	50 70	59 15	67 60	76 05
	4,650	89 »	8 90	17 80	26 70	35 60	44 50	53 40	62 30	71 20	80 10
	4,600	93 50	9 35	18 70	28 05	37 40	46 75	56 10	65 45	74 80	84 15
	4,550	98 »	9 80	19 60	29 40	39 20	49 »	58 80	68 60	78 40	88 20
	4,500	102 50	10 25	20 50	30 75	41 »	51 25	61 50	71 75	82 »	92 25
	4,450	107 »	10 70	21 40	32 10	42 80	53 50	64 20	74 90	85 60	96 30
	4,400	111 50	11 15	22 30	33 45	44 60	55 75	66 90	78 05	89 20	100 35
	4,350	116 »	11 60	23 20	34 80	46 40	58 »	69 60	81 20	92 80	104 40
	4,300	120 50	12 05	24 10	36 15	48 20	60 25	72 30	84 35	96 40	108 45
7e...	3,250	245 »	24 50	49 »	73 50	98 »	122 50	147 »	171 50	196 »	220 50
	3,200	252 50	25 25	50 50	75 75	101 »	126 25	151 50	176 75	202 »	227 25
	3,150	260 »	26 »	52 »	78 »	104 »	130 »	156 »	182 »	208 »	234 »
	3,100	267 50	26 75	53 50	80 25	107 »	133 75	160 50	187 25	214 »	240 75
	3,050	275 »	27 50	55 »	82 50	110 »	137 50	165 »	192 50	220 »	247 50
	3,000	282 50	28 25	56 50	84 75	113 »	141 25	169 50	197 75	226 »	254 25
	2,950	290 »	29 »	58 »	87 »	116 »	145 »	174 »	203 »	232 »	261 »
	2,900	297 50	29 75	59 50	89 25	119 »	148 75	178 50	208 25	238 »	267 75
	2,850	305 »	30 50	61 »	91 50	122 »	152 50	183 »	213 50	244 »	274 50
	2,800	312 50	31 25	62 50	93 75	125 »	156 25	187 50	218 75	250 »	281 25
4e...	1,750	500 »	50 »	100 »	150 »	200 »	250 »	300 »	350 »	400 »	450 »
	1,700	510 50	51 05	102 10	153 15	204 20	255 25	306 30	357 85	408 40	459 45
	1,650	521 »	52 10	104 20	156 30	208 40	260 50	312 60	364 70	416 80	468 90
	1,600	531 50	53 15	106 30	159 45	212 60	265 75	318 90	372 05	425 20	478 35
	1,550	542 »	54 20	108 40	162 60	216 80	271 »	325 20	379 40	433 60	487 80
	1,500	552 50	55 25	110 50	165 75	221 »	276 25	331 50	386 75	442 »	497 25
	1,450	563 »	56 30	112 60	168 90	225 20	281 50	337 80	394 10	450 40	506 70
	1,400	573 50	57 35	114 70	172 05	229 40	286 75	344 10	401 45	458 80	516 15
	1.350	584 »	58 40	116 80	175 20	233 60	292 »	350 40	408 80	467 20	525 60
	1,300	594 50	59 45	118 90	178 35	237 80	297 25	356 70	416 15	476 60	536 05
1re..	250	845 »	84 50	169 »	253 50	338 »	422 50	507 »	591 50	676 »	760 50
	200	858 50	85 85	171 70	257 55	333 40	429 25	515 10	600 95	686 80	772 65
	150	872 »	87 20	174 40	261 60	348 80	436 »	523 20	610 40	697 60	784 80
	100	895 50	89 55	179 10	268 65	358 20	447 75	537 30	626 85	716 40	805 95
	50 et au-dessous	909 »	90 90	181 80	272 70	363 60	454 50	545 40	636 30	727 20	818 18

5ᵉ SUBDIVISION. — Méthode à suivre pour faire usage
de la table n° 10.

La première colonne indique les *numéros d'ordre* des *zones* concentriques; la deuxième, leur *distance* du centre en mètres linéaires; la troisième, le *prix de base* en francs, conforme au tableau n° 5; les neuf colonnes suivantes expriment, en francs et en centimes, 10, 20, 30, 40, 50, 60, 70, 80 et 90 *pour cent* du prix de base indiqué à la troisième colonne, à *ajouter* à ce prix de base, quand il y aura un excédant de *plus-value*, ou à en retrancher, quand il y aura un excédant de *moins-value*. Si l'on n'a besoin que de 1, 2, 3, 4, 5, 6, 7, 8 ou 9 *pour cent*, on obtient ce résultat en divisant par 10 l'un des neuf nombres correspondants inscrits dans ces neuf colonnes, ce qui s'effectue en reportant d'un rang à gauche le signe décimal.

Les nombres inscrits dans ces diverses colonnes le sont dans l'ordre des zones et des points intermédiaires de chacune d'elles, de 50 mètres en 50 mètres, en commençant par la treizième et dernière zone et en finissant par la figure centrale n° **1**. Une accolade, au sommet de laquelle se trouve le numéro d'ordre de la zone, renferme, pour quatre zones, dix lignes par zone correspondant aux dix points intermédiaires de 50 en 50 mètres. Le point le plus éloigné du centre est de 6,250 mètres, comme l'exprime la première ligne de la seconde colonne : en regard se trouve le prix de base le plus faible, 5 fr., et ensuite la décomposition de cette somme de 10 en 10 p. 100. La dernière ligne, qui est la cinquième de celles concernant la figure concentrique n° 1, exprime la distance de 50 à 0 mètres du centre et en regard se trouve le prix de base le plus élevé 909 f. et ensuite la décomposition de cette somme de 10 en 10 p. 100.

Nous donnons au hasard un exemple de l'application de cette table :

Si vous voulez ajouter 36 p. 100 à un prix de base de

vingt francs, ci............................ 20 fr.   »

Vous trouverez d'abord que 30 p. 100
de 20 fr. = ... 6 fr.   »
et que 60 p. 100 de 20 fr. = 12 fr.; mais
comme il ne vous faut que 6 p. 100, vous
reculez d'un rang à gauche le signe décimal, ce qui donne.................... 1   20

Total égal à 36 p. 100 à ajouter, comme
plus-value, à 20 fr.................. 7 fr. 20   7   20

Le prix de base de 20 fr., augmenté de la *plus-
value* de 36 p. 100, se trouvera porté à.......... 27 fr. 20

On opérerait en sens inverse pour retrancher une
moins-value de 36 p. 100 du prix de base de...... 20 fr.   »
En faisant, aulieu d'une addition, comme à
l'exemple précédent, une *soustraction* de........ 7   20

Ainsi le prix de base de 20 fr., diminué de la
moins-value de 36 p. 100, se trouverait réduit à... 12 fr. 80

Tous les autres résultats s'obtiendraient aussi facilement par
le même procédé.

2ᵉ SECTION. — Observations générales sur les plus-values et les moins-values.

On nous pardonnera, nous l'espérons, l'aridité des chiffres
que nous venons de mettre sous les yeux de nos lecteurs, dans
le très-long chapitre dont voici la fin. Les suivants seront
moins chargés de calculs et nous les consacrerons à des considérations générales, où nous n'aurons plus à nous appesantir
sur des circonstances minutieuses, mais d'autant plus graves
qu'elles sont moins apparentes, car il ne faut pas se dissimuler
que les causes de *plus-value* sont bien moins à rechercher que

les causes de *moins-value* ne sont à éviter. Ici le raisonnement est le même que s'il s'agissait de risquer de l'argent au jeu. — Supposez que vous possédez 100 fr.; on vous propose d'en risquer 50 à un jeu quelconque, de hasard ou d'adresse, qu'arrivera-t-il? — Si vous gagnez, vous aurez 150 au lieu de 100; si vous perdez, vous n'aurez plus que 50 au lieu de 100. — Dans le premier cas, vous améliorez votre avoir de 1/3 du *résultat*, de 50 sur 150; dans le second cas, vous réduisez votre avoir d'une somme *égale* au *résultat* : il est réduit de 50, chiffre égal aux 50 qui vous restent, et comme l'*effet sensible* se résume en une comparaison entre le point de départ et le point d'arrivée, il en résulte que la *perte* de 50 vous est *trois fois* plus *sensible* comme *malheur*, que le *gain* de 50 ne vous est *sensible* comme *bonheur*, dans l'hypothèse que nous avons choisie, en supposant que vous avez risqué *volontairement* une notable portion de votre avoir. Mais, si la perte que vous éprouvez vient vous frapper d'une manière *imprévue*, le coup vous paraîtra encore plus rude. En effet, on souffre peu de la privation d'un *avantage* qu'on ne recherchait pas, tandis qu'un *inconvénient* qu'on ignorait vous cause un bien plus sensible préjudice : préjudice durable, car il y a cela de commun, entre l'acquisition d'une propriété immobilière et le mariage, de n'arriver ordinairement qu'une fois dans la vie. Il faut donc y réfléchir longtemps.

Les terrains, quand ils sont dans des conditions normales et quand nous leur appliquons le *prix de base*, ne brillent que par l'absence de leurs défauts, comme la dot de douze mille livres de rente, dont Frosine fait ainsi le compte ;

« Premièrement, elle est nourrie et élevée dans une grande » épargne de bouche. C'est une fille accoutumée à vivre de sa- » lade, de lait, de fromage et de pommes, et à laquelle, par » conséquent, il ne faudra ni table bien servie, ni consommés » exquis, ni orges mondés perpétuels, ni les autres délicates- » ses qu'il faudroit pour une autre femme ; et cela ne va pas à » si peu de chose qu'il ne monte bien tous les ans à trois mille

» francs pour le moins. Outre cela elle n'est envieuse que d'une
» propreté fort simple et n'aime point les superbes habits, ni
» les riches bijoux, ni les meubles somptueux où donnent ses
» pareilles avec tant de chaleur ; et cet article la vaut plus de
» quatre mille livres par an. De plus, elle a une aversion hor-
» rible pour le jeu, ce qui n'est pas commun aux femmes d'au-
» jourd'hui ; et j'en sais une de nos quartiers qui a perdu à
» trente et quarante, vingt mille francs cette année, mais n'en
» prenons rien que le quart. Cinq mille francs au jeu et quatre
» mille francs en habits et bijoux, cela fait neuf mille livres, et
» mille écus que nous mettons pour la nourriture, ne voilà-t-il
» pas par année vos douze mille francs bien comptés ? »

Si c'est déjà un mérite que de ne pas avoir certains défauts
onéreux, représentés par nos *moins-values*, les qualités productives justifieront les *plus-values*, dont nous avons formulé le
tarif.

CHAPITRE XII.

VALEUR COMMERCIALE DES TERRAINS, RÉSULTANT DE CAUSES VARIABLES ET PASSAGÈRES.

Nous venons de passer rapidement en revue les principales
causes *permanentes* qui concourent à déterminer la *valeur abstraite* des terrains et d'en tarifer le *mérite relatif*, mais nous
sommes loin d'en conclure que leur *valeur commerciale*, dans
les ventes amiables ou forcées, conventionnelles ou aux enchères publiques, sera toujours proportionnelle uniquement
aux clauses permanentes, que nous venons d'énumérer, car
bien d'autres circonstances *variables, passagères, imprévues,*
viennent concourir à l'élévation où à la baisse des prix qui,
d'abord, subissent la loi générale, commune à toute marchandise, de l'abondance ou de la rareté de l'*offre* et de la *demande.*

§ Ier. — **INFLUENCE DE L'OFFRE ET DE LA DEMANDE.**

PREMIÈRE SECTION.—Si *beaucoup de terrains* sont à vendre à la fois, mais s'il y a en même temps des *demandes nombreuses* on se trouvera dans l'*état normal* et, sous ce rapport, les terrains conserveront leur...................... PRIX DE BASE.

DEUXIÈME SECTION. —Si *beaucoup de terrains* sont à vendre à la fois et que les demandes se trouvent .dans une *proportion inférieure*, ou même *nulles*, les prix subiront inévitablement, en comparaison de leur prix de base, une.................
.... BAISSE de 30, 40 ou 50 p. 100.

TROISIÈME SECTION. —Si, *les demandes* étant *nulles* ou *très-faibles*, il n'y a que *très-peu* ou *point* de terrains à vendre, une dépréciation aura lieu pareillement, mais avec moins d'intensité et l'on n'aura qu'une.... BAISSE de 10, 20 ou 30 p, 100.

QUATRIÈME SECTION. — Si, au contraire , les terrains *à vendre* sont *rares* et que les *demandes* soient plus *nombreuses* que les offres alors il se manifestera une..................
.... HAUSSE de 10, 20 ou 30 p. 100.

CINQUIÈME SECTION. — Si les terrains sont *très-rares*, ou même s'ils *manquent* et si les demandes sont *très-nombreuses*, on aura une................ HAUSSE de 40, 60 ou 80 p. 100.

SIXIÈME SECTION. — A *quels signes* reconnaîtra-t-on l'*abondance* ou la *rareté* de la marchandise ou de la demande? — Outre les *signes matériels*, comme les écriteaux, les affiches, les annonces dans les journaux d'une part et de l'autre les mentions de *transcription* au bureau des hypothèques, dont la comparaison peut conduire à apprécier le *rapport* entre les *biens offerts* et les *biens achetés* et aussi entre les *prix demandés* et *ceux obtenus*, il existe encore des causes générales, qui peuvent faire connaître l'*activité* ou la *stagnation* des *affaires* et l'*abondance* ou la *rareté* du *numéraire* sur la place; ainsi le *taux de la rente* et des autres effets publics et le *taux de l'escompte* par la Banque de France, peuvent donner des indices à peu près certains sur l'activité ou la stagnation des affaires, indépendamment des circonstances politiques, de l'état de paix ou de guerre, des bonnes ou mauvaises récoltes et de l'existence de fléaux comme la famine, les épidémies et les inondations : car tout s'enchaîne et se lie dans les affaires commerciales, qu'il s'agisse de terrains ou de toute autre marchandise.

Il est encore à remarquer, qu'à la différence des articles ordinaires, manquant sur la place, on ne peut pas *fabriquer* ou *faire venir* des terrains et qu'il faut bien subir la loi des détenteurs, pour s'en procurer, dans la localité même où l'on veut en avoir, car il est bien rare que la question de la proximité du centre et même de la situation dans un certain quartier, ne soit pas une condition absolue, exclusive d'équivalents situés dans d'autres localités et notamment dans la banlieue nouvellement annexée, où il y a surabondance.

§ 2. — INFLUENCE SPÉCIALE DE CIRCONSTANCES LOCALES, VARIABLES ET PASSAGÈRES

L'influence de l'*offre* et de la *demande* s'étend sur toutes les zones, mais il peut se présenter des *circonstances locales, variables, passagères*, qui font rechercher ou abandonner un arrondissement, un quartier, une rue et y produiront la *hausse* ou la *baisse*, sans que la même influence agisse *directement* sur d'autres rues, quartiers ou arrondissements, qui n'en éprouveront le contre-coup que dans une faible proportion et seulement à cause de l'influence *indirecte* que produisent, sur la place et sur l'ensemble des affaires, des opérations similaires d'une certaine importance.

1ʳᵉ SECTION. — Causes de hausse locale.

Nous indiquerons les *causes* suivantes, comme nous paraissant de nature à produire une *hausse locale*.

1re SUBDIVISION. — Le projet d'ouverture d'un boulevard, d'une place, d'une rue.

L'exécution d'un semblable projet, dans un quartier dont les voies de communication étaient insuffisantes, facilitera la circulation, rendra les habitations plus saines et plus agréables, retirera du commerce toute la surface des nouvelles voies publiques, et rendra le terrain propre à bâtir plus rare et plus cher dans cette localité. La suppression, comme terrain habitable, de cette superficie, devra être évaluée, soit comme terrain de face, soit comme terrain de fond, suivant les circonstances de fait propre à chaque héritage et la hausse locale pourra s'évaluer d'après les principes suivants :

PREMIÈRE CLASSE. — Pour les terrains du quartier où s'exécuteront les nouveaux percements, si, au lieu de rester terrains *de fond*, comme ils l'étaient antérieurement, ils deviennent terrains *de face*, en bordure sur les nouvelles voies, il y aura..... .... HAUSSE de 25 à 50 p. 100.

DEUXIÈME CLASSE. — Pour les autres terrains du même quartier, qui ne se trouveront *pas en bordure*, il y aura.......... .... HAUSSE de 15 à 30 p. 100.

TROISIÈME CLASSE. — Pour les autres terrains, même *plus éloignés*, si la *surface ainsi enlevée* au commerce est *très-considérable*, il pourra y avoir........ HAUSSE de 10 à 20 p. 100.

QUATRIÈME CLASSE. — Même si cette surface, ainsi enlevée au commerce, était *moins considérable,* son influence pourrait encore donner lieu à une.......... HAUSSE de 5 à 10 p. 100.

2e SUBDIVISION. — Le projet de construction d'un monument ou d'un établissement avantageux.

Le projet de construire un *pont*, qui puisse établir une communication nouvelle entre deux quartiers précédemment isolés;

une *fontaine*, dans une localité où l'eau est rare ; un *square*,
dans un lieu éloigné des promenades; un *palais*, un *ministère*
ou un *grand établissement public* attirant la population et le
mouvement des affaires, tel que la *gare d'un chemin de fer*,
l'arrivée d'un genre de *commerce* ou d'*industrie* avantageux ,
ou enfin quelque engouement, motivé ou non, qui attirera la
vogue et la *mode* dans une localité, produiront, suivant les circonstances de fait, propres à chaque emplacement, une......
.... HAUSSE de 10 à 30 p. 100.

3e SUBDIVISION.—Exemption de charges et priviléges obtenus.

Des lois rendues pour encourager les constructions, dans
certaines localités, ont prononcé l'*exemption* des *impôts fonciers*
pendant vingt ou trente ans. C'est là un préjudice de 1 à 2
p. 100 pour les autres localités, non favorisées, qui conservent
leurs charges ordinaires et deviennent moins recherchées. Mais,
pour celles qui jouissent de ce privilége et en raison du temps
qui reste à courir, c'est une cause de..   HAUSSE de 1 à 5 p. 100.

4e SUBDIVISION. — La convenance personnelle et le prix
d'affection.

Nous rangerons sous ce même titre les causes particulières
qui peuvent motiver un empressement à acheter de la part
de l'acquéreur, ou une résistance à vendre de la part du
vendeur.

PREMIÈRE CLASSE. — Un propriétaire, qui veut bâtir sur son
propre terrain et qui lui trouve trop peu d'étendue, ou bien qui
veut surélever ou restaurer une maison déjà construite et lui
procurer le jour, l'air et la vue, dont elle manque, ou bien qui,
pour habiter lui-même ou pour agrandir des bureaux, magasins
et dépendances, et satisfaire un locataire dont le commerce
prend de l'extension, a besoin de plus d'espace et ne craint pas

de vaincre, en offrant un grand bénéfice, la résistance d'un voisin, qui, sans cela refuserait de vendre, ou qui lui-même a un pareil besoin de son terrain ; dans toutes ces hypothèses et dans toutes les autres analogues, on retrouve une question de *convenance personnelle*, qui motive une.....................

.... HAUSSE de 50 à 100 p. 100.

DEUXIÈME CLASSE. — Si le propriétaire d'un immeuble y attache un prix supérieur à sa valeur intrinsèque, soit à cause de souvenirs personnels, parce que cet immeuble aura été le berceau de sa famille, que ses parents y auront fermé les yeux, que lui-même y sera né, qu'il y aura planté les arbres qui le couvrent; ou bien parce qu'il y exercera un commerce ou une industrie, qu'il ne pourrait déplacer sans de grands frais, ou sans une perte d'achalandage, ou parce qu'une veuve inconsolable désire y continuer le commerce de son défunt mari, modèle de toutes les vertus; pareillement, si, dans une licitation entre copartageants, l'un ou plusieurs d'entre eux, attachant un prix d'affection à l'immeuble, en poussent les enchères et établissent une sérieuse concurrence entre les colicitants; dans toutes ces hypothèses et dans toutes les autres analogues on reconnaît un *prix d'affection* qui peut occasionner une........

.... HAUSSE de 25 à 100 p. 100.

Dans toutes les hypothèses prévues à cette première section, il faudra tenir compte, en sens inverse, du préjudice local qui résultera des travaux de démolition, percements de rue, nivellement, construction d'édifices, etc., il y aura une diminution momentanée de la population, une grande difficulté de circulation, et certaines propriétés pourront même éprouver plus de préjudice que d'avantage, parce que les conditions primitives de leur existence auront été profondément modifiées. Ce sera l'objet d'une sérieuse étude à faire et d'une compensation à établir .... OBSERVATION.

2ᵉ SECTION. — Cause de baisse locale.

Nous allons maintenant parcourir les principales circonstances qui nous semblent de nature à amener une *baisse locale*.

1ʳᵉ SUBDIVISION. — Projet d'établissements publics nuisibles.

Le projet d'élever dans un quartier des édifices, qui sont d'un voisinage dangereux, insalubre, incommode ou désagréable, ou bien de démolir des monuments avantageux et de déplacer des établissements qui attirent la foule, le commerce et la population; l'abandon d'un quartier par une industrie ou un commerce, qui y amenait l'affluence; le délaissement d'un quartier par la foule, que la vogue et la mode entraînent ailleurs ; toutes ces circonstances et toutes autres analogues peuvent occasionner une....................... BAISSE de 10 à 30 p. 100.

2ᵉ SUBDIVISION. — Circonstances personnelles défavorables.

Un décès, une faillite, une dissolution de société, une cessation de commerce, un départ, un mariage, pourront exiger la vente immédiate d'un immeuble, dans un moment où ils ne sont pas demandés, dans un temps de crise financière et commerciale, où les capitaux sont rares, dans un temps de crise politique, où la confiance ne se rencontre pas. Il en résultera nécessairement une............. BAISSE de 25 à 75 p. 100.

3ᵉ SUBDIVISION. — Façades uniformes exigées.

« A bon vin, point d'enseigne. » — Ce proverbe doit être menteur, ou bien le vin qu'on débite doit être détestable, puisque presque tous les commerçants font des frais considérables d'annonces et de publicité, ce qui donne d'ailleurs un aspect assez pittoresque aux maisons des quartiers consacrés au commerce. Pourquoi donc voyons-nous, dans certaines rues, l'administration prohiber les étalages et les enseignes et prescrire des façades uniformes? —Ne serait-ce pas parce que ces façades sont elles-mêmes des enseignes pour les architectes, qui les exhibent aux frais des propriétaires? — Mais on oublie que

> L'ennui naquit un jour de l'uniformité.

Il est vrai de dire que le quart d'heure de Rabelais amène vite une diversion, qui parfois n'est pas très-divertissante pour le propriétaire, dont le devoir est de régler la carte à payer. — Dans certaines rues, où la construction d'une façade uniforme, ou d'une grille avec un jardin devant les bâtiments, est imposée; ou bien dans celles où il est interdit de placer des établissements de vente en détail, avec enseigne et des boutiques, il peut arriver que les dimensions du terrain ne se prêtent pas au genre de construction symétrique ou monumental, résultant du dessin tracé primitivement. C'est alors une gêne très-grande pour le constructeur ou bien la privation d'un achalandage commercial très-avantageux. Au bout d'un certain temps le goût et la mode ont changé, les arts on fait des progrès et de nouveaux systèmes de construction ont remplacé les anciens : c'est égal, nul ne peut modifier l'aspect de sa maison, qui se trouve ainsi grevée d'une servitude d'immobilité, passée à l'état chronique. Elle réagit sur la valeur des terrains et peut entraîner une........................... BAISSE de 10 à 20 p. 100.

3e SECTION. — Influence de la hausse ou de la baisse locales sur les prix en général.

Bien que la hausse ou la baisse, dont nous venons de parler, ne soit que locale, néanmoins elle peut arriver dans des circonstances exceptionnelles, où les transactions sont rares. On conçoit qu'alors elle produise plus d'effet, sur le cours général des terrains, que si elle se présentait dans un moment où la multitude des opérations la laisserait presque inaperçue. Les nombreux moyens de publicité et la loi nouvelle, relative à la transcription des ventes au bureau des hypothèques, font connaître au public toutes les opérations sur les immeubles et'des prix inattendus produisent toujours plus d'impression quand ils surgissent isolés. Le cours général des terrains se trouvera donc influencé par la hausse ou la baisse locale, dont nous venons de parler, si elle arrive dans un moment où elle frappe l'imagination des détenteurs et des amateurs. C'est ainsi que, dans une période de stagnation des affaires, un bien petit nombre d'opérations suffit pour régler les cours généraux des effets publics et autres valeurs de Bourse.

4ᵉ SECTION. — Terrains situés sur les anciennes communes nouvellement annexées à Paris.

Lorsqu'il s'agira d'évaluer des terrains nouvellement annexés à Paris, il ne faudra pas perdre de vue que, pendant longtemps encore, l'*influence locale* l'emportera sur l'*influence centrale* résultant de l'annexion. Il y aura donc, relativement à ces terrains, une appréciation toute locale à ajouter à celle générale indiquée pour l'ensemble de la capitale. On la déterminera en cherchant quel est le *sous-centre commercial et industriel* de l'*ancienne commune*, aujourd'hui annexée, pourvu que ce centre local ne soit pas resté en dehors de l'enceinte fortifiée. On entourera, en quelque sorte, ce sous-centre de *sous-zones concentriques locales*, ainsi que nous l'avons fait pour le centre de Paris, afin d'apprécier les différentes classes de terrain, au fur et à mesure de leur éloignement de ce sous-centre local.

On comprendra que, chacune des communes annexées entièrement ou partiellement, présentant des conditions différentes, nous ne pourrions, sans entrer dans de trop longs développements, établir un sous-tarif à cet égard ; mais nous croyons qu'on ne s'écartera pas beaucoup de la réalité en appliquant à

une distance de **1,500** mètres et au delà de ce *sous-centre communal*, le.......................... PRIX DE BASE.
et, pour chaque distance, plus rapprochée de son sous-centre communal, de 50 mètres en 50 mètres, une................
.... PLUS-VALUE de **1** p. **100**.

On aurait ainsi, pour les terrains compris dans une zone de 50 mètres de largeur et dont le rayon serait, à partir du sous-centre communal, jusqu'à sa limite extrême de

      1,450 mètres, une..... PLUS-VALUE de **2** p. **100**.
      1,400 — une..... PLUS-VALUE de **3** p. **100**.

Et ainsi de suite jusqu'à un cercle d'un rayon de 50 m. une PLUS-VALUE de **15** p. **100**.

Si deux *sous-centres communaux* se trouvaient rapprochés l'un de l'autre de moins de **3,000** mètres, les deux *sous-zones concentriques* les plus voisines ne pourraient s'étendre chacune à une distance de **1,500** mètres, sans se rencontrer et, au delà de ces points d'intersection, on ne pourrait cumuler les deux influences locales, sur le même terrain, sans s'exposer à un double emploi. Pour déterminer la limite naturelle de ces deux influences locales, on tirerait une ligne droite, appelée *corde*, entre les deux points d'intersection des deux circonférences d'un rayon de **1,500** mètres chacune. Les seuls terrains, situés sur cette *corde*, jouiraient de la *double plus-value*, résultant des deux influences locales ; quant aux autres terrains, situés au-delà ou en deçà de cette corde, ils ne profiteraient que de la *simple plus-value*, résultant de leur proximité du sous-centre local vers lequel ils se trouveraient situés.

§ 3 — **DENSITÉ DE LA POPULATION.**

Un des éléments les plus influents, sur la hausse ou la baisse du prix des terrains, se rencontre dans le rapport qui existe entre la superficie du sol et le nombre de ses habitants, rapport que l'on désigne par une expression, empruntée aux sciences physiques, celle de *densité de la population*.

Si la population, qui couvre la même superficie *augmente*, le terrain devient proportionnellement plus rare et plus cher; si elle *diminue*, l'inverse a lieu, le terrain devient proportionnellement moins rare et moins cher. Pour se rendre compte de ces variations, trois termes sont à considérer : la densité la *plus faible*, la densité la *plus forte* et la *densité moyenne*, qui se déduira des deux autres. Supposant que le *prix moyen ordinaire* du terrain, que nous avons appelé le *prix de base*, corresponde à la *densité moyenne de la population*, on ne peut pas admettre qu'elle se maintienne toujours au même degré et il faut s'attendre au contraire à la voir *croître* ou *décroître*, sous l'influence d'une multitude de causes, que chacun connaît et dont nous nous bornons à indiquer les principales. Les *commotions politiques*, les *fléaux* tels que la *guerre*, la *famine*, les *épidémies*, tendent à faire *diminuer* la population ; au contraire, la *stabilité politique*, les temps de *paix* et de *prospérité commerciale*, *industrielle* et *financière* et l'action incessante des *chemins de fer*, qui convergent sur la capitale, contribuent puissamment à y augmenter la population. — Comment connaître, comment constater cette fluctuation ? — De simples particuliers ne peuvent prétendre faire, par eux-mêmes, un pareil travail et l'administration peut seule y pourvoir au moyen des *recensements* qui s'accomplissent périodiquement, de cinq en cinq ans. Mais si de simples particuliers ne peuvent pas se livrer à un travail d'ensemble aussi vaste, il ne leur est pas impossible de reconnaître, pour certaines localités, sinon le rapport rigoureusement exact, au moins la proportion approximative de l'augmentation où de la diminution de la population. Par exemple, si le nombre des maisons, nouvellement construites dans un quartier, est considérable et que celui des écriteaux, indiquant les locaux vacants, soit relativement restreint, c'est là un signe infaillible de l'augmentation de la population dans ce quartier. En sens inverse, s'il a été démoli beaucoup de maisons et s'il existe davantage d'écriteaux que de coutume dans un quartier, c'est un indice certain de la diminution de la population dans ce quartier. A l'aide de ces diverses données, on reconnaîtra si la population s'accroît et entraîne l'augmentation du prix moyen, ou si elle décroît et motive la diminution du prix moyen des terrains, ainsi que nous l'expliquerons dans le cours du présent paragraphe.

1re SECTION. — Documents de statistique sur la population de Paris.

D'après le recensement de 1856, le DÉPARTEMENT DE LA SEINE, d'une superficie d'environ 475,000,000 de M², avait une population de 1,727,419 individus, ce qui donnait le rapport d'un individu pour...................................... 275 M²

Elle se répartissait de la manière suivante :

VILLE DE PARIS, avant l'annexion des communes comprises dans l'enceinte continue, pour une superficie qui était alors de 34,025,607 M², il y avait une population de 1,174,346 individus, soit un individu pour,..................................... 29 M²

SOUS-PRÉFECTURES DE SAINT-DENIS ET DE SCEAUX : pour une sup. qui était alors de 440,974,393 M², il y avait une population de 553,073 individus, soit pour un individu............................... 797 M²

Dans ces chiffres, l'ANCIENNE BANLIEUE, qui depuis a été annexée à Paris, représentait une superficie d'environ 44,000,000 de M², ce qui, pour une population d'environ 332,000 âmes, donnait pour un individu environ................................ 132 M²

Et le surplus des deux arrondissements de Saint-Denis et de Sceaux, pour une superficie de 397,000,000 de M² environ, avait une population d'environ 221,000 habitants, ce qui donnait le rapport de un individu pour........................ 1,796 M²

Depuis 1856, le mouvement de la population s'est modifié et le décret du 11 janvier 1862 a promulgué les résultats du dénombrement de la population de toute la France, effectué en 1861. Nous en avons déjà fait mention (chapitre XI, § 2, 2ᵉ section, page 184).

Suivant le dernier recensement de 1861, la population du département de la Seine était de 1,953,660 habitants, ce qui, pour une superficie de 457,700,000 M², donne le rapport d'un individu pour environ.................................... 243 M²

La population de la ville de Paris, agrandie jusqu'aux fortifications et comprenant maintenant une superficie d'environ 78,000,000 de M², s'élève, d'après le dénombrement de 1861, à 1,696,141 habitants, ce qui donne le rapport d'un individu pour environ .... 46 M²

L'accroissement de 11 15/100 p. 100, dans l'espace de cinq années, étant réparti proportionnellement aux chiffres de 1856, pour évaluer ceux de 1861, on trouve ce qui suit :

La population de l'ancien Paris, accrue de 11 15/100 p. 100, donnait environ 1,326,000 habitants et le rapport de un individu pour................ 25 M²

L'ancienne banlieue annexée avait environ 370,000 habitants, ce qui donne le rapport d'un individu pour..................................... 118 M²

Les sous-préfectures de Saint-Denis et de Sceaux, diminuées de la banlieue nouvellement annexée à Paris, n'ont plus qu'une population de 257,519 individus ce qui, pour une superficie réduite à environ 397,000,000 de M² donnerait pour un individu.. 1,541 M²

Dans l'origine, la circonscription des douze anciens arrondissements de Paris avait été calculée au double point de vue

de leur étendue territoriale et de leur population; la superficie
était restée la même, mais la population s'était accrue dans une
forte proportion et très-inégalement, à cause de l'irrégularité de
la figure géométrique de l'ancien Paris et de la disproportion
dans la force attractive des centres des différents arrondissements municipaux. Toutefois, au milieu de ces inégalités, on
remarque toujours que l'agglomération suit invariablement la
loi du *carré des distances,* à partir du centre des affaires, modifié par l'influence du mur d'octroi. C'est ainsi que les communes des Ternes, de Batignolles-Monceaux, de Clichy, de
Montmartre, de la Chapelle, de la Villette et de Belleville, sont
venues tout d'abord recueillir, vers le nord, le trop plein de la
population parisienne; à l'est et à l'ouest Bercy et Passy, au
midi Grenelle, Vaugirard et Montrouge, ont vu pareillement
s'accroître leur population; de telle manière que, malgré la limite de l'ancien mur d'octroi, l'agglomération de la population
a toujours eu une disposition très-marquée à se régulariser
dans des zones concentriques, à peu de chose près pareilles à
celles que nous avons précédemment décrites, autour du centre
des affaires de la capitale. Ainsi, en thèse générale et en opérant sur de grandes masses, on trouvera que la loi de densité
de la population est semblable à celle qui nous a guidé pour
tracer les zones concentriques, à moins d'obstacles naturels
comme la Seine, les buttes Montmartre et Chaumont, ou d'obstacles d'une autre nature, comme l'ancien mur d'octroi, aujourd'hui supprimé, ou les fortifications avec leurs servitudes
légales et leurs inconvénients matériels.

Mais, si cette loi est uniforme quant aux grandes masses, elle
diffère beaucoup en ce qui concerne chaque localité et c'est à ce
point de vue qu'il est très-important d'en étudier la marche,
toujours basée, même dans ses exceptions, sur l'attraction
causée par le mouvement du commerce et de l'industrie.

Dans la première zone, tout est bâti et habité depuis longtemps; il en est de même de la seconde et de la troisième; la

quatrième n'offre que très-peu de terrains à bâtir: dans la cinquième, on commence à en trouver davantage; dans la sixième il s'en rencontre beaucoup plus, et c'est à partir de la septième qu'il s'en présente en abondance. Tout ce qui est bâti étant ordinairement habité, il y a fort peu de chances pour que la population s'augmente dans les trois premières zones, puisque la place y manque; mais ensuite l'agglomération de la population diminuant progressivement, c'est à partir de la quatrième zone que commencent les véritables chances d'accroissement de la population, bien qu'elles s'affaiblissent dans la progression, en sens inverse, de l'accroissement des numéros d'ordre des zones.

2ᵉ SECTION. — Densité moyenne de la population par zone.

A défaut des documents précis, que le recensement de 1866 pourra fournir et à une époque aussi voisine de l'annexion, nous croyons qu'on peut évaluer, de la manière suivante, à peu de chose près et en nombres ronds, la loi de densité de la population parisienne, suivant l'ordre des zones concentriques, dont la superficie est calculée en raison du carré des distances du centre des affaires.

TABLEAU N° 11.

Densité moyenne approximative de la Population, par zone, dans Paris.

Nᵒˢ des zones.	SURFACE totale. (Environ.)	POPU-LATION. (Environ.)	COMBIEN de mètres carrés en moyenne pour un habitant? (Environ.)	CÔTÉS D'UN RECTANGLE de pareille superficie	
				1ʳᵉ combinaison: Un côté invariable de 3 mètres et l'autre progressif.	2ᵉ combinaison: Un côté égal au numéro de la zone et l'autre presque invariable.
	mèt. car.	individus.	mètres.	m m	m m
1ʳᵉ...	526,349 5	104,391	6 =	3 × 2 ou	1 × 6
2ᵉ...	2,430,800 5	202,566	12 =	3 × 4 ou	2 × 6
3ᵉ...	4,001,590	222,310	18 =	3 × 6 ou	3 × 6
4ᵉ...	5,572,390	232,182	24 =	3 × 8 ou	4 × 6
5ᵉ...	7,143,210	238,107	30 =	3 × 10 ou	5 × 6
6ᵉ...	8,713.950	181,540	48 =	3 × 16 ou	6 × 8
7ᵉ...	10,284,780	167,299	(a) 63 =	3 × 21 ou	7 × 9
8ᵉ...	10,355,580	107,820	96 =	3 × 32 ou	8 × 12
9ᵉ...	9,551,370	88,438	108 =	3 × 36 ou	9 × 12
10ᵉ...	9,497,160	79,143	120 =	3 × 40 ou	10 × 12
11ᵉ...	6,500,000	49,242	132 =	3 × 44 ou	11 × 12
12ᵉ...	2,750,000	19,097	144 =	3 × 48 ou	12 × 12
13ᵉ...	625,000	4,006	156 =	3 × 52 ou	13 × 12
TOTAUX	78,052,180	1,696,141			

Les chiffres de la 3ᵉ colonne sont ceux de la population actuelle d'après le dénombrement effectué en 1861, et nous considérons la série du nombre de mètres carrés contenue dans la 4ᵉ colonne du tableau n° 11 comme indiquant le *rapport normal* entre la superficie de chaque zone et sa population.

Le chiffre de 63 mètres carrés (a) pour la 7ᵉ zone est un peu forcé, et le calcul exact ne donnerait que 61ᵐ 42/100; la différence de 1ᵐ 58/100 représenterait 4,049 habitants ; mais nous avons préféré maintenir le chiffre de 63, pour ne pas interrompre la série des nombres indiquée aux 5ᵉ et 6ᵉ colonnes du tableau n° 11, qui présente des particularités assez remarquables.

Dans la 5ᵉ colonne, on trouve les deux facteurs qui produi-

sent la surface moyenne dont peut jouir chaque habitant de la
zone correspondante. L'un de ces deux facteurs, 3^m, exprime
la plus petite surface possible où un homme puisse exister,
aussi reste-t-il constant ou invariable; le second facteur, au
contraire, commence par la plus petite étendue que comporte
la zone n° 1, c'est-à-dire 2^m, et il s'élève progressivement jusqu'à 52^m pour la 13ᵉ zone, parce que l'espace suit la même progression.

Dans la 6ᵉ colonne, un autre ordre d'idées a prévalu. On y
trouve pareillement deux facteurs, mais l'un exprime la série
numérique des zones, de 1 à 13, et l'autre facteur n'est que la
conséquence du produit indiqué à la 4ᵉ colonne. Pour les cinq
premières zones, il est 6; pour les six dernières zones, il est 12,
c'est-à-dire le double; il est 8 et 9 pour les 6ᵉ et 7ᵉ zones; ces
chiffres 8 et 9 expriment des termes moyens et intermédiaires
entre les nombres 6 et 12.

Si l'on traduit en langage ordinaire l'idiome des chiffres, il
en résultera cette triple conséquence : 1° la surface moyenne
dont peut jouir chaque habitant augmente en raison de l'élévation du numéro des zones, c'est-à-dire en raison de l'éloignement du centre de la capitale; 2° cette augmentation est
plus forte que la loi du carré des distances, puisque le second
facteur est toujours plus élevé que le premier, à l'exception de
la 13ᵉ zone; 3° les facteurs constants 6 et 12, qui représentent
les premiers le maximun de *condensation* au centre, et les seconds le maximum de *dilatation* aux extrémités, ont leur principale cause dans l'ancien mur d'octroi, qui retenait la population parisienne comme dans un réseau et s'opposait à ce qu'elle
se développât suivant la loi du carré des distances. Le facteur 6
était *intra-muros*, et le facteur 12 *extra-muros*.

Le produit des deux facteurs de chaque colonne nᵒˢ 5 et 6
donne la surface indiquée à la 4ᵉ colonne, départie en moyenne
à chacun des habitants de chaque zone respective. Tant que ce
degré de densité de la population existera, il y aura lieu d'ap-

pliquer le............................... PRIX DE BASE.

L'augmentation ou la diminution de ce degré de densité donnerait lieu à une *plus-value* ou à une *moins-value* dans le prix des terrains, et ce sera l'objet de la section qui va suivre.

3° SECTION. — Comparaison de la densité réelle avec la densité moyenne ou normale.

Comme l'agglomération de la population est un fait matériel présentant une des bases importantes de la valeur des terrains, il y aura lieu, pour chaque localité, de s'enquérir du chiffre actuel de la population, ainsi que de la superficie du territoire qu'elle habite, afin de déterminer le rapport qui existe entre ces deux éléments. Ensuite on comparera le résultat, qu'on aura ainsi obtenu, avec celui inscrit dans le tableau n° 11 précédent, que nous considérons comme normal et proportionnel aux prix zonaires. Il résultera de cette comparaison une différence en plus ou en moins.

PREMIÈRE SUBDIVISION. — Si, pour la localité où se trouve situé le terrain dont vous vous occupez, la population est, en fait, sensiblement *plus élevée*, par mètre carré, que le chiffre de la zone correspondante, inscrit au tableau n° 11, et que cette différence dépasse 5 p. 100 (au-dessous desquels on la négligerait), il y aura lieu d'ajouter, au prix de base de ce terrain une...................... PLUS-VALUE de 1 à 15 p. 100.

DEUXIÈME SUBDIVISION. — Si, au contraire, pour cette même localité, la population est, en fait, sensiblement *moins élevée*, par mètre carré, que le chiffre de la zone correspondante, inscrit au tableau n° 11 et que cette différence dépasse 5 p. 100 (au-dessous desquels on la négligerait), il y aura lieu de retrancher du prix de base de ce terrain une.................
.... MOINS-VALUE de 1 à 15 p. 100.

Le calcul de la population devra se faire conformément aux

principes adoptés pour les recensements officiels, sans y comprendre la garnison et dans un cercle ayant au moins **250 m.** de rayon, dont l'aire est égale à **196,349 m² 5.**

§ 4. — POPULATION ÉTRANGÈRE ET COMMERCE EXTÉRIEUR.

I. — LES FÊTES ET L'OCTROI.

On a souvent dit que rien n'était plus rare à Paris qu'un Parisien, et cela se conçoit en songeant aux accroissements successifs qu'ont éprouvés le territoire de la capitale et le chiffre de sa population : ces augmentations incessantes n'ont pu se produire que par le grand nombre d'habitants des provinces et des pays étrangers, qui seront venus s'y fixer d'une manière permanente, sans compter tous ceux qui s'y rendent chaque année seulement pour passer la saison d'hiver, ou bien celle d'été, ou en touristes pour un court séjour.

Toute cette population peut se décomposer en plusieurs catégories principales, dont la plus nombreuse renferme les propriétaires habitant leur propre maison et les locataires possédant un mobilier; on trouve ensuite ceux qui, n'ayant pas de meubles, occupent, d'une façon permanente, des appartements meublés, ou bien encore logent temporairement dans les hôtels ou dans les garnis, et louent un appartement, une chambre ou un cabinet, au mois, à la semaine, à la journée, ou même à la nuit. Nous laissons aux *Mystères de Paris* le soin de révéler ce qui s'y passe.

Parmi les habitants qui séjournent irrégulièrement, les uns viennent à Paris pour leur plaisir, d'autres pour leur commerce, d'autres enfin pour y exercer un métier : parmi ces derniers, ouvriers de différents corps d'états, les plus nombreux sont attachés à la construction et s'appellent : les ouvriers du bâtiment.

Les uns arrivent dans la capitale avec la bourse bien garnie et

y laissent leur argent ; les autres, au contraire, y débarquent
légers de monnaie et s'en retournent avec les écus des Parisiens;
mais tous contribuent au mouvement du commerce et des affaires, tous consomment des denrées qui ont payé les droits à
l'octroi municipal, et tous contribuent ainsi à la prospérité des
propritéaires de maisons, des maîtres d'hôtels meublés, ou des
logeurs en garni, des industriels, commerçants, marchands de
toute espèce et surtout à celle du budget municipal.

Lorsque la Ville donne une de ces fêtes publiques qui boule-
versent, pendant un ou deux mois, nos plus belles places, nos
promenades les plus fréquentées et nos ponts, si nécessaires à
la circulation ; lorsque, sous le nom d'illuminations, on brûle
des masses de suif qui nous infectent, gâtent nos beaux arbres
et tachent les robes et les habits ; lorsque les fusées des feux
d'artifice dégradent nos monuments et des objets d'art précieux,
sans compter un certain nombre de bras et de jambes cassés,
le tout à grand renfort d'argent, fourni par la caisse municipale,
qu'alimentent les taxes frappées sur les contribuables ; alors
on entend des hommes graves, déplorer ces dépenses inutiles,
ces entraves apportées à la circulation et ces agglomérations de
curieux, qui peuvent présenter plus d'un danger ; ils ne bornent
pas leurs critiques aux fêtes données au peuple sur la voie publique, ils l'étendent à toutes les dépenses de luxe, telles que
les promenades, les monuments, les objets d'art, les fêtes offertes
à d'illustres invités et les encouragements de toute espèce, ac-
cordés aux artistes. — Ces esprits graves et ces observateurs
consciencieux peuvent ne dire que des choses vraies et cependant arriver, dans leurs conclusions, à une erreur complète, car
il ne faut pas confondre les vérités absolues avec les vérités relatives, ni oublier que, si les chimistes obtiennent bien rarement
des substances à l'état de pureté, de même, chez l'homme, le
bien n'est jamais exempt de mal, et c'est encore faire le bien,
que de rendre la somme des avantages de beaucoup supérieure
à celle des inconvénients.

Toutes ces dépenses, qualifiées de superflues, ont pour résultat d'attirer à Paris une masse considérable d'étrangers, et de les distraire, ainsi que les Parisiens. Il est dangereux de laisser le peuple s'ennuyer, et il faut l'amuser, dans la crainte qu'il ne fasse le mal pour se distraire. L'octroi, genre de distraction d'un caractère peu poétique, est la principale branche de revenu de la ville, et chacune de ces fêtes produit, dans ses perceptions, des augmentations qui deviennent alors de beaucoup supérieures aux dépenses que la fête occasionne à la caisse municipale, indépendamment du grand mouvement qu'elles impriment à tous les genres de commerce. Les boîtes et les coups de canon, avec une vertu pareille à celle de la lance d'Achille, servent à panser les plaies de l'humanité souffrante ; les pots à feu se transforment en bons de *pot-au-feu*, pour ceux qui ont faim ; les fusées volent au secours des femmes en couches et elles éclatent en distribution de layettes. Aux mâts de cocagne sont suspendus les lits des malades fournis par les hôpitaux ; et les lampions procurent non-seulement des bons de pain, ou tant d'autres choses indispensables aux nombreux indigents, secourus par l'assistance publique, mais encore les paroles d'un couplet, qui jeta quelque gaieté au milieu des tristes épisodes de 1848, et que les gamins chantaient dans les rues de Paris :

Des lampions !
Des lampions !

Il ne faut donc pas trop se hâter de médire contre le luxe et les fêtes dans la capitale d'un grand empire, et de blâmer des institutions et des coutumes qui ont traversé des siècles, avec l'approbation des magistrats de la cité, par tous les temps et sous tous les régimes.

Les faits que nous venons d'exposer laissent déjà entrevoir combien la Ville de Paris est intéressée à attirer dans ses murs le plus grand nombre possible d'étrangers, et surtout ceux qui y viennent, avec des valeurs en portefeuille, pour y dépenser les gros revenus de leurs biens, situés à l'étranger. S'ils y sont attirés par le désir de nouer des relations commerciales, ils contribuent peut-être encore plus à la prospérité publique, car l'activité du commerce est une des conditions nécessaires à l'affluence de la population ; c'est elle aussi qui maintient le taux élevé des salaires et le cours rémunérateur des valeurs financières, industrielles, mobilières et immobilières.

II. — INFLUENCE DE LA GUERRE DANS LES ÉTATS-UNIS D'AMÉRIQUE.

Mais cet échange de voyageurs et de marchandises, avec les pays étrangers, est subordonné à beaucoup de circonstances qui ne dépendent nullement de la Ville de Paris. C'est ainsi que la guerre civile, qui règne aux États-Unis d'Amérique, a porté une grave atteinte au commerce extérieur et même aux relations individuelles, et Paris en a fortement ressenti le contre-coup. Depuis cette époque, beaucoup d'Américains ont modifié leur manière de vivre, et n'ont pas donné suite à leurs projets d'acquérir des terrains et de construire des hôtels à Paris ; le commerce parisien et l'article Paris ont éprouvé une grave atteinte, et l'industrie du coton a ressenti le mouvement de réaction, que toute la France a éprouvé, quoique dans de moindres proportions que l'Angleterre. Ces obstacles se trouveraient bien vite aplanis par la pacification des États-Unis d'Amérique, et l'activité des transactions reprendrait, avec la paix de ce grand et riche pays, l'essor qu'elle avait manifesté avant cette guerre désastreuse et meurtrière.

III. — UNE PROCHAINE PACIFICATION A-T-ELLE DES CHANCES FAVORABLES ?

Les plaideurs ont le plus grand intérêt à transiger, au début de leurs contestations, afin d'éviter les frais et les nombreux inconvénients qu'entraînent toujours les procès, et néanmoins ils ne se décident ordinairement à entrer dans cette voie pacifique qu'après avoir supporté beaucoup de frais et souvent même quand ils ne peuvent plus se procurer de nouvelles ressources pour subvenir aux dépenses de la procédure : car l'argent est le nerf des procès comme de la guerre.

Les belligérants ressemblent aux plaideurs, et on les voit très-rarement conclure la paix quand la guerre vient de commencer : presque toujours ils repoussent toutes les concessions, tant qu'ils peuvent trouver, pour la continuer, de l'argent ou du crédit. Mais lorsqu'ils ne savent plus comment se procurer des hommes et de l'argent, ils écoutent les propositions pacifiques, souvent ils les provoquent eux-mêmes.

Les États du Nord aussi bien que ceux du Sud, ont déjà fait d'immenses sacrifices pour soutenir la guerre civile, et c'est par milliards qu'il faut compter les frais qu'elle entraîne chaque année : mais les gouvernements possèdent d'autres ressources que les particuliers : ils frappent des réquisitions, prononcent des confiscations, négocient des emprunts, lèvent des contributions et émettent du papier monnaie. A l'aide de ces expédients et du sentiment patriotique dont ils sont animés, les deux partis se sont jusqu'ici fait une guerre acharnée, et rien n'annonce que la lutte soit sur le point de finir, faute de ressources pour la continuer ou par un retour aux sentiments de bienveillance et de sympathie réciproques. Il faudrait donc, pour les amener à remettre l'épée au fourreau, le concours d'une influence étrangère, dans des conditions qu'ils pussent accepter. Où le trouver et comment l'exercer ?

IV. — Intervention étrangère.

Cette question n'est nullement exempte de difficultés, et pourtant on ne doit pas la considérer comme insoluble. Elle se subdivise elle-même en plusieurs points, que nous allons parcourir rapidement.

1° *Droit d'intervention.*

Tous les auteurs qui ont écrit sur le droit international ont admis le principe de l'intervention ; seulement ils en ont discuté la nécessité, le mode, les conditions, l'opportunité.

Il faut, pour intervenir, avoir un intérêt né et actuel, y être entraîné par une nécessité irrésistible, provenant d'un dommage sérieux qu'on éprouve, avoir épuisé tous les autres moyens de conciliation par la voie diplomatique, posséder une force capable de faire réussir l'intervention, et la réduire à la durée et aux conditions strictement indispensables pour obtenir la réparation du dommage dont on a été frappé.

Sous ce rapport on ne peut nier que les grandes nations européennes aient le droit d'intervenir pour mettre un terme à la guerre qui désole les États-Unis d'Amérique.

N'ont-elles pas établi dans ce pays, en vertu des traités, des nationaux qui souffrent beaucoup de la prolongation de cette guerre et qui sont exposés aux vexations des deux partis belligérants ?

Leur commerce avec l'Amérique n'était-il pas régulièrement établi avant la guerre, sur la condition de l'échange mutuel des produits de chaque nation, et la guerre n'a-t-elle pas porté le plus grand préjudice à ce commerce, qui menace d'être anéanti ?

Ces nations n'ont-elles pas organisé chez elles de nombreux établissements industriels, qui ne peuvent subsister qu'avec les produits du sol américain ? Les immenses capitaux consacrés à la filature et au tissage du coton ne sont-ils pas frappés d'une stagnation désastreuse ? Les nombreux ouvriers, attachés ordinairement à ces établissements et qui n'ont aucun autre art à exercer, ne sont-ils pas menacés dans leur existence ?

Les blocus, les visites des bâtiments de commerce, les prohibitions, les contributions, les actes arbitraires qu'entraîne une pareille guerre, ne sont-ils pas des causes de préjudice sérieux

et actuel pour les nations européennes et de craintes légitimes
pour l'avenir?

Certes, il n'en faudrait pas autant pour justifier une intervention de leur part, et chacun sait qu'elles possèdent des forces suf-
fisantes et que le moment serait opportun. Le droit n'est donc
pas douteux. Mais on a dit : *Summum jus, summa injuria.* Il
ne faut donc pas, dans la crainte de commettre une injustice,
user toujours de la plénitude de son droit. Et d'ailleurs d'autres
considérations que le droit sont aussi à envisager.

2° *Résultats possibles, en Amérique, d'une intervention.*

Nous supposons une intervention armée, et nous raisonnons
de la manière suivante :

Il peut se présenter trois hypothèses : ou bien la nation intervenante sera reçue en amie par les deux partis ; ou bien elle
sera reçue en amie par l'un et en ennemie par l'autre ; ou
bien enfin elle sera reçue en ennemie par les deux partis belligérants. Quelles seront les conséquences de ces trois manières
d'être accueilli ?

1ʳᵉ Hypothèse. — Si la nation intervenante est accueillie en
amie par les deux partis, cette circonstance sera de nature à
aplanir les difficultés, et il n'est pas douteux qu'elle obtienne
un armistice, une trêve suivie d'un traité de paix.

2ᵉ Hypothèse. — Si elle est accueillie en amie par l'un des
partis et en ennemie par le parti opposé, elle unira ses forces
au parti qui lui aura fait bon accueil, et comme, dans l'état
actuel de la guerre, il existe en quelque sorte un équilibre des
forces belligérantes, qui empêche aucun des deux partis d'obtenir la victoire, et de réduire la résistance de son adversaire,
la nation intervenante apportera, au parti qui l'aura bien accueillie, un *appoint* important, et lui donnera évidemment une
supériorité qui amènera la cessation des hostilités.

3ᵉ Hypothèse. — Si les deux partis reçoivent en ennemie la

nation intervenante, c'est qu'alors ils uniront leurs efforts contre elle, et cette union amènera la cessation de la guerre civile, unique but de l'intervention, qui n'aura plus de raison d'être.

Ainsi, de quelque façon qu'on envisage l'accueil fait à l'intervention, elle finira par amener forcément la fin de la guerre. Sous ce rapport, son succès serait donc certain. Examinons-la à un autre point de vue.

3° Conséquences européennes d'une intervention aux États-Unis.

La nation, qui se déciderait à intervenir dans la guerre civile des États-Unis aurait à envisager les conséquences que cette mesure pourrait avoir, soit relativement à son propre pays, soit relativement aux autres puissances européennes.

Existe-il, en Europe, plusieurs nations dont la situation intérieure soit assez florissante pour qu'elles se décident à faire un appel d'hommes et d'argent, et à équiper la flotte nécessaire au transport, en Amérique, d'une armée considérable? — Chaque pays a ses crises, et cette influence est presque générale en ce moment. Chez les uns c'est une crise politique, chez d'autres une crise de céréales, mais chez tous on trouve une crise financière, et l'on ne peut se dissimuler que toutes les dettes publiques ne soient dans une situation *intéressante*. Voilà donc une première considération qui pourrait fort bien empêcher les gouvernements de demander, et les parlements d'accorder les subsides et les levées d'hommes indispensables à une semblable intervention.

Mais les conséquences intérieures ne sont rien en comparaison de celles qui surgiraient à l'étranger. La nation intervenante serait tout aussitôt accusée d'ambition : en général, on a des possessions sur le continent américain, comme on a des maisons de plaisance à la campagne; les soupçons, les craintes, les jalousies ne manqueraient pas de surgir et d'apporter des entraves à l'opération. Un moyen s'offrirait de parer à ces graves inconvénients : ce serait de conclure des traités, et d'intervenir en commun; mais n'existe t-il pas des exemples de pareils traités, sanctionnés par un commencement d'exécution, et dont le succès commun a complétement avorté par le retrait d'une ou de plusieurs nations contractantes?

Voilà donc de sérieux obstacles à des projets d'intervention armée.

V. — Intervention individuelle et collective.

Si les nations, agissant comme États, doivent rencontrer tant de difficultés pour intervenir dans la guerre civile, qui désole les États-Unis d'Amérique, ne serait-il pas possible d'organiser un système d'intervention individuelle et collective, qui puisse parvenir au but désiré, celui de la pacification, sans compromettre l'équilibre européen ?

L'action individuelle et collective est une puissance presque inconnue des temps anciens, et qui, de nos jours, a pris un immense développement : on l'appelle l'association. C'est elle qui intervient dans toutes les grandes opérations devenues un si puissant élément de prospérité. Elle a creusé nos canaux, exploité les mines et les grandes usines, établi les assurances, construit les chemins de fer, constitué le crédit; c'est encore elle qui a fondé le gouvernement des Indes, et qui creuse le canal de Suez. Quelle force pourrait résister à sa puissante action ?

Nous nous attendons à une objection, et nous la poserons d'avance; la voici : c'est que toutes les associations dont nous venons de parler ont pour objet une vaste opération commerciale ou industrielle, devant procurer de gros salaires aux administrateurs et agents, et de gros bénéfices aux actionnaires. Or, quel profit pourrait espérer une société dont l'unique but serait de procurer les bienfaits de la **paix aux citoyens** des États-Unis d'Amérique? Est-ce là un riche dividende à répartir?

Évidemment, la question, posée dans ces termes, serait bien vite résolue contre nous ; non pas qu'il ne se rencontre un nombre considérable de riches particuliers disposés à faire un sacrifice gratuit dans des limites définies d'avance, soit par sentiment philanthropique, soit à cause de l'avantage indirect qu'ils en retireraient au point de vue soit de leur commerce, soit d'établissements industriels où leurs capitaux sont engagés : nous sommes certains qu'un grand nombre de souscripteurs bénévoles répondraient à cet appel, mais il faudrait une grande affluence d'actionnaires, et, pour la plupart, il serait nécessaire de faire apparaître un intérêt positif, facile à trouver. Au point de vue commercial, n'y a-t-il pas d'abord la culture, l'exportation et la vente du coton et des autres produits américains? Au point de vue industriel, n'est-il pas nécessaire de reconstituer des banques qui puissent fournir aux propriétaires d'habitations des ressources pour rétablir leurs cultures et leurs moyens d'exploitation ruinés par la guerre? Au point de vue financier, ne faut-il pas fournir aux gouvernements les moyens de liquider les dettes qu'ils ont contractées, d'indemniser les particuliers des pertes que la guerre leur a fait subir, de reconstituer les rouages gouvernementaux, de subvenir au recouvrement des impôts jusqu'à ce que la culture et la production soient rétablies, de racheter les masses de papier monnaie émises pour soutenir la guerre, et de récompenser, par des pensions et des indemnités, les militaires qui ont fait tant de sacrifices pendant la guerre civile, les blessés, les amputés, les veuves et orphelins des citoyens morts pour la cause nationale? Ne faut-il pas creuser les ports, comblés pendant la guerre, reconstruire les ponts écroulés, rétablir les chemins de fer et les télégraphes électriques brisés, reconstruire les monuments publics, rebâtir des usines, des magasins et maisons d'habitation détruits pendant la guerre? Pour tout cela,

il faut des avances, des capitaux, des entreprises, et une grande
association, bien dirigée, pourrait d'abord s'interposer pour
obtenir la cessation des hostilités, obtenir, en échange d'un
aussi grand service, aide, protection, concours, et faire de
gros bénéfices en rendant d'immenses services aux gouvernements, aux États particuliers, aux districts, aux villes, aux
établissements publics, aux banques, aux maisons de commerce et aux simples particuliers.

Elle obtiendrait, à titre de garantie, le papier des gouvernements, des terres, des dépôts de marchandises, et aussi des
effets de commerce ou de banque, à courtes échéances.

VI. — Statuts de l'Association.

Quelle serait la forme d'une pareille association? — Évidemment elle devrait être anonyme, soit à cause du grand
concours d'actionnaires qu'il faudrait provoquer, soit parce
qu'une semblable entreprise exigerait la présence d'un com-
missaire du gouvernement pour surveiller toutes ses opérations.

La forme anonyme étant reconnue indispensable, comment
les statuts seraient-ils rédigés? — Ici, le choix n'est plus nécessaire; presque toutes les grandes sociétés anonymes ont
leurs statuts calqués les uns sur les autres; on y trouve constamment un directeur, des administrateurs réunis en conseil,
et une assemblée générale des actionnaires; pour le capital
social, des actions nominatives ou au porteur; des règles pour
le partage des bénéfices et la formation d'un fonds de réserve
et d'un fonds d'amortissement; enfin des dispositions générales
sur la comptabilité, la dissolution de la société, sa liquidation
et le jugement des contestations. Tout cela constitue une formule toute tracée, et il ne reste qu'un petit nombre de points
à décider, suivant la spécialité de l'affaire. Ils consistent :
1° dans le nom à donner à l'association : on pourrait, par

exemple, prendre celui-ci : Compagnie de Pacification Américaine ; 2° dans le mode de souscription : ce serait chez le banquier de la société ; 3° dans le chiffre du capital social : il le faudrait considérable , comme 20 millions de francs au moins , qui s'accroîtraient par des obligations ; 4° dans le taux de l'action : les plus faciles à placer sont de 500 fr.; 5° dans la durée de la société : elle pourrait être de cinquante ans.

Nous donnons tout cela comme de simples aperçus qu'on peut modifier de mille façons, sans changer le but de l'association.

VII. — Que ferait cette association ?

Avant que cette compagnie soit régulièrement constituée, et qu'elle ait réuni le capital nécessaire pour commencer ses opérations, elle ne formerait qu'un simple comité de fondateurs, souscrivant un premier capital, destiné à subvenir aux dépenses que chaque association entraîne toujours à son début, et qui consistent en frais de publicité, annonces, circulaires et menus frais de bureau. Ce comité réunirait les premiers souscripteurs bénévoles, dont nous avons parlé plus haut, qui ont tous des relations, plus ou moins suivies, avec les États-Unis d'Amérique. Les efforts combinés de tous ces fondateurs bienveillants et intéressés au succès de l'entreprise auraient bientôt réussi à compléter la souscription du fonds social.

C'est alors que le conseil d'administration enverrait en Amérique des délégués choisis dans son sein pour ouvrir des négociations, afin d'obtenir d'abord un armistice, ensuite une trêve, et enfin un traité de paix, sauvegardant les intérêts des parties belligérantes. Une compagnie se présentant appuyée, non par une armée, mais par des capitaux, ne rencontrerait pas l'opposition et le mauvais vouloir qu'exciterait une puissante nation apparaissant comme un conquérant, un dominateur, ou même un protecteur ; elle s'offrirait à titre d'arbitre, mettant ses bons offices à la disposition des intéressés, et n'exerçant sur eux aucune pression.

Elle ne viendrait pas blesser le sentiment national et patriotique des gouvernants et des administrés : au contraire, elle mettrait en évidence tous les mérites, tous les droits acquis, dans chacun des deux partis, et elle en provoquerait la constatation et la récompense au nom de la commune patrie ; ces actes de courage civil et militaire seraient donc constatés avec soin et récompensés : une amnistie générale devrait s'étendre à toutes les condamnations, confiscations et poursuites ; tous les sacrifices faits dans l'intérêt des fédéraux, aussi bien que des confédérés, seraient constatés, reconnus et récompensés ; ceux qui auraient été victimes, ou auraient souffert de mesures rigoureuses, exigées par les opérations militaires, obtiendraient une indemnité équivalente aux frais de la patrie commune ; les parents de ceux qui ont péri viendraient à leur place recueillir cette indemnité de manière à pouvoir effacer les souvenirs de la guerre civile, dans ses excès et ses malheurs, et à ne conserver la mémoire que des actes de dévouement et des actions d'éclat.

Certes, la dette publique serait considérablement augmentée par ce système rémunérateur, mais on créerait un fonds d'amortissement, et la Compagnie de Pacification américaine viendrait prêter son concours et son crédit pour subvenir à tant de dépenses, et pour éviter, au commencement, les effets de l'antipathie que la lutte amène entre les belligérants.

VIII. — Solution possible du différend.

On nous objectera que, jusqu'ici, nous n'avons pas traité la question principale, celle qui a amené la guerre, celle qui la fait se continuer, celle enfin qui pourrait empêcher d'y mettre un terme. Nous avons exprès réservé cette question pour la dernière, afin de la dégager de tous les détails minutieux auxquels nous nous sommes livré sur l'organisation et l'action de la Compagnie de Pacification américaine.

Un arbitre qui s'offre pour négocier la paix doit en présenter les préliminaires aux belligérants, et les appuyer de raisonnements et de motifs qu'ils soient disposés à comprendre, et le résultat ne serait pas douteux si ces préliminaires pouvaient donner raison aux deux partis contendants ; c'est pour approcher de ce but le plus possible que nous avons déjà émis quelques idées, celles de proclamer une amnistie, de reconnaître toutes les actions d'éclat, tous les mérites civils et militaires, et le droit à une indemnité pour tous les préjudices éprouvés. Cette reconnaissance aurait lieu, et la dette serait contractée au nom de la patrie commune, qui conserverait le titre d'États-Unis. C'est ici que commence la partie délicate à traiter.

Les arbitres exposeraient au gouvernement du Nord : qu'en principe, aucune association ne peut être éternelle sans modifications ; que dans le commerce et l'industrie, les petites associations ont une très-courte durée; que les plus grosses compagnies sont dissoutes après un temps plus long, mais toujours déterminé ; que les traités, entre les États souverains, n'ont qu'une durée fixe en général, et que leur dénonciation a lieu ordinairement lorsqu'il s'est écoulé un nombre d'années fixé d'avance ; que les baux ne sont jamais perpétuels ; que le mariage se dissout, dans certains pays, par le divorce, ou la séparation de corps et de biens ; que le Nord, pays antiesclavagiste, ne peut pas avouer la prétention d'avoir le Sud pour esclave ; que le Nord, ayant prononcé, pour certains cas, l'abolition de l'esclavage, a lui-même reconnu qu'aucune institution humaine n'était éternelle; que le Sud, en prononçant sa séparation, n'a pas fait un simple coup de tête, révocable avec la même légèreté qu'il aurait été conçu ; que cette détermination a été acceptée et partagée par les pays du Sud tout entiers, au prix des plus grands sacrifices publics et individuels ; que tous ces faits, toute cette persévérance prouvent une détermination réfléchie, sérieuse et irrévocable ; que le Nord a pu, dans les commencements, ne pas croire à un pareil ensemble de volontés, et à une pareille détermination de la part du Sud, mais qu'aujourd'hui le doute n'est plus possible, et que le Nord ne peut plus refuser de reconnaître l'indépendance de la confédération du Sud ; que s'il persistait à vouloir rétablir l'union pure et simple comme par le passé, il est plus que douteux qu'il puisse y parvenir, et que cette tentative lui coûterait encore d'immenses sacrifices d'hommes et d'argent ; que le Nord a donc tout intérêt à transiger avec le Sud.

Les arbitres exposeraient ensuite au gouvernement du Sud : qu'il est de leur intérêt de ne pas rompre, d'une manière complète et définitive, avec les États du Nord, appelés fédéraux ; que vis-à-vis des autres États, et principalement des nations européennes, leur séparation n'a pas été reconnue ; que le gouvernement des États-Unis est toujours le gouvernement du droit, au point de vue international ; que si les fédéraux consentent à laisser aux confédérés un gouvernement séparé, ce ne peut être qu'à la condition, par ces derniers, de supporter leur quote part de la dette et des charges communes ; et qu'il vaut mieux sacrifier quelques-unes de ses prétentions que de s'exposer à succomber après de grandes pertes d'hommes et d'argent.

Enfin les arbitres exposeraient aux deux partis que leur intérêt commun est de mettre un terme, le plus tôt possible, à la lutte qui cause leur ruine à tous deux ; que des flots de sang coulent sans pouvoir amener aucun résultat avantageux et sans aucune utilité ; que les finances sont dans le plus triste état ; que le commerce est anéanti ; que les particuliers sont ruinés, et qu'enfin ils s'imposent, sans nécessité, tous les malheurs de la guerre, tous ceux qu'elle entraîne à sa suite, et toute la démoralisation qui en est la conséquence ; que pour mettre un terme à tant de maux, il suffit de consentir à un armistice et à une trêve, afin de négocier un traité de paix : ils pourraient en tracer les préliminaires dans les termes suivants :

IX. — PROJET DE PRÉLIMINAIRES DE PAIX.

ART. 1ᵉʳ. — Armistice et trêve, avec le *statu quo*.

ART. 2. — Conservation d'une grande fédération, sous le nom d'*États-Unis d'Amérique*, entre les deux grandes sous-confédérations, celle du Nord, président Lincoln, et celle du Sud, président Davis.

ART. 3. — Amnistie générale. — Constatation de tous les services rendus, de tous les dommages éprouvés, de toutes les dettes publiques contractées : leur mise à la charge de la dette fédérale.

ART. 4. — Contribution de chacune des deux sous-confédérations du Nord et du Sud, dans la proportion de leurs revenus respectifs, au payement des charges publiques annuelles et à l'acquittement des obligations énoncées en l'art. 3.

ART. 5. — La Compagnie de Pacification américaine nommée arbitre des deux sous-confédérations, chargée de centraliser leurs intérêts financiers et commerciaux et de servir et amortir la dette fédérale.

ART. 6. — Sauf les modifications mentionnées aux articles précédents, maintien de toutes les lois, coutumes et institutions actuellement admises par chacune des deux sous-confédérations du Nord et du Sud, dans leurs territoires respectifs, au jour de la signature des préliminaires.

Tel est, selon nous, le cadre d'une transaction à proposer aux belligérants. Étant due à l'iniative individuelle, elle ne compromettrait aucun gouvernement, mais tous pourraient, en souscrivant des actions de la Compagnie de Pacification américaine, s'y faire représenter et y exercer une juste et légitime influence, proportionnée aux intérêts politiques et commerciaux de leurs pays respectifs.

C'est alors que, s'il était permis de faire une légère variante
à une illustre et récente parodie, on pourrait dire de la Compagnie de Pacification américaine :

Jura dicit sibi nata, nihil non arroget auro !

X. — Conclusion sur le paragraphe quatre.

Suivant la célèbre maxime de droit diplomatique : *Divisez
pour régner*, le moment serait on ne peut plus favorable pour
régner aux États-Unis, et cependant on serait fort en peine de
savoir qui y règne, dans l'acception du mot. Une autre maxime
de droit consiste à dire que l'*intérêt est le guide des actions* : qui
pourrait être intéressé à perpétuer un tel état de choses dans ce
malheureux pays? Les États-Unis possédaient, avant la guerre,
une marine d'une certaine importance : qui pourrait avoir intérêt à anéantir leur flotte, en armant le Sud contre le Nord, à
l'exemple de la flotte turque, détruite à Navarin et de la flotte
russe, coulée à Sébastopol? Cette recherche est étrangère à
notre sujet.

Mais quelles que soient les difficultés qui s'opposent à la pacification des États-Unis, nous ne les croyons pas insurmon-
tables, et nous venons d'indiquer un moyen d'y parvenir, sans
le considérer comme à l'abri de toute critique ; mais enfin c'est
une initiative que nous lançons dans l'espace comme un ballon
d'essai, afin de mettre à l'étude cette grave question, qui se lie
si intimement à la prospérité commerciale de toute la France
et de la ville de Paris, en particulier; car la capitale est le centre
du commerce de l'Amérique, et c'est aussi celui où les Américains aiment à se réunir.

Déjà la France, en d'autres temps, a prêté son concours aux
États-Unis d'Amérique, dans la grande guerre de l'Indépendance, et le nom de Lafayette y est resté populaire. Ne se pré-
sentera-t-il pas quelque généreux citoyen, qui cherche à leur
proposer un arbitrage pacifique, puisque les gouvernements

ont leur libre arbitre enchaîné par la raison d'État? Puisse notre vœu être entendu !

Puisse la pacification de ce beau pays rendre à nos hôtes la disposition libre et entière de leurs revenus et de leurs biens, afin qu'ils donnent suite à leurs projets d'acquisition et de construction ! Jusque-là, il est à craindre qu'un temps d'arrêt se maintienne dans les opérations sur les terrains.

§ 5. — SUPPLÉMENT AU CHAPITRE XI
(§ 2, 2ᵉ Sect., 7ᵉ Subd.)

10ᵉ Argument. — *Relevé supplémentaire des annonces de châteaux à vendre.* (Voy. p. 195.)

Du 12 mai au 12 juillet 1862, nous avons continué notre relevé, dans les mêmes conditions que celles suivies du 26 mars au 11 mai, et nous donnerons, au 11ᵉ argument, une liste de vingt-six nouvelles annonces de châteaux à vendre. Elle se décompose ainsi qu'il suit :

Surface des terrains.	Châteaux.		Rapport pour 100.	
1 à 5 hectares..	1	....		3,846
6 à 10 —	1	....		3,846
21 à 30 —	4	....		15,385
51 à 60 —	1	....		3,846
81 à 90 —	1	....		3,846
Total jusqu'à 100 hect..	8	....		30,769
101 à 200 —	6	....	23,077	
201 à 300 —	4	....	13,385	
401 à 500 —	3	....	11,539	
501 à 600 —	1	....	3,846	
601 à 700 —	2	....	7,692	
701 à 800 —	2	....	7,692	
Au-dessus de 100 h. 18	18	....	69,231	69,231
Total des châteaux....	26	Total égal à l'entier.		100,000

11ᵉ Argument. — *Supplément au calcul de la proportion entre l'éloignement de la capitale et la contenance des châteaux mis en vente.* (Voy. p. 196.)

Premièrement, jusqu'à **100** kilomètres de distance :

Kilomètres.		Hect.	Ares.	Cent.
10	Château et dépendances..........	22	»	»
51	— de Ste-Mesme (Seine-et-Oise)	161	98	34
58	— aux environs de Mantes d°..	26	50	»
77	d'Aramont (Aisne)............	151	»	»
196	Total 4 châteaux. Contenance totale...	361	48	34
	Distance moyenne, 49 kilomètres,			
	Contenance moyenne..............	90	37	08
	Loi de contenance progressive, par kilom.	1	84	13

Deuxièmement, de **100** à **200** kilomètres :

Kilomètres.		Hect.	Ares.	Cent.
116	Château de Chavigny (Eure).......	86	22	50
130	— de Semilly (Aisne)........	9	»	»
134	— de Romigny (Eure).......	690	78	66
148	— de Lesmeval (Eure).......	500	»	»
153	— d'Authonne d°........	101	70	76
157	— de Vergygny (Yonne).....	2	»	»
161	— de Tonneville (Seine-Infʳᵉ).	150	»	»
164	— Historique (Somme)......	153	»	»
193	— de Lourai (Orne)........	277	73	31
1,356	9 châteaux. Contenance totale....	1,970	45	23
	Distance moyenne, 150 kilomètres.			
	Contenance moyenne..............	218	93	91
	Loi de contenance progressive par kilom.	1	45	31

Troisièmement, de 200 à 300 kilomètres :

Kilomètres.		Hect.	Ares.	Cent.
213	Château moderne (Seine-Inférieure).	53	»	»
223	— de Montrifray (Indre-et-Loire)	612	»	»
236	— de Beaujardin d°	21	68	80
236	de Quilly (Calvados)........	300	»	»
238	en Touraine..............	1,000	»	»
289	— entre Tours et Poitiers (Indre-et-Loire)...........	115	»	»
294	— de Saint-Christophe (Cher).	440	»	»
1729	7 châteaux. Contenance totale..	2,541	68	80

Distance moyenne 247 kilomètres.

		Hect.	Ares.	Cent.
	Contenance moyenne..............	363	09	82
	Loi de contenance progressive par kilom.	1	47	»

Quatrièmement de 300 à 400 kilomètres :

Kilomètres.		Hect.	Ares.	Cent.
309	Château de Romeneuille (Vienne)...	272	80	89
350	— canton de Chateaubriant (Loire-Inférieure).......	600	»	»
369	— de Monts (Vienne)........	117	44	66
400	— magnifique (Saône-et-Loire).	456	»	»
1,428	4 châteaux. Contenance totale....	1,446	25	55

Distance moyenne 357 kilomètres.

		Hect.	Ares.	Cent.
	Contenance moyenne..............	361	56	39
	Loi de contenance progressive par kilom.	1	01	27

Cinquièmement de 500 à 800 mètres :

Kilomètres.		Hect.	Ares.	Cent.
569	Château de Merçoire (Lozère)......	1,482	»	»
800	— d'Ascarat (Basses-Pyrénées).	26	78	57
1369	2 châteaux. Contenance totale....	1,508	78	57

Distance moyenne 684 kilomètres et demi.

Contenance moyenne..............   754   39   28

Loi de contenance progressive par kilom.   1   10   21

En combinant les résultats qui précèdent avec ceux résumés dans le tableau n° 7 (page 203), nous allons dresser un nouveau tableau, n° 12, qui diffère très-peu du précédent, mais qui repose sur 67 observations, au lieu de 41, et présente ainsi une plus large base.

TABLEAU N° 12.

Distances et contenances moyennes des dépendances de soixante-sept châteaux, dont la vente a été annoncée, du 26 mars au 12 juillet 1862.

Ce tableau remplace celui portant le n° 7, qui se trouve à la page 203.

DISTANCE moyenne en kilomètres.	NOMBRE de châteaux observés.	RAPPORT pour mille.	ADDITION des distances particlles.	CONTENANCE totale des domaines observés.	TERMES MOYENS résultant des observations ci-contre.		
					Distance moyenne en kilomètres.	Contenance moyenne en hectares.	Contenance moyenne par chaque kilomètre de distance.
				h. a. c.	k.	h. a. c.	h. a. c.
Jusqu'à 100	26	388	1,123	2,497 04 26	43 1	96 04 01	2 22 83
100 à 200..	14	209	2,160	2.897 06 09	154 2	206 93 44	1 34 19
200 à 300..	13	194	2,979	4,126 19 06	229 1	317 39 92	1 39 »
300 à 400..	8	119	2,790	3,041 25 55	348 7	380 15 69	1 90 »
400 à 500 .	2	30	918	1,485 » »	459 0	742 50 »	1 61 76
500 à 600 et au delà.	4	60	2,505	2,297 10 57	626 2	574 27 64	» 91 70
	67	1000	12,475	16,345 65 63	186 1	243 93 51	1 31 07

§ 6. — INFLUENCE, SUR LA VALEUR IMMOBILIÈRE, DES ÉVÉNEMENTS POLITIQUES ACCOMPLIS DEPUIS UN SIÈCLE

Quoique la politique soit étrangère à notre sujet, les résultats qu'elle a produits, dans l'espace d'un siècle, sur la valeur immobilière, appartiennent à l'histoire de l'économie sociale. En voici une énumération rapide, aproximative et en nombres ronds, en groupant, sous quatre grandes catégories, l'influence des divers régimes qui se sont succédé.

I. — La monarchie luttant contre l'anarchie et la dominant.

De 1762 à 1789. — Règnes de Louis XV et de Louis XVI. — Temps de paix ; faible action gouvernementale et administrative : 28 années.

De 1801 à 1813. — Consulat et premier empire, sous Napoléon Ier. — Guerres ; système continental ; forte centralisation du pouvoir et administration perfectionnée : 13 ans.

De 1814 à 1819. — Première Restauration sous Louis XVIII. — Les Cent-Jours sous Napoléon 1er. — Deuxième Restauration sous Louis XVIII. — Deux invasions, deux révolutions ; paix extérieure, souffrances à réparer, idées rétrogades à modérer, gouvernement faible et premier essai du système représentatif : 6 ans.

De 1830 à 1832. — Transition entre le règne de Charles X et celui de Louis-Philippe ; paix à l'extérieur ; à l'intérieur, émeutes ; crises financières et politiques : 3 ans.

Ces 50 années dénotent un état mixte entre la prospérité et la ruine ; la monarchie soutient la guerre à l'extérieur ou des luttes à l'intérieur ; mais elle domine encore l'anarchie. C'était malheureusement l'état normal de la France pendant 50 ans sur 100, et cette période peut donner pour les propriétés immobilières le............................... PRIX DE BASE.

II. — Triomphe passager de l'anarchie sur la monarchie.

De 1790 à 1792. — Règne nominal de Louis XVI, mais véritable état de révolution, à la suite duquel la monarchie succombe : 3 années.

De 1793 à 1800. — Première république et Directoire, avec la guerre et l'anarchie, la disette et le maximum, l'échafaud et l'émigration, les assignats et l'absence du commerce : 8 années.

De 1848 à 1851. — Renversement du gouvernement de Juillet ; deuxième république, commençant par l'anarchie et se rapprochant chaque jour de l'ordre et du rétablissement de l'autorité. Paix extérieure ; intrigues parlementaires, et nulle confiance dans la stabilité du gouvernement : 4 années.

Ces 15 années, en donnant la victoire à l'anarchie sur la monarchie, avec la maxime : *La propriété c'est le vol,* placèrent la France dans une série de crises, qui se traduisirent par une telle dépréciation de la propriété immobilière que souvent on ne pouvait trouver à la vendre à aucun prix ; c'est être modéré que d'estimer cette dépréciation, en moyenne, à une....

.... MOINS-VALUE de 75 pour 100.

III. — MONARCHIE AVEC LE RÉGIME REPRÉSENTATIF.

De 1820 à 1829. — Sous les règnes de Louis XVIII et de Charles X, paix au dehors, prospérité intérieure, gouvernement faible, administration régulière : 10 ans.

De 1833 à 1847. — Sous le règne de Louis-Philippe, systèmes différents, mais résultats pareils : 15 années.

Ces 25 années de prospérité représentent une période d'amélioration sur l'état que nous avons été obligé de considérer comme normal, et la propriété immobilière acquit alors une

.... PLUS-VALUE de 25 pour 100.

IV. — L'EMPIRE.

De 1852 à 1861. Le second empire, sous Napoléon III, est le symbole de la force et le triomphe de l'ordre sur l'anarchie. Confiance renaissante, essor du commerce et de l'industrie ; état de paix presque continuel ; forte centralisation et administration régulière : 10 années.

Pendant lesquelles la propriété immobilière acquiert une

.... PLUS-VALUE de 75 pour 100.

Ajoutés aux 75 pour 100 de moins-value effacés, ils donnent

une amélioration de **150** pour **100** et marquent la différence qui existe entre la **République** et l'Empire.

L'époque actuelle n'est donc pas la plus mal partagée.

En terminant ce volume, nous avons à nous excuser des excentricités répandues au milieu des questions les plus graves : nous les avons jugées nécessaires comme un excitant, destiné à combattre l'influence soporifique des chiffres et des termes techniques : les nombreuses citations que nous avons faites sont aussi le résultat d'un calcul : par là nous nous sommes donné d'illustres collaborateurs qui, à leur insu, réclameront, pour nous et avec nous, l'indulgence de nos lecteurs.

TABLE DES MATIÈRES

NOTIONS SUR LES PLACEMENTS IMMOBILIERS

PREMIÈRE PARTIE.

FIN DE LA TABLE DES MATIÈRES.

TABLE ALPHABÉTIQUE

A

ABAISSEMENT du sol de la rue, page 164. = **Abattoirs**, 38, 43, 48, 50, 118, 119. = **Abondance** des terrains (signes d'), 294. = **Abords** (Les), 78. = **Abstraits** (Prix), 68, 293. = **Abuser**, 108, 244.

ACADÉMIE des sciences, 212. = **Accès** du terrain sur la voie publique, 108, 162. — Direct, 107. — Indirect, 107. = **Accord** (D'), 276. = **Acheteur**, 246. = **Acquéreur**, 219 à 221, 227 à 232, 234 à 236, 238, 239, 242, 244, 247, 254, 257, 268, 269, 271, 275, 276. = **Acquisition**, 265, 266, 274, 292. = **Acte** devant notaire, ou sous signatures privées, 256. — Authentique, 266. — De vente, 251, 274. = **Action**. — Personnelle, réelle, immobilière, 175. — En justice, 254. = **Actives** (*voyez* servitudes), 174 à 176. = **Activité** des affaires, 294.

ADJUDICATION, 256. — De travaux publics, 281. = **Administrateurs**, 164, 274. = **Administration** (Actes de simple), 270. = **Administratives** (Servitudes), 176.

AFFAIRES. — Leur activité et leur stagnation, 295. = **Affection**, 270. — (Prix d'), 297. = **Affiches**, 255, 257 à 259, 294. — A la main, 256.

AGGLOMÉRATION de la population, 306. = **Agraires** (Mesures), 207, 212. = **Agrément** (Propriété d'), 186, 205. = **Agriculture**, 180.

AIGU (angle) formé par deux voies publiques, 87. = **Aile**, 129. = **Air**, 128, 130, 211.

ALIGNEMENT des voies publiques, 88. — Incertain, 162. — Du terrain, 139, 151. — (Terrain de face, retranché par l') Considéré comme terrain de fond, 152. = **Aliénation** d'immeubles, 265. = **Allées**, 218, 259 260. — (Passage d'), 146. = *Altius non tollendi* (Servitude), 130.

AMBULANCES, 126. = **Amnistie**, 323. = **Amodié** (Domaine), 187.

ANARCHIE, 332, 333. = **Angles**, 213. — (Terrain d'), 87. — D'un triangle, appuyé sur la voie publique, 149. — **Animaux** de basse-cour, 181. = **Annexe-piano**, 159. = **Annexion**, 275, 301. — D'un terrain à un autre trop peu profond, 153. — Assez profond, 154. = **Annonces**. — Prospectus,

B

C

taires, 136. — Avec l'administration, 137. = **Contiguïté**, 112 (*voyez* Voisinage immédiat). — (Non), 112 (*voyez* Voisinage médiat). = **Continues** (Servitudes), 174.

CONTRADICTION, 230, 249, 250, 252. = **Contrat** de vente, 233, 235, 243, 245, 249, 250, 258, 262, 268, 274. = **Contre-bas** de la rue (Terrains en), 155, 156, 158. — **Contrée**, 243. = **Contre-haut** de la rue (Terrains en), 155, 157, 158. = **Contre-mur**, 158, 160. = **Convenance** personnelle, 297, 298. = **Conventions**, 256, 257.

COPROPRIÉTÉ, 247. = **Corbeilles**, 259. = **Corde d'un arc**, 302. = **Corporations**, 281. = **Corps certain** et limité, 223, 225, 233, 272. = **Corps d'État**, 281. = **Corps législatif**, 115. = **Correspondance** d'omnibus (Bureau de), 103.

COTEAUX, 167, 260. = **Côté** d'un rectangle, 148. — (Le plus long) en façade sur la rue, 141, 148. — (Le plus court), 142. — (Le petit), 145, 148. — D'un triangle, 148. = **Coton** (Industrie du), 314. = **Couches** sablonneuses, 167. — Superposées, 158. — Crayeuses, rocheuses, 167. — De fumier, 181. = **Couleur**, 266. = **Coupes** de bois, 241. = **Courantes** (Eaux), 174. = **Cours**, 129, 130, 143, 189, 223 à 325. — D'honneur, 143, 181. — 155. — Des communs, 181. = **Cours** d'eau, 105, 166. = **Courtoisie**, 270, 274. = **Coutumes**, 280. — **Couvents**, 118.

CREUSER le sol, 225. = **Crise** commerciale, financière, politique, 299. = **Croisées** de face, 145. = **Croisement** des voies publiques très-fréquentées, 103. = **Cru**, 259.

CUBE de la terre végétale, 210. = **Cuirs** (Marchands de), 117. = **Cuisine**, 263. = **Culminants** (Points), 132. = **Cultivateurs**, 186, 205. = **Culture** maraîchère (Terrains en), 159. — 245. — (Propriété de), 205. = **Cuvier**, 166.

D

DANGER, 127. = **Dangereux** (Établissements), 116, 117, 299. = **Date**, 220.

DÉBLAI, 157, 158, 161 (voyez tranchée). = **Décamètres**, 214. = **Décès**, 299. = **Décharges** publiques, 157. = **Déchaussement**, 155, 161. = **Déchets**, 178. = **Décimètre**, 212. = **Déclaration**, 246. = **Déclivité** du terrain, 208, 211. — Des routes, 215. = **Décroissante** (Progression), 61, 62. = *De dolo malo*, 254.

DÉFAVORABLES (Causes), 277. = **Défauts** des terrains, 77. — Défaut de contenance, 268. — Cachés, 245, 251, 253, 261. — (Absence de), 292, 293. = **Déférence**, 274. = **Déficit** dans la mesure, 225, 226. = **Dégraisseurs**, 117. = **Degré** d'utilité ou de danger, 127. = **Delaisse**, 168. = **Delambre**, 213. = **Délivrance**, 220, 227.

DEMANDE (La), 293, 295. = **Demandeur**, 235, 240. = **Démembrement**, 243, 245. = **Demi-épaisseur** des murs mitoyens, 145. = **Démolition**, 298, 303. — (Matériaux de), 178. = **Deniers** (Compte en), 283.

E

F

J

L

M

Q

R

S

T

U

Z

ERRATA

Pages. Lignes.

80	9	. . . . *lisez :*			1re variété.
168	8	*au lieu de :*	desséchés,	—	défrichés.
172	14	—	fermée,	—	formée.
195	22	—	5 à 10,	—	6 à 10.
199	16	. . . .		—	kilomètres.
201	5	—	lot,	—	loi.
203	4	—	moyen,	—	moyens.
212	29	—	centiares,	—	cent ares.
215	18	—	la paver,	—	les paver.
216	18	—	point,	—	virgule.
221	8	—	lacquéreur,	—	l'acquéreur.
223	8	—	rendu,	—	vendu.
223	20	—	introduit,	—	introduits.
223	30	. . . .		—	3 hectares.
225	29	—	quelle,	—	qu'elle.
233	25	—	s'il y a,	—	s'il n'y a.
234	17	—	donc,	—	dans.
237	18	—	l'acquéreur,	—	le vendeur, alors acquér^r
273	23	—	les principes,	—	le principe.
276	1	—	2e section,	—	3e section.

Paris. — Typ. Morris et Cie, rue Amelot, 64.

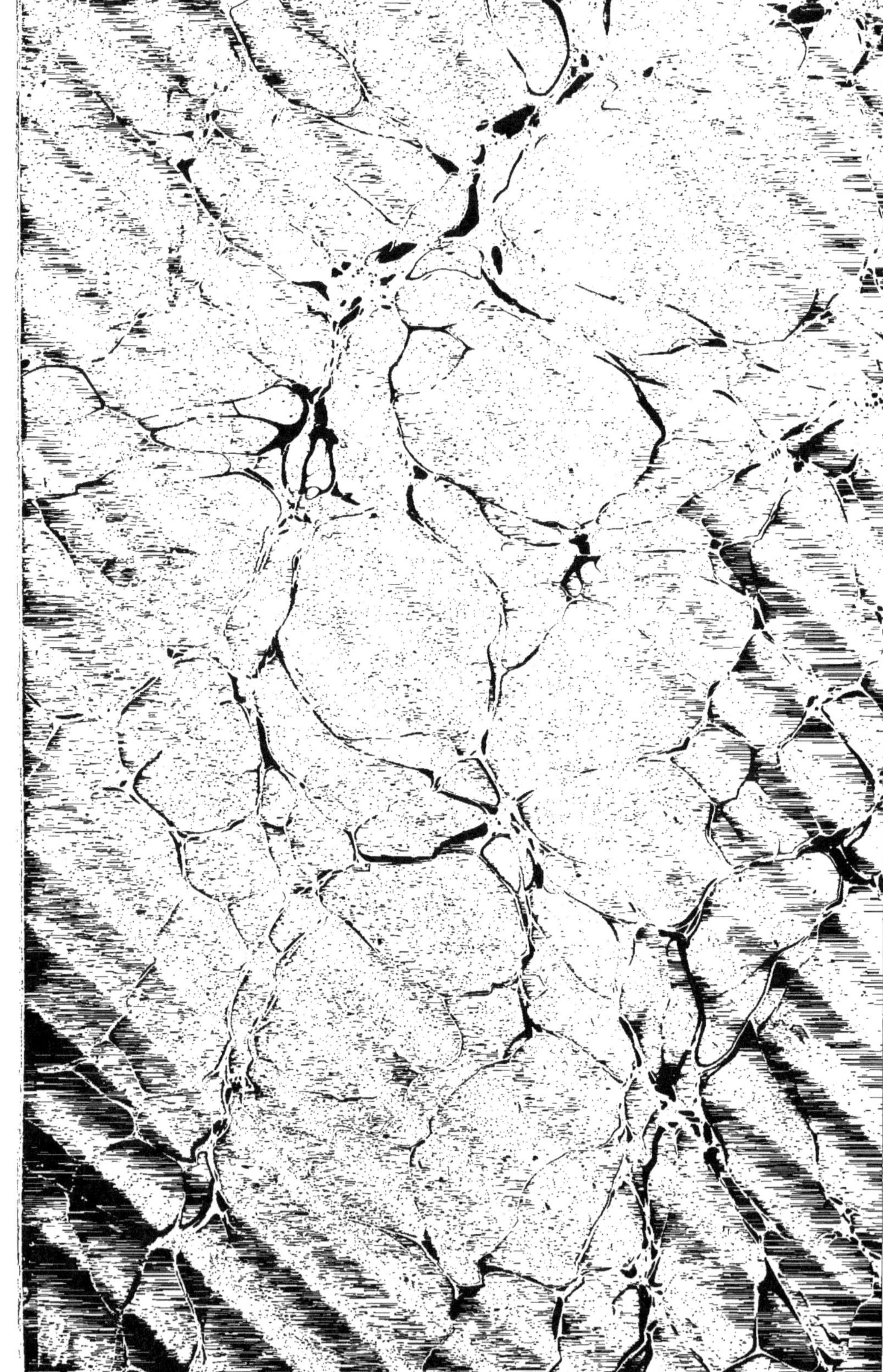